财经类专业"十四五"规划新形态教材

U0780312

财务管理实务

（第二版）

王炳华　逄俊杰　姜　旗／主　编

王桂英　张清亮　姜利强　蒋美娜　周　颖　郭　荣／副主编

立信会计出版社
LIXIN ACCOUNTING PUBLISHING HOUSE

图书在版编目(CIP)数据

财务管理实务 / 王炳华,逄俊杰,姜旗主编.
2版. --上海:立信会计出版社,2025.8. --(财经类专业"十四五"规划新形态教材). -- ISBN 978-7-5429-7943-8

Ⅰ. F275

中国国家版本馆 CIP 数据核字第 2025KT0250 号

策划编辑   王斯龙
责任编辑   王斯龙
美术编辑   吴博闻

财务管理实务(第二版)

CAIWU GUANLI SHIWU

出版发行	立信会计出版社		
地　　址	上海市中山西路 2230 号	邮政编码	200235
电　　话	(021)64411389	传　　真	(021)64411325
网　　址	www.lixinaph.com	电子邮箱	lixinaph2019@126.com
网上书店	http://lixin.jd.com		http://lxkjcbs.tmall.com
经　　销	各地新华书店		

印　　刷	浙江天地海印刷有限公司
开　　本	787 毫米×1092 毫米　　　1/16
印　　张	16.25
字　　数	376 千字
版　　次	2025 年 8 月第 2 版
印　　次	2025 年 8 月第 1 次
书　　号	ISBN 978-7-5429-7943-8/F
定　　价	49.00 元

如有印订差错,请与本社联系调换

第二版前言

财务管理是企业管理的一个组成部分,是企业根据财经法规制度,按照财务管理原则,组织财务活动、处理财务关系的一项综合性的经济管理工作。

"财务管理实务"课程既是大数据与财务管理专业的专业核心课程,又是财税大数据应用专业的专业基础课程,还是大数据与会计、大数据与审计、金融管理与服务等专业的拓展课程。

通过本教材的学习,学生能够掌握"财务管理实务"课程标准要求的知识和能力,并为通过中级会计师"财务管理"课程考试和考取大数据与财务分析职业技能等级证书做好准备。

一、教材的编写理念

1. 坚持立德树人,贯彻德技并修

本教材融入了习近平新时代中国特色社会主义思想和党的二十大精神,结合了中华优秀传统文化和社会主义先进文化,帮助学生树立法治意识,培养学生精益求精的专业精神、职业精神、工匠精神和劳模精神;积极引导学生在学习知识、培养技能的同时树立正确的世界观、人生观和价值观。

2. 落实国家教学标准,制定课程标准

根据新版大数据与财务管理专业教学标准,按照"职业面向"中的"职业岗位(群)或工作领域""培养目标与培养规格"的逻辑顺序,分析"典型工作任务和主要教学内容与要求"中财务管理实务课程的职业能力;在此基础上,融入会计专业技术资格、大数据与财务分析职业技能证书以及职业院校技能大赛会计赛项相关要求,制定"财务管理实务"课程标准,为教材编写提供科学依据。

二、教材的内容设计

1. 内容组织

根据职业岗位"工作逻辑",考虑学生认知特点,本教材遴选一个代表性企业 BH 公司的财务管理业务作为一个真实生产项目;将真实生产项

目划分为筹资决策、投资项目决策、证券投资决策、存货采购量经济决策、信用条件决策、收益分配政策制定、财务分析七个典型工作任务；与典型工作任务相对应，教材内容按照"课程认知—价值观念—筹资—投资—营运资金—收益分配—财务分析"的逻辑线条系统设计，相应划分为财务管理概述、财务管理的价值观念、筹资管理（上）、筹资管理（下）、投资管理（上）、投资管理（下）、营运资金管理、收益分配管理、财务分析九个模块；每个典型工作任务根据不同的职业能力再进一步分解，教材的每一模块也相应划分为若干子模块。

2. 模块和子模块设计

每一个模块提供了【学习指南】【知识导图】【思政导引】，以及若干子模块，并在模块末准备了【知识巩固】【技能提升】，以巩固所学知识，提升专业技能。

子模块分为偏理论阐述型、偏技能操作型两种模板。偏理论阐述型模板中包括【案例导入】【必备知识】【学中做】【思政小课堂】【案例分析】【总结提升】等，偏技能操作型模板中包括【任务导入】【必备知识】【学中做】【思政小课堂】【知识拓展】【任务分析】【总结提升】等。

三、教材特色与创新

1. 强化课程思政，践行立德树人

本教材根据"财务管理实务"课程标准，注入了社会主义核心价值观、传统文化、职业道德、法律等各类思政元素，结合课程内容提炼出"思政导引"，使课程思政内容内化于教学过程，实现思政教育贯穿人才培养全过程，达到"润物细无声"育人目的。

2. "岗课赛证"内容融通，注重职业能力培养

编者根据课程标准，通过专业调研，及时反映科技进步和产业升级对职业教育教学的新要求，及时吸收新技术、新工艺、新规范，增强本教材的新颖性和实践性；同时，探索将职业技能等级证书或职业资格证书以及技能大赛的要求融入教材，实现"岗课赛证"融通。

为适应"工学结合"人才培养模式创新和学生不同学习方式要求，本教材以真实工作项目为载体，详细描述典型工作任务完成过程，指导学生规范完成工作任务，不断提升其职业能力，呈现方式上符合技术技能人才培养规律和学生认知特点。

3. 遵循科学的教材编写理念，一体化设计、开发立体化教学资源

本教材遵循"活页式"教材内容组织模式变革的理念，将教材内容依模块划分，每一模块按职业能力为单位设置子模块，教材的组织体例由过去的学科知识体例"章—节"改为"模块（工作任务）—子模块（职业能力）"形式，内容可以灵活更新，解决了教材建设中存在的与企业生产实际脱节、内容陈旧且更新不及时的问题。

编者通过纸质教材与数字课程及配套数字化资源的一体化设计，开发立体化的教学资源，更好地服务学生多终端、多场景学习，提高教材的适用性。

4.校企"双元"合作,理论与实践有机结合

本教材由校企"双元"开发,基于企业真实职业情境,融合行业新业态、新技术、新流程,有利于培养学生财务管理的综合职业能力。

来自高校的教材编写人员具有多年的财务管理实务教学和实践工作经验,其中王炳华教授是山东省名师工作室负责人,曾主编"十二五"职业教育国家规划教材,主持的研究成果曾获得国家教学成果二等奖、山东省教学成果特等奖;张清亮副教授是山东省职业教育青年技能名师,大数据与财务管理专业负责人,编写过多部职业教育国家规划教材;姜旗副教授(兰州现代职业学院)长期从事职业教育、财务会计与成本效益研究,发表论文十余篇,主编《财务管理》等多部教材。主编王炳华、逄俊杰、姜旗负责教材的总体设计、教材内容的审核;副主编王桂英、张清亮、姜利强、蒋美娜、周颖、郭荣(山东轻工职业学院)负责教材各模块内容组织和落实。具体编写分工如下:王炳华编写模块一,王桂英编写模块二,姜利强、姜旗编写模块三、模块八,张清亮、郭荣编写模块四,逄俊杰编写模块五、模块六,蒋美娜编写模块七,周颖编写模块九。行业企业专家季树安和张振辉,是山东中启创优科技股份有限公司的高级理财规划师,具有丰富的财务管理实战经验,他们为教材编写提供了多个教学案例。在编写过程中,我们借鉴了相关书籍和教材,在此,谨向相关作者表示诚挚的感谢! 由于编者水平有限,本教材如有疏漏或不当之处,敬请读者朋友批评指正。

需要特别说明的是,本教材是山东省职业教育教学改革研究项目"价值引领、数智赋能:高职大数据与财务管理专业课程思政实践研究(项目编号:2024065)""基于职业能力图谱的高职校本专业群教学标准分层开发研究与实践(项目编号:2024445)"的研究成果。

编者

2025 年 5 月

目　录

模块一

财务管理概述

 学习指南

　　本模块为学习筹资决策、投资项目决策、证券投资决策、存货采购量经济决策、信用条件决策、收益分配政策制定、财务分析七大典型工作任务提供基础理论知识,是本教材的入门模块。学生通过本模块学习,需要了解企业及其组织形式;理解企业财务管理的含义及特点;熟悉企业财务管理环节和财务管理环境;掌握企业财务管理的内容和各种财务管理目标的优缺点。本模块的重点是企业财务管理的内容和企业财务管理目标,难点是财务管理各环节的内容。

 知识导图

财务管理概述
- 企业与企业财务管理
  - 1. 企业及其组织形式
  - 2. 企业财务管理的含义及特点
  - 3. 企业财务管理的内容
  - 4. 企业财务管理的原则
  - 5. 企业财务管理的组织
- 财务管理目标
  - 1. 企业财务管理目标
  - 2. 利益冲突与协调
  - 3. 企业的社会责任
- 财务管理环节
  - 1. 财务预测
  - 2. 财务决策
  - 3. 财务计划
  - 4. 财务预算
  - 5. 财务控制
  - 6. 财务分析
  - 7. 财务考核
- 财务管理环境
  - 1. 法律环境
  - 2. 经济环境
  - 3. 金融环境
  - 4. 技术环境

 **思政导引**

1. 财务管理概念

加强学生的会计职业道德教育和职业规范意识培养,引导学生要爱岗敬业。

2. 财务关系

引导学生培养勇于承担社会责任的企业家精神,强化责任意识;正确处理国家、集体和个人三者的利益和关系,帮助学生树立正确的价值观。

3. 企业财务管理原则

帮助学生树立法治观念,培养其风险意识和成本意识。

子模块一 企业与企业财务管理

 **案例导入**

小华是某高校财经类专业的应届毕业生,他按照学校要求来到 BH 股份有限公司(以下简称 BH 公司)的财务部门进行实习。BH 公司成立于 20 世纪 90 年代,2002 年挂牌上市,是一家集研发、生产、销售、服务于一体的家电企业,主营家用空调、中央空调、手机、冰箱等产品。即将正式踏上工作岗位的小华,想要成为一名合格的企业财务管理人员,必须先掌握一些财务管理的基础知识。

思考: BH 公司采用的是何种组织形式? 企业的财务活动和财务关系有哪些? 企业财务管理所依据的原则是什么?

必备知识

任何组织都需要财务管理,但是营利性组织与非营利性组织的财务管理有较大区别。本教材讨论的是营利性组织的财务管理,即企业财务管理,为便于陈述,也简称财务管理。

一、企业及其组织形式

(一) 企业的定义及功能

1. 企业的定义

企业是从事生产、流通、服务等经济活动,以生产或服务满足社会需要,实行自主经营、独立核算、依法设立的一种营利性的经济组织。企业的目标是创造财富(或价值)。

2. 企业的功能

当今社会,企业作为国民经济细胞,发挥着越来越重要的功能。其功能主要体现在以下三个方面:

(1) 企业是市场经济活动的主要参与者。

（2）企业是社会生产和服务的主要承担者。

（3）企业可以推动社会经济技术进步。

（二）企业的组织形式

典型的企业组织形式有个人独资企业、合伙企业和公司制企业三种。

1. 个人独资企业

个人独资企业是由一个自然人投资，全部资产为投资人个人所有，投资人以其个人财产对企业债务承担无限责任的经营实体。

2. 合伙企业

合伙企业是由两个或两个以上的自然人（有时也包括法人或其他组织）合伙经营的企业。它通常由各合伙人订立合伙协议，共同出资、合伙经营、共享收益、共担风险的营利性组织。

合伙企业分为普通合伙企业和有限合伙企业。普通合伙企业由普通合伙人组成，合伙人对合伙企业债务承担无限连带责任；有限合伙企业由普通合伙人和有限合伙人组成，普通合伙人对合伙企业债务承担无限连带责任，有限合伙人以其认缴的出资额为限对合伙企业债务承担责任。

3. 公司制企业

公司制企业（或称公司）是指依照《中华人民共和国公司法》（以下简称《公司法》）在我国境内设立的有限责任公司和股份有限公司。公司是企业法人，有独立的法人财产，享有法人财产权。公司以其全部财产对公司的债务承担责任。公司的合法权益受法律保护，不受侵犯。

有限责任公司由 1 个以上 50 个以下股东出资设立，股东以其认缴的出资额为限对公司承担责任，股东之间可以相互转让其全部或者部分股权。有限责任公司股东会由全体股东组成。股东会是公司的权力机构，依法行使职权。

设立股份有限公司，可以采取发起设立或者募集设立的方式。发起设立，是指由发起人认购设立公司时应发行的全部股份而设立公司。募集设立，是指由发起人认购设立公司时应发行股份的一部分，其余股份向特定对象募集或者向社会公开募集而设立公司。

设立股份有限公司，应当有 1 人以上 200 人以下为发起人，其中应当有半数以上的发起人在中华人民共和国境内有住所。股份有限公司的股东持有的股份可以向其他股东转让，也可以向股东以外的人转让；公司章程对股份转让有限制的，其转让按照公司章程的规定进行。股份有限公司股东会由全体股东组成。股东会是公司的权力机构，依法行使职权。

二、企业财务管理的含义及特点

（一）企业财务管理的含义

企业财务管理是企业管理的一个组成部分，是企业根据财经法规制度，按照财务管理原则，组织财务活动、处理财务关系的一项综合性的经济管理工作。

（二）企业财务管理的特点

1. 企业财务管理是企业管理的一个重要分支

企业管理包括生产管理、技术管理、人事管理、设备管理、销售管理、财务管理等一系

微视频：1.1
企业财务活动和财务关系

列专业管理。财务管理侧重于企业的筹资、投资、运营和利润分配等价值管理方面。

2. 企业财务管理是一项综合性经济管理工作

企业财务管理通过价值管理的触角延伸到企业生产经营过程的每一个角落,通过财务指标及时反映企业生产经营状况,保证企业的各项专业管理不偏离财务管理的目标,最终实现企业价值的最大化。

三、企业财务管理的内容

企业财务管理的内容包括财务活动和财务关系两个方面。

(一)财务活动

企业的财务活动包括筹资管理、投资管理、营运资金管理、收入与分配管理等一系列行为。

1. 筹资管理

筹资是指企业为了满足内外部资金的需要而筹集资金的行为。

在筹资过程中,企业一方面要确定筹资的规模,以保证投资所需要的资金;另一方面要通过筹资渠道、筹资方式或工具的选择,确定合理的筹资结构,以降低筹资成本和风险,提高企业价值。

企业通过筹资可以形成两种不同性质的资金来源:一是权益资金,企业可以通过吸收直接投资、发行股票等方式取得;二是债务资金,企业可以通过银行借款、发行债券、商业信用等方式取得。企业筹集资金,主要表现为企业资金的流入。同时,也伴随企业资金的流出,如支付各种筹资费用、支付股利和还本付息等。

2. 投资管理

投资是指企业将筹集的资金投入使用以获取收益的行为。企业投资可以分为广义的投资和狭义的投资两种。广义的投资包括对内投资和对外投资,对内投资是指企业把筹集到的资金用于本企业的资产上,如购置流动资产、固定资产、无形资产等;对外投资是指企业把筹集到的资金用于投资购买其他企业的股票、债券等。狭义的投资仅指对外投资。

企业在投资过程中,必须考虑投资规模,同时还必须通过投资方向和投资方式的选择来确定合理的投资结构,以提高效益,降低投资风险。

3. 营运资金管理

企业在日常生产经营过程中会发生一系列的资金收付。例如,企业要采购材料或商品,从事生产和销售活动,并支付工资和其他经营费用;当企业把产品或商品售出后,便可取得收入,收回资金;如果企业现有资金不能满足企业经营的需要,还要采取短期负债方式来筹集所需资金。上述各方面的日常生产经营都会产生企业资金的收付,这种因企业日常生产经营而引起的财务活动,称为营运资金活动。

在一定时期内,资金周转越快,资金的利用效率就越高,就可能生产出更多的产品,取得更多的收入,从而获得更多的利润。

4. 收入与分配管理

企业通过投资活动和营运资金活动能够取得相应的收入,并实现资金的增值。而企业取得的各种收入在补偿成本、缴纳税金后,应依据有关法律对剩余收益进行分配。所以,广义的分配是指对企业各种收入进行分割和分派的行为;而狭义的分配仅指对企业净利润的分配。

值得说明的是:企业的资金来源于所有者权益和负债两个方面,在分配资金报酬时,前者是通过分配净利润形式进行的,属于税后分配;后者是通过将利息等计入成本费用的形式进行的,属于税前分配。

本教材讨论的分配活动主要指狭义的分配,即利润分配。企业需要依据法律的有关规定,合理确定分配规模和分配方式,确保企业取得最大的长期利益。

(二) 财务关系

财务关系,是指企业在组织筹资、投资、资金营运和利润分配等财务活动过程中,与有关各方面发生的经济利益关系。企业财务关系主要包括以下八个方面。

1. 企业与投资者之间的财务关系

企业与投资者之间的财务关系,是指企业的投资者向企业投入资金,企业向投资者支付投资报酬所形成的经济关系。企业的投资者包括国家、法人单位和个人三种类型。这种财务关系的实质是受资与投资的关系。

2. 企业与被投资者之间的财务关系

企业与被投资者之间的财务关系,是指企业以购买股票或直接投资的形式向其他企业投资所形成的经济关系。这种财务关系的实质是投资与受资的关系。

3. 企业与债权人之间的财务关系

企业与债权人之间的财务关系,是指企业向债权人借入资金,并按借款合同的规定按时支付利息和归还本金所形成的经济关系。企业的债权人主要有:贷款机构、债券购买者、商业信用提供者和其他借款给企业的单位和个人。这种财务关系的实质是债务与债权的关系。

4. 企业与债务人之间的财务关系

企业与债务人之间的财务关系,是指企业因购买债券、提供借款和商业信用等出借给其他单位资金所形成的经济关系。这种财务关系的实质是债权与债务的关系。

5. 企业与政府之间的财务关系

企业与政府之间的财务关系,是指政府作为社会管理者,通过收缴各种税款的方式与企业形成的经济关系。这种财务关系的实质是依法纳税与依法征税的关系。

6. 企业与供应商、客户之间的财务关系

企业与供应商、客户之间的财务关系,是指企业购买供应商的商品或接受其服务,以及企业向客户销售商品或提供服务过程中形成的经济关系。这种财务关系体现的是供应链中上、下游企业之间的供需关系。

7. 企业内部各单位之间的财务关系

企业内部各单位之间的财务关系,是指企业内部各单位之间在生产经营各环节中相互提供产品或劳务所形成的经济关系。这种财务关系实质是企业内部的一种资金结算关系,体现了企业内部各单位之间的责任与经济利益。

8. 企业与职工之间的财务关系

企业与职工之间的财务关系,是指企业向职工支付劳动报酬的过程中所形成的经济

关系。职工是企业的劳动者,企业要根据不同职工的业绩,按期足额支付其工资、奖金、津贴,依法为其缴纳"五险一金",这种企业与职工之间的结算关系,体现着职工个人和集体在劳动成果上的分配关系。

除以上八种主要的财务关系外,企业还因审计、评估和咨询的需要与会计师事务所、各种评估公司、税务师事务所、律师事务所等存在财务关系。随着社会分工的越来越细,企业财务关系的范围将日趋扩大。企业应正确处理和协调与各有关方面的财务关系,努力实现与其他各种财务活动当事人之间的经济利益的均衡。

四、企业财务管理的原则

企业财务管理的原则也称理财原则,是指组织企业财务活动和协调处理财务关系的基本准则,是体现理财活动规律性的行为规范,是对财务管理的基本要求。

(一)依法管理原则

微视频:1.2 风险收益分析

市场经济是法治经济,财务管理必须依法办事,贯彻依法理财原则。就我国当前的财务管理环境而言,企业必须以《企业财务通则》和财务制度为依据,根据生产经营的特点建立健全财务管理制度,做好财务管理基础工作;依法合理筹集资金并有效使用资金;依法加强营运资金管理;按照规定程序和要求分配利润;保证投资者的权益不受侵犯等。

(二)风险与收益平衡原则

风险是企业经营活动的不确定性所导致的财务结果的不确定性。风险是客观存在的,人们无法消灭它,但是可以通过技术分析、规范操作,达到规避风险、降低风险、减少对财务决策的负面影响。企业为了获得较多的收益,往往不得不冒较大的风险。风险与收益平衡原则要求企业应当在风险与收益的比较中做出审慎的抉择,趋利避害,确保财务管理目标的实现。

(三)成本与效益比较原则

成本与效益比较原则,是指企业在开展财务管理活动时,要进行投入与产出的比较,要求以尽可能少的成本,创造出尽可能多的利润。财务管理的内容包括资金的筹措、运用和分配,其中的每一项活动都要权衡成本和收益。

(四)变现能力与盈利能力平衡原则

变现能力是指企业将资产转换为货币资金的能力。盈利能力是指企业获取利润的能力。提高变现能力和盈利能力是企业财务管理的两个子目标,这两个子目标有时是一致的,有时是互相矛盾的。在企业财务管理活动中,必须统筹考虑资金支出结构,实现变现能力和盈利能力的平衡,达到既能提高盈利能力又能及时偿还到期债务的目的。

(五)利益协调原则

正确处理财务关系是现代财务管理的基本内容。要处理好财务关系应当从权利和责任的安排以及利润分配两个方面入手。权利和责任的安排体现在企业内部经营管理职能的划分以及所有权与经营权的划分上;利润分配主要体现在财务成果在国家、企业、投资者、劳动者等相关利益主体之间进行合理的分配。

五、企业财务管理的组织

财务管理是企业管理的核心,财务高级管理人员在企业组织中地位较高。一般而言,企业财务管理工作由财务副总裁(首席财务官,即 CFO)分管,向总裁报告工作。财务副总裁主要负责企业的财务决策,与生产副总裁、营销副总裁、技术副总裁保持沟通,为其他领域决策提供建议或财务方案,确定财务部门负责人和审计部门负责人的工作职责。

 **案例分析**

　　通过前面知识的学习可以了解到,小华所在的实习单位 BH 公司的企业组织形式属于公司制企业中的股份有限公司;BH 公司涉及的财务活动有筹资管理、投资管理、营运资金管理、收入与分配管理;需要处理的财务关系主要包括公司分别与投资者、被投资者、债权人、债务人、政府部门、供应商、客户、职工之间的财务关系以及公司内部各单位之间的财务关系;BH 公司进行企业财务管理需要依据依法管理原则、风险与收益平衡原则、成本与效益比较原则、变现能力与盈利能力平衡原则和利益协调原则等。

 **总结提升**

　　本子模块的知识点包括企业组织形式、企业财务管理的含义及特点、财务活动、财务关系、财务管理原则和企业财务管理的组织等,技能点是能够组织企业财务活动并尝试处理各类财务关系。另外,需要注意的有两点:一是一家企业采取什么样的组织形式不是随意选择的,需根据这家企业所满足的条件来确定相应的组织形式;二是企业需要处理的财务关系中,最为关键的是要处理好企业与投资者、债权人的关系。

 **子模块二**　**财务管理目标**

微视频:1.3 企业财务管理目标

　　在 BH 公司财务管理目标研讨会上,张经理主张"贯彻合作共赢的价值理念,实现各方利益最大化";李经理认为"既然企业绩效考核按年度考核,财务目标就应当集中体现当年利润指标";王经理提出"应将企业长期稳定的发展放在首位,以便创造更多的价值";赵经理觉得"股东是权益资金的提供者,是企业资产的最终所有者,企业要为股东创造最大价值"。

　　思考: 上述观点涉及的财务管理目标有哪些? 如果以李经理的观点作为 BH 公司的财务管理目标可能会导致什么后果? BH 公司的管理层应如何根据公司实际情况确立公司财务管理目标?

 **必备知识**

一、企业财务管理目标

企业的目标就是创造价值。鉴于财务活动主要是从价值方面反映企业的生产经营过程，因而企业财务管理的目标就是为企业创造价值服务。

关于企业财务管理目标，有如下几种代表性的理论。

（一）利润最大化

利润最大化是指企业财务管理以实现利润最大为目标。利润最大化理论认为，利润是通过会计核算而计算出来的反映企业经营业绩的综合性指标，有极强的说服力；利润是吸引资本从低效向高效转移的动力，它代表着企业的竞争优势；利润代表着企业为社会创造的财富，它是企业履行社会责任的物质基础。

1. 利润最大化的优点

利润最大化的主要优点如下：

（1）企业追求利润最大化，就必须讲求经济核算，加强管理，改进技术，提高劳动生产率，降低产品成本。这些措施都有利于企业资源的合理配置，有利于经济效益的提高。

（2）利润是一个绝对数指标，比较具体直观，容易被企业的管理者和职工接受。

2. 利润最大化的缺点

利润最大化的主要缺点如下：

（1）没有考虑利润的实现时间和货币的时间价值。例如：今年获利 100 万元和明年获利 100 万元，哪一个更符合企业的目标？若不考虑货币的时间价值，企业就难以做出正确判断。

（2）没有考虑所获利润和投入资本之间的关系。例如：同样获得 100 万元利润，一个方案需要企业投入资本 500 万元，另一个方案需要企业投入 600 万元，哪一个更符合企业目标？若不将利润与投入资本相联系，企业就难以做出正确的判断。

（3）没有考虑获取利润和所承担风险的关系。例如：同样投入 500 万元，本年获利 100 万元，一个方案企业获利已全部转化为现金，另一个方案企业获利则全部是应收账款，并可能发生坏账损失，哪一个更符合企业目标？若不考虑风险大小，企业就难以做出正确的判断。

（4）片面追求利润可能导致企业的短期财务决策行为，影响企业的可持续性发展。例如：忽视产品开发、人才培养、生产安全、生活福利设施的改善和不履行社会责任、破坏生态环境等。

（二）每股收益最大化

每股收益是指企业在一定时期内的净利润与发行在外的普通股股数的比值。每股收益的大小反映了投资者投入资本获得回报的能力。

每股收益最大化是指企业财务管理以实现每股收益最大为目标。每股收益最大化理论认为，应当把企业的利润和股东投入的资本联系起来考察，用每股收益来概括企业财务管理的目标，以避免利润最大化目标的缺点。

1. 每股收益最大化的优点

每股收益是相对数指标，能够反映企业的盈利水平，可以更清楚地揭示投资报酬水平,便于不同投资规模的企业或同一企业不同时期之间进行比较。

2. 每股收益最大化的缺点

每股收益最大化的主要缺点如下:

(1) 没有考虑每股收益取得时间和货币时间价值。

(2) 没有考虑每股收益和所承担风险的关系。

(3) 不能避免企业的短期行为。

假设面临的风险相同,每股收益取得时间相同,每股收益最大化也是一个可以接受的观点。实务中,许多投资者将每股收益作为评价公司业绩最重要的指标。

(三) 股东财富最大化

股东财富最大化是指企业财务管理以实现股东财富最大化为目标。股东财富最大化理论认为:股东是权益资金的提供者,是企业资产的最终所有者,股东创办企业的目的是增加财富,企业要为股东创造价值;对上市公司而言,股东财富等于股票数量与股票市场价格的乘积,当股票数量一定时,股票的市场价格越高,股东财富也就越大,所以,股东财富最大化又称为股票价格最大化;股东财富的增加可以用股东权益的市场价值与股东投资成本的差额(即股东权益的市场增加值,也即企业为股东创造的价值)来衡量。

1. 股东财富最大化的优点

股东财富最大化的主要优点如下:

(1) 考虑了风险因素,因为通常股价会对风险做出较敏感的反应。

(2) 在一定程度上能避免企业的短期行为,因为股票价格不仅受当期利润的影响,预期未来的利润同样会对股价产生重要影响。

(3) 对上市公司而言,股东财富最大化目标比较容易量化,便于投资者对经营管理者的考核和奖惩。

2. 股东财富最大化的缺点

股东财富最大化的主要缺点如下:

(1) 通常只适用于上市公司,对非上市公司则很难应用。因为非上市公司无法像上市公司一样随时准确获得股票价格。

(2) 股票价格的高低实际上不能完全反映股东财富或价值的大小。因为股票市价的变动不是企业业绩的唯一反映,而是诸多因素共同影响的结果。

(3) 片面强调股东利益,可能会忽视企业其他相关者的利益,从而影响企业的长期发展。

(四) 企业价值最大化

企业价值最大化是指企业财务管理以实现企业价值最大为目标。企业价值可以理解为企业所有者权益和债权人权益的市场价值,即企业所能创造的预计未来现金流量的现值。企业价值最大化理论认为:企业通过财务上的合理经营,采用最优的财务政策,充分考虑资金的时间价值和风险与收益的关系,在保证企业长期稳定发展的基础上使企业总价值达到最大。

1. 企业价值最大化的优点

企业价值最大化的主要优点如下:

（1）考虑了货币的时间价值。

（2）考虑了风险与收益的关系。

（3）避免了企业在追求利润时的短期行为，因为目前利润和未来利润都会影响企业的价值。

（4）有利于社会资源的合理配置，实现社会效益最大化。

2. 企业价值最大化的缺点

企业价值最大化的主要缺点如下：

（1）过于理想化，可操作性较弱。因为在评估企业价值时，企业未来现金流量和与企业风险相适应的折现率很难预计。

（2）不适合非上市企业，因为非上市企业无法取得客观和准确的企业价值。

（五）相关者利益最大化

相关者利益最大化是指企业财务管理行为以追求与企业利益相关的各方利益最大化为目标。企业的利益相关者包括股东、债权人、债务人、经营者、职工、供应商、客户以及政府部门等。

1. 相关者利益最大化的具体内容

相关者利益最大化的具体内容包括以下几个方面：

（1）强调风险与收益的均衡，将风险控制在企业可承受的范围之内。

（2）强调股东的首要地位，注意企业与股东之间的协调。

（3）加强与债权人关系的协调，培养可靠的资金供应者。

（4）加强对企业代理人即经营管理者的激励和约束，保证企业战略目标的实现。

（5）关心本企业普通职工的利益，培养职工对企业的忠诚。

（6）关心客户的长期利益，保持销售收入的长期稳定增长。

（7）加强与供应商的合作，共同面对市场竞争，讲究信誉。

（8）保持与政府部门的良好关系。

总之，相关者利益最大化就是建立企业内外部和谐经济利益关系。

2. 相关者利益最大化的优点

相关者利益最大化的主要优点如下：

（1）有利于企业长期稳定发展。

（2）体现了合作共赢的价值理念，有利于实现企业经济效益和社会效益的统一。

（3）相关者利益最大化目标本身是一个多元化、多层次的目标体系，较好地兼顾了各利益主体的利益。

（4）体现了现实性和前瞻性的统一，因为不同利益相关者有各自评价指标，只要合理合法、互惠互利、相互协调，就可以实现所有相关者的利益最大化。

💡 小贴士

相关者利益最大化是企业财务管理最理想的目标，但该目标过于理想化且无法操作。因此，本教材采用企业价值最大化作为财务管理的目标。

二、利益冲突与协调

(一) 所有者与经营者的利益冲突与协调

1. 利益冲突

在现代企业中,经营者一般不拥有占支配地位的股权,他们只是所有者的代理人。所有者委托经营者代表他们管理企业,以实现所有者财富最大化,而经营者则有其自身的利益考虑。经营者希望在创造财富的同时能够获得更多报酬、更多闲暇时间等,而所有者希望以较小的代价(如支付较少报酬)实现更多的财富。经营者目标和所有者目标不完全一致,导致经营者可能为了自身的目标而背离所有者的利益。

2. 利益协调

为了协调所有者与经营者之间的利益冲突,企业可以采用以下三种方式解决:

(1) 解聘。这是一种通过所有者约束经营者的办法。企业所有者对经营者予以监督,如果企业绩效不佳,就解聘经营者;企业经营者为了不被解聘就需要努力工作,为实现财务管理目标服务。

(2) 接收。这是一种通过市场约束经营者的办法。如果企业经营者经营决策失误、经营不力,未能采取一切有效措施使企业价值提高,该企业就可能被其他企业强行接收或合并,相应经营者也会被解聘。企业经营者为了避免这种接收,必须采取一切措施提高企业价值。

(3) 激励。这是一种将经营者的报酬与其绩效挂钩,以使经营者自觉采取能满足企业价值最大化的措施。激励的基本方式有两种:①股票期权。即允许企业经营者以固定价格购买本企业一定数量股票的权利,当股票市场价格高于该固定价格的部分就是企业经营者所得的报酬。经营者为获取更多的报酬,就必然主动采取能够提高企业股价的管理行动。②绩效股。即企业运用每股利润、资产报酬率等指标来评价企业经营者的业绩,并视其业绩大小给予企业经营者数量不等的股票作为报酬。经营者为了多持有绩效股就会不断采取措施提高企业的经营业绩。

 **知识拓展**

股票期权与绩效股的区别

股票期权只是购买股票的权利,而不是真正的股票。行使期权时,享有期权的员工只需支付期权价格,而不管当日股票的交易价是多少,就可得到期权项下的股票。期权价格和当日交易价之间的差额就是该员工的获利。如果该员工行使期权时,想立即兑现获利,则可直接卖出其期权项下的股票,得到现金差额,而不必非有一个持有股票的过程。

绩效股本身是普通股的一种。这是企业的一种比较有效的激励措施。该措施按一定指标评价职工的绩效,并以股票的方式对职工进行奖励。这种方式使经营者不仅为了获得绩效股而不断采取措施提高经营绩效,而且为了使每股市价最大化,也会采取各种措施使股票市价稳定上升,从而增加所有者财富。即使由于客观原因股价并未提高,经营者也会因为获得绩效股而获利。

（二）所有者与债权人的利益冲突与协调

1. 利益冲突

债权人的利益要求是到期能够收回本金并获得期望的利息。而企业所有者为了获取更大的收益,可能要求经营者改变借款的原定用途,将其投于风险更高的项目。高风险的项目如果成功,额外的收益就会被所有者独享;如果失败,债权人却要与企业所有者共同负担由此而造成的损失。所有者也可能未征得现有债权人同意,而要求经营者发行新债券或举借新债,致使企业相应的偿债风险增加。

2. 利益协调

为了协调所有者与债权人之间的利益冲突,可以采用以下两种方式解决:

（1）限制性借款。债权人为了防止其利益被伤害,可以在借款合同中加入某些限制性条款,如规定借款的用途、借款的担保条款和允许提前收回借款等。

（2）收回借款或停止借款。当债权人发现公司有侵蚀其债权价值的意图时,可以采取收回债权或不再给予新的借款的措施,从而保护自身权益。

三、企业的社会责任

企业的社会责任是指企业在谋求所有者和股东权益最大化之外所承担的维护和增进社会利益的义务。具体来说,企业的社会责任主要包括以下五个方面的内容。

（一）对员工的责任

企业除了具有向员工支付报酬的法律责任,还具有为员工提供安全工作环境、职业培训等保障员工利益的责任。根据《公司法》的规定,企业对员工承担的社会责任主要有:

（1）按时足额发放劳动报酬,并根据社会发展逐步提高工资水平。

（2）提供安全健康的工作环境,加强劳动保护,实现安全生产,积极预防职业病。

（3）建立公司职工的职业教育和岗位培训制度,不断提高职工的素质和能力。

（4）完善工会、职工董事和职工监事制度,培育良好的企业文化。

（二）对债权人的责任

债权人是企业重要的利益相关者,企业应根据合同的约定以及法律的规定对债权人承担相应的义务,保障债权人合法权益。这种义务既是企业的民事义务,也可视为企业应承担的社会责任。企业对债权人应承担的社会责任主要有:

（1）按照法律、法规和企业章程的规定,真实、准确、完整、及时地披露公司信息。

（2）诚实守信,不滥用企业人格。

（3）主动偿债,不无故拖欠。

（4）确保交易安全,切实履行合法订立的合同。

（三）对消费者的责任

企业的价值实现,在很大程度上取决于消费者的选择,企业应重视对消费者承担的社会责任。企业对消费者应承担的社会责任主要有:

（1）确保产品质量,保障消费安全。

（2）诚实守信,确保消费者的知情权。

（3）提供完善的售后服务,及时为消费者排忧解难。

（四）对社会公益的责任

企业对社会公益的责任主要涉及慈善、社区等。企业对慈善事业的社会责任是指承担扶贫济困和发展慈善事业的责任，表现为企业对不确定的社会群体（尤指弱势群体）进行帮助。捐赠是其主要的表现形式，受捐赠的对象主要有社会福利机构、医疗服务机构、教育事业、贫困地区、特殊困难人群等。此外，还包括招用残疾人、生活困难的人、缺乏就业竞争力的人到企业工作，以及举办与公司营业范围有关的各种公益性的社会教育宣传活动等。

（五）对环境和资源的责任

企业对环境和资源的社会责任可以概括为两大方面：一是承担可持续发展与节约资源的责任；二是承担保护环境和维护自然和谐的责任。

此外，企业还有义务和责任遵从政府管理、接受政府的监督。企业要在政府的指引下合法经营、自觉履行法律规定的义务，同时尽可能地为政府献计献策、分担社会压力、支持政府的各项事业。

事实上，大多数社会责任都必须通过立法以强制的方式让每一个企业平均负担。企业是国民经济的细胞，理应关注并自觉改善自身的生态环境，重视履行对员工、消费者、环境、社区等利益相关方的责任，重视其生产行为可能对未来环境的影响，特别是在员工健康与安全、废弃物处理、污染等方面应尽早采取相应措施，减少企业在这些方面可能会遭遇的各种困扰，从而有助于企业可持续发展。

 思政小课堂

国货之光——白象方便面

白象方便面作为很多 80 后、90 后的童年回忆，在当时可谓家喻户晓，知名度极高。白象公司（以下简称白象）推出的爆款产品"大骨面"，更是深入人心，陪伴了很多小伙伴的成长。可是，白象方便面多年来十分低调。直到 2021 年 7 月 20 日，河南多地突发暴雨，引起洪灾。白象二话不说，捐出 500 万元，第一时间搬空了河南工厂，并将办公区腾出来，供市民休息。可是，和善于营销的企业相比，白象并未对此大肆宣传。中央电视台第一时间对此事进行了报道，并为白象点赞。

2022 年北京冬残奥会期间，白象因吸纳残疾人就业而走红。白象并未对此事件进行公开回应。

2022 年"3·15"晚会曝光"土坑酸菜"后，国内方便面市场迎来变革。有着 25 年历史的白象，以一句"没合作、放心吃，身正不怕影子斜"，再次受到网友的关注。3 月 19 日，极目新闻记者发现，白象官方旗舰店抖音直播迎来爆发式增长，7 天销售额破千万元。网友评论多为"好吃""国货之光""支持"等字眼。因为多款产品在电商平台上售罄，白象呼吁消费者"吃多少买多少，不要浪费"。

公开资料显示，成立于 1997 年的白象，曾被称为国内初代方便面霸主。2003 年，白象率先推出骨汤品类方便面，成为当时方便面市场的口味风向标。2004 年，白象年产量达 50 亿包、销售额达 23 亿元，市场占有率上升至全国第三，与统一、康师傅、华丰并称国内方便面"四大巨头"。2007 年，白象实现综合销售收入 40 亿元，2013 年收入达到

50亿元。但此后,白象的发展开始走下坡路。2014年,白象公开募股折戟,并将此前搬至北京的总部再度撤回河南大本营。此后,白象在国内市场的份额急剧缩减。2020年方便食品大会数据显示,康师傅、统一、今麦郎销售额占据前三,其中康师傅在国内的销售份额达到了46%,而白象的份额仅为7%。如今,白象再次得到消费者青睐,网友也给白象贴上了"国货之光"的标签。

思考讨论:

1. 白象为何未对支持河南洪灾和吸纳残疾人就业事件进行大肆宣传和做出回应?
2. 网友为何称白象为"国货之光",并在其直播间进行"野性"消费?

 ## 案例分析

BH公司财务管理目标研讨会上,张经理的观点体现的是相关者利益最大化目标;李经理的观点体现的是利润最大化目标;王经理的观点体现的是企业价值最大化目标;赵经理的观点体现的是股东财富最大化目标。如果采取李经理的观点,以利润最大化作为公司财务管理的目标,会促使BH公司提高生产经营效率,提升股价,但也有可能会诱使管理者做出虚构利润、危害投资者的行为。BH公司的管理层应根据公司目前实际情况,以企业价值最大化作为公司财务管理目标,并在此基础上,将相关者利益最大化确立为企业财务管理的终极追求目标。

 ## 总结提升

本子模块的知识点包括利润最大化、每股收益最大化、股东财富最大化、企业价值最大化和相关者利益最大化等财务管理目标,以及企业的社会责任;技能点是能够根据企业实际合理地确立企业的财务管理目标。

关于企业财务管理的最佳目标,理论上来说,企业价值最大化是最为理想且具有一定的可操作性的目标,该目标对于大型企业集团更为实用;而中小企业受管理水平的限制,更多倾向于企业利润最大化的目标。

 ## 子模块三　财务管理环节

 ## 案例导入

根据公司发展规划,BH公司拟新建一条空气能热水器生产线,已知现有A、B、C三个投资方案具有财务可行性。财务人员按照公司财务目标的总体要求,利用专门的方法对这三种备选方案进行比较分析后,从中选出B方案为最佳投资方案。

思考:什么是财务管理环节?财务管理一般包括哪几个环节?BH公司财务人员选择最佳投资方案的过程属于财务管理的哪个环节?

 **必备知识**

财务管理环节是企业财务管理的工作步骤与一般工作程序。一般而言,企业财务管理包括财务预测、财务决策、财务计划、财务预算、财务控制、财务分析和财务考核七个环节。

一、财务预测

财务预测是根据企业财务活动的历史资料,考虑现实的要求和条件,对企业未来的财务活动做出较为具体的预计和测算的过程。财务预测可以测算各项生产经营方案的经济效益,为决策提供可靠的依据;可以预计财务收支的发展变化情况,以确定经营目标;可以测算各项定额和标准,为编制计划、分解计划指标服务。

财务预测的方法主要有定性预测和定量预测两类。定性预测法,主要是利用直观材料,依靠个人的主观判断和综合分析能力,对事物未来的状况和趋势做出预测的一种方法;定量预测法,主要是根据变量之间存在的数量关系建立数学模型来进行预测的方法。

二、财务决策

财务决策是指按照财务战略目标的总体要求,利用专门的方法对各种备选方案进行比较和分析,从中选出最佳方案的过程。财务决策是财务管理的核心,决策的成功与否直接关系到企业的兴衰成败。

财务决策的方法主要有两类:一类是经验判断法,是根据决策者的经验来判断选择,常用的方法有淘汰法、排队法、归类法等;另一类是定量分析方法,常用的方法有优选对比法、数学微分法、线性规划法、概率决策法等。

三、财务计划

财务计划是根据企业整体战略目标和规划,结合财务决策的结果,对财务活动进行规划,并以指标形式落实到每一计划期间的过程。财务计划主要通过指标和表格,以货币形式反映计划期内企业生产经营活动所需要的资金及其来源、财务收入和支出,成果及其分配的情况。

确定财务计划指标的方法一般有平衡法、因素法、比例法和定额法等。

四、财务预算

财务预算是根据财务计划和各种预测信息,确定预算期内各种预算指标的过程。它是财务计划的分解和落实,是财务计划的具体化。

财务预算的编制方法通常包括固定预算与弹性预算、增量预算与零基预算、定期预算与滚动预算等。

五、财务控制

财务控制是指利用有关信息和特定手段,对企业的财务活动施加影响或调节,以便实现计划所规定的财务目标的过程。

财务控制的方法通常有前馈控制、过程控制和反馈控制等。财务控制措施一般包括预算控制、运营分析控制和绩效考评控制等。

六、财务分析

财务分析是指根据企业财务报表等信息资料,采用专门方法,系统分析和评价企业财务状况、经营成果以及未来发展趋势的过程。

财务分析的方法通常有比较分析法、比率分析法和因素分析法等。

七、财务考核

财务考核是指将报告期实际完成数与规定的考核指标进行对比,确定有关责任单位和个人完成任务的过程。财务考核与奖惩紧密联系,是贯彻责任制原则的要求,也是构建激励与约束机制的关键环节。

财务考核的形式多种多样,既可以用绝对指标、相对指标、完成百分比考核,又可以采用多种财务指标进行综合评价考核。

 **案例分析**

财务管理环节是企业财务管理的工作步骤与工作程序。一般而言,企业财务管理包括财务预测、财务决策、财务计划、财务预算、财务控制、财务分析和财务考核七个环节。BH 公司财务人员选择最佳投资方案的过程属于财务决策环节。财务决策是财务管理的核心,决策的成功与否直接关系到企业的兴衰成败。

 **总结提升**

本子模块的知识点是企业财务管理七个环节:财务预测、财务决策、财务计划、财务预算、财务控制、财务分析和财务考核。七个环节环环相扣,相辅相成,缺一不可。企业管理者应该将各环节的关系处理好,并加以落实,只有这样才会不断提高企业的财务管理水平。

子模块四 **财务管理环境**

 **案例导入**

经过二十几年的发展,BH 公司不断调整其战略规划,扩大业务范围,传统模式下的分散管理已无法满足公司的财务需求。随着分支公司数量的持续增多,每一个分支机构都必须设立财务部门,并配备一系列办公设备,这就导致企业管理费用较高,不满足成本效益原则。面对管控和成本的双重压力,财务改革至关重要。

2013 年财政部发布《企业会计信息化工作规范》，以推动企业会计信息化，节约社会资源，提高会计软件和相关服务质量，规范信息化环境下的会计工作。2014 年财政部出台了《财政部关于推进管理会计制度建设的指导意见》，鼓励大型企业和企业集团充分利用专业化分工和信息技术优势，建立财务共享服务中心，加快会计职能从重核算到重管理决策的拓展。国家各项政策的出台为我国企业财务共享服务中心的建设提供了政策支持。

BH 公司积极响应国家号召，对财务共享服务中心的建设与运行进行不断探索。为了保证数据信息的准确与及时传递，BH 公司着手建立财务共享服务中心，将会计处理纳入共享中心，通过实施统一的业务流程，使得原先分散的财务服务集中起来，有了统一的准则，优化了企业的组织结构，管理起来不再困难。目前，BH 公司不断推进其财务共享中心的优化与升级，以满足客户需求为出发点，推进财务共享中心向多维度、一体化的数字化智慧共享服务中心的转变。

思考：企业面临的财务管理环境有哪些？财务管理环境对 BH 公司进行财务共享中心的建立产生怎样的影响？

 **必备知识**

财务管理环境是指对企业财务活动和财务管理产生影响作用的企业内外各种条件的统称，主要包括法律环境、经济环境、金融环境和技术环境等。

一、法律环境

市场经济是法治经济，企业的财务活动必须在法律、法规的框架内进行，企业的财务关系也要通过法律、法规进行规范。法律环境是指企业与外部发生经济关系时所涉的法律因素总和，主要包括企业组织法律规范、税收法律规范、财务法律规范和其他法律规范。

（一）企业组织法律规范

企业组织法律规范包括公司法、合伙企业法、个人独资企业法、外资企业法、中外合资经营企业法、中外合作经营企业法等。

（二）税收法律规范

税收法律规范包括流转税法、所得税法、财产税法及其他税法等。

（三）财务法律规范

财务法律规范包括会计法、企业财务通则、企业内部控制基本规范等。

（四）其他法律规范

其他法律规范包括证券、金融、经济合同、环境等法律规范。

二、经济环境

经济环境是指企业进行财务活动的宏观经济状况，包括经济周期、经济发展水平、经济政策和通货膨胀水平等。

1. 经济周期

市场经济条件下,经济发展与运行带有一定的波动性,大体上经历复苏、繁荣、衰退和萧条四个阶段的循环,这种循环被称为经济周期。

西方财务学者探讨了经济周期中不同阶段的财务管理战略,如表1-1所示。

表1-1　经济周期中不同阶段的财务管理战略

复苏期	繁荣期	衰退期	萧条期
增加厂房设备	扩充厂房设备	停止扩张	建立投资标准
实行长期租赁	继续建立存货储备	出售多余设备	保持市场份额
建立存货储备	提高产品价格	停止不利产品	压缩管理费用
开发新产品	开展营销策划	停止长期采购	放弃次要利益
增加劳动力	增加劳动力	削减存货储备	削减存货储备
—	—	停止扩招雇员	裁减雇员

2. 经济发展水平

党的二十大报告中指出:"我们要坚持以推动高质量发展为主题……,推动经济实现质的有效提升和量的合理增长。"财务管理水平是和经济发展水平密切相关的,经济发展水平越高,财务管理水平也越高。财务管理水平的提高,将推动企业降低成本,改进效率,提高效益,从而促进经济发展水平的提高;而经济发展水平的提高,将改变企业的财务战略、财务理念、财务管理模式和财务管理的方法手段,从而促进企业财务管理水平的提高。财务管理应当以经济发展水平为基础,以宏观经济发展目标为导向,从业务工作角度保证企业经营目标和经营战略的实现。

3. 经济政策

国家的宏观经济调控可以通过相应的经济政策得以贯彻落实。这些经济政策包括财税政策、金融政策、货币政策、土地政策、信贷政策、价格政策、会计政策等,企业财务管理战略须符合国家的经济政策,以保证企业的可持续发展。

4. 通货膨胀水平

通货膨胀对企业财务活动的影响是多方面的,主要表现在:①引起资金占用的大量增加,从而增加企业的资金需求;②引起企业利润虚增,造成企业资金由于利润分配而流失;③引起利润增加,加大企业的权益资金成本;④引起有价证券价格下降,增加企业的筹资难度;⑤引起资金供应紧张,增加企业的筹资难度。

为了减轻通货膨胀对企业造成的不利影响,企业应当采取措施予以防范。在通货膨胀初期,货币面临着贬值的风险,这时企业进行投资可以避免风险,实现资本保值;与供应商签订长期购货合同,以减少物价上涨造成的损失;取得长期负债,保持资本成本的稳定。在通货膨胀持续期,企业可以采用比较严格的信用条件,减少企业债权;调整财务政策,防止和减少企业资本流失等。

三、金融环境

（一）金融市场

1. 金融市场的概念

金融市场是指资金供应者与资金需求者双方通过信用工具进行交易而融通资金的场所。

2. 金融市场的分类

金融市场可以按照不同的标准进行分类：

（1）按地理范围不同，金融市场可分为：国际金融市场和国内金融市场。

（2）按经营场所不同，金融市场可分为：有形金融市场和无形金融市场。

（3）按融资交易期限不同，金融市场可分为：长期资金市场（资本市场）和短期资金市场（货币市场）。

（4）按交易性质不同，金融市场可分为：发行市场（一级市场）和流通市场（二级市场）。

（5）按交易对象不同，金融市场可分为：拆借市场、贴现市场、大额定期存单市场、证券市场（包括股票市场和债券市场）、外汇市场、黄金市场和保险市场。

（6）按交割期限不同，金融市场可分为：金融现货市场和金融期货市场。

（7）按交易标的物不同，金融市场可分为：货币市场、资本市场、金融衍生品市场、外汇市场、保险市场、黄金及其他投资品市场。

（8）根据融资方式不同，金融市场可分为：直接融资市场和间接融资市场。

（9）根据交易工具不同，金融市场可分为：股票市场、债券市场、票据市场、外汇市场、黄金市场和保险市场。

3. 金融市场的构成要素

金融市场包含主体、客体和市场价格三个基本要素。

1）金融市场主体

金融市场主体即金融市场上交易的参与者。在这些参与者中，既有资金的供给者，又有资金的需求者，两者的相互关系使得市场上资金的融通成为可能，从而促进了金融市场的形成。一般来说，金融市场的主体包括家庭、企业、政府、金融机构和金融调控及监管机构。

金融机构主要包括银行和非银行金融机构。我国金融机构的分类，如表1-2所示。

表 1-2　我国金融机构分类

金融机构		分　类
银行	中央银行	即中国人民银行
	国有商业银行	如中国银行、中国建设银行、中国工商银行、中国农业银行、中国交通银行、中国邮政储蓄银行
	国家政策性银行	如中国进出口银行、中国农业发展银行、国家开发银行等
	其他股份制银行	如浦发银行、光大银行、平安银行、兴业银行、招商银行、中信银行等
非银行金融机构		主要包括信托、证券、保险、融资租赁等机构以及财务公司等

2）金融市场客体

金融市场客体即金融工具，是指金融市场上的交易对象或交易标的物。金融工具分为基本金融工具和衍生金融工具两大类。常见的基本金融工具有货币、票据、债券、股票等；衍生金融工具有远期合同、期货合同、期权合同、互换合同等。

金融工具一般具有期限性、流动性、风险性和收益性四个基本特征。

3）金融市场价格

金融市场通常表现为各种金融工具的价格。由于金融市场价格与投资者的利益密切相关，金融市场价格受到广泛的关注。不同的金融工具有着不同的价格，且影响其变动的因素十分广泛，这也使金融市场的价格形成变得更加复杂。

（二）利率

利率又称利息率，是指一定时期内利息与本金的比率。利率是决定企业资金成本高低的主要因素，同时也是企业筹资、投资的决定性因素，对金融环境的研究必须注意利率现状及其变动趋势。

1. 利率的分类

（1）按利率之间的变动关系不同，利率分为基准利率和套算利率。基准利率又称基本利率，是指在多种利率并存的条件下起决定作用的利率。我国的基准利率是中国人民银行对商业银行贷款的利率。套算利率是指在基准利率确定后，各金融机构根据基准利率和借贷款项的特点而换算出的利率。

（2）按利率与市场资金供求情况的关系不同，利率分为固定利率和浮动利率。固定利率是指在借贷期内固定不变的利率。受通货膨胀的影响，实行固定利率会使债权人利益受到损害。浮动利率是指在借贷期内可以调整的利率。在通货膨胀条件下采用浮动利率，可使债权人减少损失。

（3）按利率形成机制不同，利率分为法定利率和市场利率。法定利率是指由政府金融管理部门或中央银行确定的利率。市场利率是指由资金市场上的供求关系决定的利率。资金供给曲线和资金需求曲线的交点是资金供需均衡点，该点所对应的利率为均衡市场利率，均衡市场利率不是固定不变的，而是随着市场的变化而变动。

2. 利率的一般计算公式

除了供给和需求，利率还受经济周期、通货膨胀、国家货币政策和财政政策、国际经济政治关系、国家利率管制程度等的影响。

资金的利率通常由纯利率、通货膨胀补偿率和风险报酬率三部分构成。

利率的一般计算公式可表示如下：

$$利率＝纯利率＋通货膨胀补偿率＋风险报酬率$$

纯利率也称纯粹利率，是指在没有风险、没有通货膨胀情况下的资金供求均衡点利率。

通货膨胀补偿率是指由于持续的通货膨胀会不断降低货币的实际购买力，为补偿其购买力损失而要求提高的利率。

风险报酬率又称风险收益率，它包括违约风险报酬率、流动性风险报酬率和期限风险报酬率三种。其中，违约风险报酬率是指为了弥补因债务人无法按时还本付息而带来的风险，由债权人要求提高的利率；流动性风险报酬率是指为了弥补因债务人资产的流动性不好而带来的风险,由债权人要求提高的利率;期限风险报酬率是指为了弥补因债务人偿债期限长而带来的风险,由债权人要求提高的利率。

由于国债的风险很小,尤其是短期国债的风险更小,短期国债利率在现实中可以认为是无风险利率。此时,可以用公式表示为:

$$无风险利率＝纯利率＋通货膨胀率$$

当不考虑通货膨胀率或通货膨胀率极低时,短期国债利率可以看作纯利率。

四、技术环境

财务管理的技术环境,是指财务管理得以实现的技术手段和技术条件,它决定着财务管理的效率和效果。目前,我国进行财务管理所依据的会计信息是通过会计系统提供的。我国正在全面推进会计信息化工作,建立会计信息化法规体系和标准体系,包括可扩展商业报告语言(XBRL)分类标准。会计信息化的全面推进,必将促进我国企业财务管理的技术环境进一步完善和优化。

大数据时代如约而至,它不仅丰富了人类探索未知世界的方式,也逐步改变着人类的思维方法。随着大数据技术的不断发展和广泛应用,包括财务管理在内的各行各业迎来了前所未有的机遇和挑战。大数据时代智能财务的推行让业财融合成为大势所趋。为了充分发挥大数据的效益,深入挖掘大数据技术潜能,同时解决财务管理面临的一系列新难题,财务相关部门和从业人员必须大力提高大数据意识,不断深化大数据在财务管理中的应用,全面加强财务大数据安全管理。

案例分析

企业面临的财务管理环境主要有法律环境、经济环境、金融环境和技术环境。国家出台的各项政策有利于提高我国企业的会计信息化水平,对 BH 公司的财务管理产生了一系列影响,加速了公司财务共享服务中心的建设与发展。

总结提升

本子模块的知识点是法律环境、经济环境、金融环境和技术环境。技能点是分析企业财务管理环境,准确计算一般利率。

财务管理环境对企业发展至关重要,一部法律的变化、一项财政金融政策的调整或一次相关技术的更新,对企业发展都有可能产生巨大的影响,因此企业管理者要不断提高对环境变化觉察的敏感性,以助力企业更好发展。

知识巩固

一、单项选择题

1. 财务关系是企业在组织财务活动过程中与有关各方面所发生的(　　)。

A. 经济往来关系　　　　　　　　　　B. 经济协作关系

C. 经济责任关系　　　　　　　　　　D. 经济利益关系

2. 企业与债权人之间的财务关系主要体现为(　　)。

A. 投资收益关系　　　　　　　　　　B. 债务债权关系

C. 分工协作关系　　　　　　　　　　D. 债权债务关系

3. 企业价值最大化目标强调的是企业的(　　)。

A. 实际利润额　　　　　　　　　　　B. 实际投入资金

C. 未来现金流量　　　　　　　　　　D. 实际投资利润率

4. 在没有通货膨胀时,(　　)的利率可以视为纯利率。

A. 短期借款　　　　　　　　　　　　B. 短期国债

C. 企业债券　　　　　　　　　　　　D. 商业汇票贴现

5. 企业财务管理是(　　)的一项综合性管理工作。

A. 组织财务活动　　　　　　　　　　B. 处理财务关系

C. 组织财务活动、处理财务关系　　　D. 组织企业经济效益核算

6. 企业与所有者之间的财务关系反映的是(　　)。

A. 受资与投资关系　　　　　　　　　B. 债权债务关系

C. 投资与受资关系　　　　　　　　　D. 债务债权关系

7. 下列各项中,体现债权与债务关系的是(　　)。

A. 企业与债权人之间的财务关系　　　B. 企业与受资者之间的财务关系

C. 企业与债务人之间的财务关系　　　D. 企业与政府之间的财务关系

8. 企业支付利息给债权人属于财务管理中的(　　)。

A. 筹资活动　　　　　　　　　　　　B. 投资活动

C. 运营活动　　　　　　　　　　　　D. 利润分配活动

9. 企业与被投资者之间的财务关系反映的是(　　)。

A. 受资与投资关系　　　　　　　　　B. 债权债务关系

C. 投资与受资关系　　　　　　　　　D. 债务债权关系

10. 对企业净资产的分配权是(　　)。

A. 国家的基本权利　　　　　　　　　B. 所有者的基本权利

C. 债权人的基本权利　　　　　　　　D. 经营者的基本权利

二、多项选择题

1. 财务管理的经济环境一般包括(　　)。

A. 经济发展水平　　B. 经济周期　　　　C. 经济政策　　　　D. 通货膨胀水平

2. 财务管理的基本环节主要包括(　　)。

A. 财务预测　　　　B. 财务决策　　　　C. 财务控制　　　　D. 财务分析

3. 企业财务管理环境包括(　　)。

A. 经济环境　　　　B. 金融环境　　　　C. 法律环境　　　　D. 技术环境

4. 下列各项中,可用来协调企业所有者与债权人矛盾的方法有(　　)。

A. 规定借款用途　　　　　　　　　　B. 规定借款的信用条件

C. 要求提供借款担保　　　　　　　　D. 收回借款或不再借款

5. 能够用来协调所有者与经营者之间矛盾的措施有(　　)。

A. 激励　　　　　　　B. 批评　　　　　　　C. 解聘　　　　　　　D. 接收

6. 以利润最大化作为财务管理的目标的缺陷有(　　)。

A. 没有考虑利润的时间价值

B. 没有考虑获取利润和所承担风险的关系

C. 会使企业财务决策带有短期行为倾向

D. 没有考虑投入资本和获利之间的关系

7. 资金的利率通常由(　　)构成。

A. 贷款利率　　　　　B. 纯利率　　　　　　C. 通货膨胀补偿率　　D. 风险报酬率

8. 债权人为了防止其利益被伤害,通常采取的措施有(　　)。

A. 停止借款　　　　　B. 提前收回借款

C. 规定借款的用途　　D. 解聘经营者

9. 下列各项中,属于对内投资的有(　　)。

A. 购买股票　　　　　B. 购买设备　　　　　C. 购买国债　　　　　D. 购买无形资产

10. 企业财务关系包括(　　)。

A. 企业与政府部门的财务关系

B. 企业与投资者、受资者的财务关系

C. 企业与债权人、债务人的财务关系

D. 企业与职工之间的财务关系

三、判断题

1. 相关者利益最大化的财务管理目标体现了合作共赢的价值理念。　　　　　　(　　)

2. 就上市公司而言,将股东财富最大化作为财务管理目标的缺点之一是目标不容易被量化。　　　　　　　　　　　　　　　　　　　　　　　　　　　　　　(　　)

3. 企业价值最大化目标强调的是企业预计创造的未来现金流量现值最大。　　(　　)

4. 采用股票期权方式是协调所有者与债权人利益冲突的方法之一。　　　　　(　　)

5. 甲、乙两企业均投入 1 000 万元的资本,本年获利均为 300 万元,则两企业本年的收益水平相同。　　　　　　　　　　　　　　　　　　　　　　　　　　　　(　　)

6. 若主张股东财富最大化,则不必考虑利益相关者的利益。　　　　　　　　(　　)

7. 以利润最大化作为财务管理目标可能导致管理者的短期行为。　　　　　　(　　)

8. 只要能获取最大的利润,就可以使企业价值最大化。　　　　　　　　　　(　　)

9. 在市场经济条件下,风险与报酬是成反比的,即投资风险越大,获取的报酬越少。

(　　)

10. 股东财富由股东所拥有的股票数量和股票市场价格两方面来决定。如果股票数量一定,当股票价格达到最高时,股东财富也达到最大。　　　　　　　　　　(　　)

技能提升

财务管理目标的应用

2025 年 6 月,A 公司发布公告称,公司的高级经理人已于近日陆续从二级市场上购入

A 公司的社会公众股,平均每股购入价格为 10.40 元。公告还显示,购入股票最多的是 A 公司总经理王某,持股数量达 28 600 股,而购入股份较少的高级管理人员也有 19 000 股。按照有关规定,上述人员只有在离职 6 个月后,才可将所购入的股份抛出。资料显示,A 公司自 2018 年 3 月上市以来已经两度易主,股权几经变更。2024 年 11 月,A 公司第二大股东 B 公司通过受让原第一大股东的股权,从而成为 A 公司的现任第一大股东,B 公司承诺所持股份在 3 年之内不转让。B 公司入主 A 公司之后,经过半年多的清产核算,A 公司的不良资产基本上得到剥离,留下的都是比较扎实的优质资产。在此基础上,2025 年 A 公司董事会提出,A 公司的总经理、副总经理、财务负责人和董事会秘书等在 6 个月之内,必须持有一定数量的本公司发行在外的社会公众股,并且如果在规定的期限内,高级管理人员没有完成上述持股要求,董事会将解除对他的聘任。据 A 公司总经理王某介绍,此次高级管理人员持股,可以说是董事会的一种强制行为,目的是增强高级管理人员对公司发展的使命感和责任感。

问题:

(1) 公司的财务管理目标是什么?

(2) 公司高级管理人员持股对公司的财务管理目标会产生什么影响?

财务管理的价值观念

 学习指南

本模块从资金时间价值和投资风险价值两个方面,为财务管理七大典型工作任务的学习提供了理论基础。学生通过本模块学习,需要了解资金时间价值和投资风险价值的含义及分类;理解投资风险的分类和投资风险报酬率;掌握复利终值与复利现值、年金终值与年金现值的计算;能够准确利用方差、标准差和标准差率衡量投资风险。本模块的重点是资金时间价值,难点是投资风险的衡量。

 **知识导图**

```
                                    ┌ 1. 资金时间价值的含义
                         资金时间价值 ┤ 2. 复利终值与复利现值
                                    │ 3. 年金终值与年金现值
                                    └ 4. 利率的计算
财务管理的价值观念 ┤
                                    ┌ 1. 投资风险价值的相关概念
                         投资风险价值 ┤ 2. 投资风险的分类
                                    │ 3. 投资风险报酬
                                    └ 4. 投资风险的衡量
```

 思政导引

1. 货币时间价值

让学生懂得"钱生钱"的道理,把握财富增长秘密,学会科学理财,培养其财务素养和职业精神,并提醒学生不负韶华、持续学习、投资自己、蓄能未来。

2. 风险与报酬

帮助学生牢固树立风险意识,把握降低风险的对策。

子模块一 资金时间价值

案例导入

BH 公司拟长期租入一台大型设备,租赁年限计划 15 年,出租方提出了三个付款方案:

方案一:从现在起 15 年内每年年末支付 100 万元给出租方。

方案二:从现在起 15 年内每年年初支付 95 万元给出租方。

方案三:从现在起前 5 年不支付,第 6 年到第 15 年每年年末支付 200 万元给出租方。

思考: 假设银行贷款利率 10%,复利计息,在考虑资金时间价值的前提下,请为 BH 公司选择一个最佳方案。

必备知识

动画:2.1
资金时间价值

一、资金时间价值的含义

资金时间价值也称为货币时间价值,是指在没有风险和没有通货膨胀的情况下,资金经历一定时间的投资和再投资所增加的价值。它表现为同一数量的货币在不同时点上具有不同的价值。

众所周知,现在的 100 元和将来的 100 元价值不相等,前者的价值要比后者的价值大。例如,现在将 100 元存入银行,假设银行存款年利率为 5%,则一年后可得到 105 元。可见,经过一年的时间,这 100 元钱发生了 5 元的增值,现在的 100 元与一年后的 105 元是等值的。

资金时间价值的表现形式有两种:一种是绝对数形式,即增加的价值额;另一种是相对数形式,即用增加的价值额占投入资金的百分数来表示。在实务中,人们习惯使用相对数形式表示资金的时间价值。用相对数表示的资金时间价值也称为纯粹利率,简称纯利率,即指没有风险、没有通货膨胀情况下资金市场的平均利率。

小贴士

资金时间价值不等同于投资收益率。银行存款利率、贷款利率、各种债券利率、股票的股利率都可以看成投资收益率,但实际上它们与资金时间价值都是有区别的。投资收益率除了包括资金时间价值(即纯利率)外,还包括风险报酬率和通货膨胀补偿率。因此,只有在没有风险和通货膨胀的条件下,投资收益率才与资金时间价值相等。

由于货币随时间的延续而增值,不同时间单位货币的价值不相等,不同时间的货币不宜直接进行比较,需要把它们换算到相同的时点进行比较才有意义。由于货币随时间的增长过程与复利的计算过程在数学上相似,在换算时广泛使用复利计算方法。

二、复利终值与复利现值

计算资金时间价值需明确两个概念:终值和现值。

终值(future value)又称本利和,是指现在一定量的资金折算到未来某一时点上所对应的金额,通常记作 f。现值(present value)又称本金,是指未来某一时点上一定量的现金折算到现在所对应的金额,通常记作 P。现值和终值是一定量资金在前后两个不同时点上对应的价值,其差额即为资金时间价值。

为计算方便,先设定如下常用符号标志:F 表示终值;P 表示现值;i 表示利率(折现率);I 表示利息;n 表示计算利息的期数。

复利计算方法,是指每经过一个计息期,要将该期的利息加入本金再计算利息,逐期滚动计算,俗称"利滚利"。这里所说的一个计息期,是指相邻两次计息的间隔,如一年、半年等。除非特别说明,一个计息期一般为一年。

(一) 复利终值

复利终值是现在一定量的资金按复利计算方法,计算到将来某一时点的价值。或者说是现在的一定量的本金在将来某一时点,按复利计算的本金与利息之和,简称本利和。

例如,某人现将一笔资金 P 存入银行,年利率为 i,如果每年计息一次,则 n 年后的本利和 F_n 就是复利终值。计算过程如下:

$F_1 = P \times (1+i)$

$F_2 = F_1 \times (1+i) = P \times (1+i)^2$

$F_3 = F_2 \times (1+i) = P \times (1+i)^3$

……

$F_n = F_{n-1} \times (1+i) = P \times (1+i)^n$

由此,可以得到复利终值的计算公式为:

$$F = P \times (1+i)^n$$

式中,$(1+i)^n$ 被称为复利终值系数,用符号 $(F/P, i, n)$ 表示。参见本书附表 1"复利终值系数表",该表的第一行是利率 i,第一列为计息期数 n,相应的复利终值系数在其纵横交叉处。复利终值的计算公式可表示为:

$$F = P \times (F/P, i, n)$$

【学中做 2-1】

BH 公司将 1 000 万元存入银行,年利率为 6%,计算 8 年后的本利和。

【解析】

根据公式 $F = P \times (F/P, i, n)$ 可知,8 年后的本利和:

$$F = 1\,000 \times (F/P, 6\%, 8)$$
$$= 1\,000 \times 1.593\,8$$
$$= 1\,593.8(万元)$$

 **思政小课堂**

远离校园网贷

　　某高校学生小李迷恋上一款手机游戏,为了购买装备、充游戏币,他打算从某借贷平台借款。小李按对方要求提供辅导员和家长的手机号码,签了一份类似借款的协议后,就借到了 5 000 元,利息按"一周 10 个点"计算。一周后,小李便开始接到借贷平台的催款电话。他表示手头暂时没钱,想等等再还。谁知以后每天小李都会接到催债电话,对方还威胁,一周内再不还就打电话给辅导员和家长,找他们要钱。小李每天担惊受怕,只好向父母老实交代,父母立即帮他把钱还了。

　　思考讨论:

　　(1)"一周 10 个点"是什么意思? 小李借款两周需偿还多少元?

　　(2)通过这个小故事你受到什么启发?

(二) 复利现值

　　复利现值是指未来某一时点的特定资金按复利计算方法,折算到现在的价值。或者说是为取得将来一定的本利和,现在所需要的本金。

　　可以根据复利终值公式计算复利现值,即已知 F、i、n 时,求 P。

　　将复利终值计算公式 $F=P\times(1+i)^n$ 移项,可得:

$$P = F/(1+i)^n = F\times(1+i)^{-n}$$

　　式中,$(1+i)^{-n}$ 称为复利现值系数,用符号 $(P/F, i, n)$ 来表示,参见附表 2"复利现值系数表"。复利现值的计算公式亦可表示为:

$$P = F\times(P/F, i, n)$$

【学中做 2-2】

　　BH 公司拟 5 年后获得本利和 1 000 万元,假设存款年利率为 5%,按复利计息,公司现在应存入多少钱?

　　【解析】

　　根据公式 $P=F\times(P/F, i, n)$ 可知,现在应存入金额为:

$$
\begin{aligned}
P &= 1\,000\times(P/F, 5\%, 5)\\
&= 1\,000\times0.783\,5\\
&= 783.5(万元)
\end{aligned}
$$

三、年金终值与年金现值

　　年金是指间隔期相等的系列等额收付款项。例如,间隔期相等、金额相等的分期偿还贷款、发放养老金、直线法计提的折旧额以及优先股股利等,都属于年金。

　　年金根据每次收付发生的时点不同,可以分为普通年金、预付年金、递延年金和永续年金等形式。

微视频:2.1
普通年金的
终值与现值

（一）普通年金的终值与现值

普通年金又称后付年金,是指从第1期起,在一定时期内每期期末等额收付的系列款项。

等额收付5次的普通年金,如图2-1所示。图中序号代表的时间点是期末,例如"1"代表的时点是第1期期末。需要说明的是,上期期末和下期期初是一个时点,所以,"1"代表的时点也可以表述为第2期期初,通常称"0"代表的时点是第1期期初。箭头上端数字A表示每次等额收付的金额。

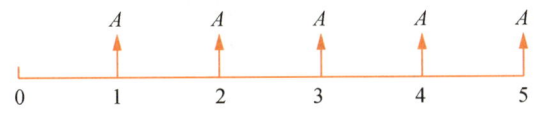

图 2-1 普通年金收付形式示意图

1. 普通年金终值

普通年金终值指各期等额收付金额在第 n 期期末的复利终值之和,相当于零存整取储蓄存款的本利和。普通年金终值的计算,如图2-2所示。

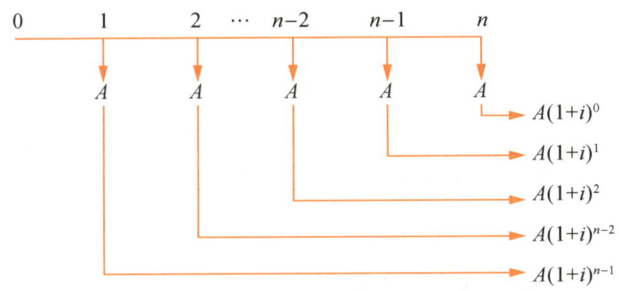

图 2-2 普通年金终值计算示意图

计算普通年金终值的一般公式为:

$$F = A(1+i)^0 + A(1+i)^1 + A(1+i)^2 + \cdots\cdots + A(1+i)^{n-2} + A(1+i)^{n-1}$$

等式两边同时乘以 $(1+i)$ 可得:

$$(1+i)F = A(1+i) + A(1+i)^2 + \cdots\cdots + A(1+i)^{n-1} + A(1+i)^n$$

将上述两式相减:

$$(1+i)F - F = A(1+i)^n - A$$

则普通年金终值的公式为:

$$F = A \times \frac{(1+i)^n - 1}{i}$$

式中, $\frac{(1+i)^n - 1}{i}$ 称为年金终值系数,记作 $(F/A, i, n)$,参见附表3"年金终值系数表"。普通年金终值计算公式亦可表示为:

$$F = A \times (F/A, i, n)$$

【学中做 2-3】

BH 公司打算向西部地区的一所希望小学捐款资助，每年年末捐款 500 万元，连续捐助 5 年。假设年利率为 6%，则 5 年后总资助金额为多少？

【解析】

根据公式 $F = A \times (F/A，i，n)$ 可知，BH 公司 5 年后的总资助金额为：

$$F = 500 \times (F/A，6\%，5)$$
$$= 500 \times 5.637\ 1$$
$$= 2\ 818.55（万元）$$

 **知识拓展**

偿债基金的计算

偿债基金是指为了在约定的未来某一时点清偿某笔债务或积聚一定数额的资金而必须分次等额形成的存款准备金。也就是已知终值 F、利率 i 和期限 n，求年金 A。偿债基金的计算公式为：

$$A = F \times \frac{i}{(1+i)^n - 1} = F \times \frac{1}{(F/A，i，n)}$$

式中，$\dfrac{i}{(1+i)^n - 1}$ 称为偿债基金系数，也就是 $\dfrac{1}{(F/A，i，n)}$，符号为 $(A/F，i，n)$。

由此可见：

(1) 偿债基金与普通年金终值互为逆运算。

(2) 偿债基金系数与普通年金终值系数互为倒数。

2. 普通年金现值

普通年金现值是指普通年金中各期等额收付金额在第 1 期期初（0 时点）的复利现值之和。普通年金现值的计算，如图 2-3 所示。

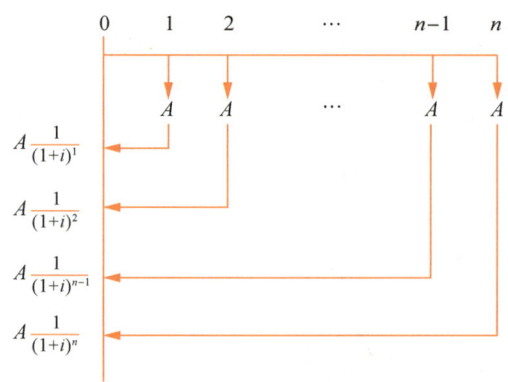

图 2-3　普通年金现值计算示意图

计算普通年金现值的一般公式：

$$P = A(1+i)^{-1} + A(1+i)^{-2} + \cdots\cdots + A(1+i)^{-(n-1)} + A(1+i)^{-n}$$

等式两边同时乘以 $(1+i)$ 可得：

$$P(1+i) = A + A(1+i)^{-1} + \cdots\cdots + A(1+i)^{-(n-1)}$$

将上述两式相减：

$$P(1+i) - P = A - A(1+i)^{-n}$$

则普通年金现值的公式为：

$$P = A \times \frac{1-(1+i)^{-n}}{i}$$

式中，$\dfrac{1-(1+i)^{-n}}{i}$ 称为年金现值系数，记作 $(P/A, i, n)$，参见附表 4 "年金现值系数表"。普通年金现值计算公式亦可表示为：

$$P = A \times (P/A, i, n)$$

【学中做 2-4】

BH 公司租入一台设备，每年年末需要支付租金 200 万元，年折现率为 10%，则 5 年内应支付租金总额的现值是多少？

【解析】

根据公式 $P = A \times (P/A, i, n)$ 可知，BH 公司支付的租金总额的现值为：

$$
\begin{aligned}
P &= 200 \times (P/A, 10\%, 5) \\
&= 200 \times 3.790\,8 \\
&= 758.16(\text{万元})
\end{aligned}
$$

 **知识拓展**

年资本回收额的计算

年资本回收额是指在约定年限内等额回收初始投入资本的金额。年资本回收额的计算实际上是已知普通年金现值 P、利率 i 和期限 n，求年金 A。年资本回收额的计算公式为：

$$A = P \times \frac{i}{1-(1+i)^{-n}} = P \times \frac{1}{(P/A, i, n)}$$

式中，$\dfrac{i}{1-(1+i)^{-n}}$ 称为年资本回收系数，也就是 $\dfrac{1}{(P/A, i, n)}$，符号为 $(A/P, i, n)$。

由此可见：

(1) 年资本回收额与普通年金现值互为逆运算。

(2) 年资本回收系数与普通年金现值系数互为倒数。

（二）预付年金的终值与现值

预付年金又称即付年金或先付年金，是指从第 1 期起，在一定时期内每期期初等额收

微视频：2.2
即付年金的
终值与现值

付的系列款项。预付年金与普通年金的区别仅在于收付款时点,普通年金发生在期末,而预付年金发生在期初。计算终值时,预付年金比同期的普通年金要多计一个计息期;计算现值时,预付年金比周期的普通年金要少计一个计息期。等额收付 n 次的预付年金如图 2-4 所示。

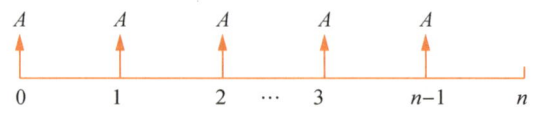

图 2-4　预付年金收付形式示意图

1. 预付年金终值

预付年金终值的一般公式:

$$F = A(1+i) + A(1+i)^2 + A(1+i)^3 + \cdots\cdots + A(1+i)^{n-1} + A(1+i)^n$$

可以看出, n 期预付年金终值的计算公式等于 n 期普通年金终值的计算公式乘以 $(1+i)$。所以,预付年金终值的公式为:

$$F = A \times \frac{(1+i)^n - 1}{i} \times (1+i) = A \times \left[\frac{(1+i)^{n+1} - 1}{i} - 1 \right]$$

式中, $\left[\dfrac{(1+i)^{n+1} - 1}{i} - 1 \right]$ 称为预付年金终值系数,它是在普通年金终值系数的基础上,期数加 1,系数减 1 所得的结果,通常记为 $[(F/A, i, n+1) - 1]$。

因此,预付年金终值的计算公式也可以表示为:

$$F = A \times (F/A, i, n) \times (1+i) = A \times [(F/A, i, n+1) - 1]$$

【学中做 2-5】

BH 公司拟投资建设一个项目,预计 4 年建设完成。BH 公司每年年初投入 2 000 万元,若年利率为 10%,则该项目 4 年后的投资总金额是多少?

【解析】

根据公式 $F = A \times [(F/A, i, n+1) - 1]$ 可知,该项目 4 年后的投资总金额为:

$$\begin{aligned}
F &= 2\,000 \times [(F/A, 10\%, 5) - 1] \\
&= 2\,000 \times (6.105\,1 - 1) \\
&= 10\,210.2 (万元)
\end{aligned}$$

2. 预付年金现值

预付年金现值的一般公式:

$$P = A + A(1+i)^{-1} + A(1+i)^{-2} + \cdots\cdots + A(1+i)^{-(n-1)}$$

可以看出, n 期预付年金现值的计算公式等于 n 期普通年金现值的计算公式乘以 $(1+i)$。所以,预付年金现值的公式为:

$$P = A \times \frac{1 - (1+i)^{-n}}{i} \times (1+i) = A \times \left[\frac{1 - (1+i)^{-(n-1)}}{i} + 1 \right]$$

式中，$\left[\dfrac{1-(1+i)^{-(n-1)}}{i}+1\right]$称为预付年金现值系数，它是在普通年金现值系数的基础上，期数减 1，系数加 1 所得的结果，通常记为 $[(P/A, i, n-1)+1]$。

因此，预付年金现值的计算公式也可以表示为：

$$P = A \times (P/A, i, n) \times (1+i) = A \times [(P/A, i, n-1)+1]$$

【学中做 2-6】

BH 公司租用一台大型设备，租期 10 年，每年年初需要支付租金 500 万元，年利息率为 8%，则设备租金的现值为多少？

【解析】

根据公式 $P = A \times [(P/A, i, n-1)+1]$ 可知，设备租金的现值为：

$$\begin{aligned}
P &= 500 \times [(P/A, 8\%, 9)+1] \\
&= 500 \times (6.2469+1) \\
&= 3\,623.45(万元)
\end{aligned}$$

（三）递延年金的终值与现值

递延年金是指第 1 次支付发生在第 2 期或第 2 期以后的年金。它是普通年金的特殊形式，凡不是从第 1 期开始的年金都是递延年金。计算递延年金的终值与现值，需要分清递延年金的递延期与连续收支期。

递延年金的收付形式，如图 2-5 所示。

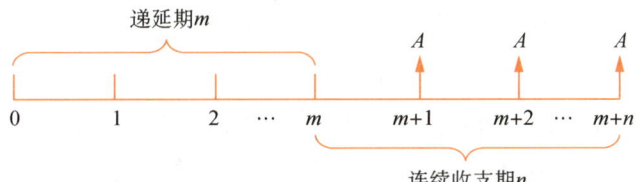

图 2-5　递延年金收付形式示意图

其中，字母 m 表示递延期，n 表示连续收支期（即年金 A 的个数），$m+n$ 表示递延年金总期数。

1. 递延年金终值

递延年金终值的计算方法和普通年金终值的计算方法相似，但要注意的是递延年金终值只与连续收支期 n 有关，与递延期 m 无关，如图 2-6 所示。

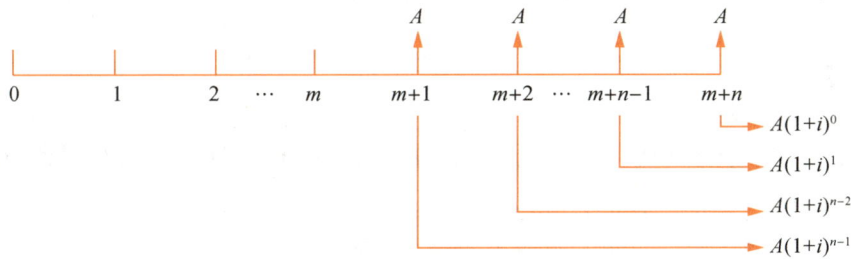

图 2-6　递延年金终值计算示意图

计算递延年金终值的一般公式为：

$$F = A(1+i)^0 + A(1+i)^1 + A(1+i)^2 + \cdots\cdots + A(1+i)^{n-2} + A(1+i)^{n-1}$$

经比较可知，递延年金终值的一般公式与普通年金终值的一般公式完全相同。也就是说，对于递延期为 m，等额收付为 n 次的递延年金而言，其终值计算公式为：

$$F = A \times (F/A, i, n)$$

【学中做 2-7】

BH 公司租用 LT 公司一台大型设备，协议约定从第 3 年年末开始，连续 7 年在每年年末支付租金 300 万元，年利率为 10%，则设备租金的终值为多少？

【解析】

根据公式 $F = A \times (F/A, i, n)$ 可知，设备租金的终值为：

$$
\begin{aligned}
F &= 300 \times (F/A, 10\%, 7) \\
&= 300 \times 9.487\,2 \\
&= 2\,846.16(万元)
\end{aligned}
$$

年金终值的计算在实务中很少使用，实务中对于不同的方案进行选择时，一般习惯于比较现值。

2. 递延年金现值

递延年金现值的计算有三种分法：

方法一：两次折现。即先把递延年金视为普通年金，求出其在连续收支期期初的现值，然后再折现至期初（0 时点）。其计算公式如下：

$$P = A \times (P/A, i, n) \times (P/F, i, m)$$

方法二：先加上后减去。即假设递延期中有等额收付，先求出 $m+n$ 期的年金现值，然后减去实际并未支付的递延期 m 的年金现值。其计算公式如下：

$$P = A \times [(P/A, i, m+n) - (P/A, i, m)]$$

方法三：先终值后现值。即先求出递延年金的终值，再将终值折现到期初 0 时点，求其现值。其计算公式如下：

$$P = A \times (F/A, i, n) \times (P/F, i, m+n)$$

【学中做 2-8】

BH 公司向银行借入一笔款项，银行贷款的年利息率为 8%，银行规定前 5 年不需还本付息，但从第 6 年到第 10 年，每年年末需偿还本息 1 000 万元，则这笔款项的现值为多少？

【解析】

方法一：两次折现。

根据公式 $P = A \times (P/A, i, n) \times (P/F, i, m)$ 可知，该笔款项的现值为：

$$
\begin{aligned}
P &= 1\,000 \times (P/A, 8\%, 5) \times (P/F, 8\%, 5) \\
&= 1\,000 \times 3.992\,7 \times 0.680\,6 \\
&= 2\,717.43(万元)
\end{aligned}
$$

方法二:先加上后减去。

根据公式 $P = A \times (P/A, i, m+n) - A \times (P/A, i, m)$ 可知,该笔款项的现值为:

$$P = 1\,000 \times [(P/A, 8\%, 10) - (P/A, 8\%, 5)]$$
$$= 1\,000 \times (6.710\,1 - 3.992\,7)$$
$$= 2\,717.40(万元)$$

方法三:先终值后现值。

$$P = A \times (F/A, i, n) \times (P/F, i, m+n)$$
$$= 1\,000 \times (F/A, 8\%, 5) \times (P/F, 8\%, 10)$$
$$= 1\,000 \times 5.866\,6 \times 0.463\,2$$
$$= 2\,717.41(万元)$$

(四)永续年金的现值

永续年金是普通年金的极限形式,当普通年金的收付次数为无穷大时即为永续年金,如图 2-7 所示。

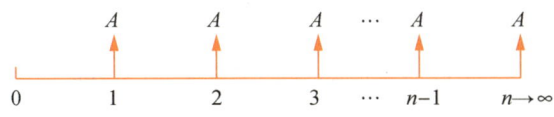

图 2-7 永续年金收付形式示意图

对永续年金而言,由于没有终点,所以没有终值,只有现值。永续年金的现值可以看成是一个 n 无穷大时普通年金的现值。

永续年金的现值可以通过对普通年金现值的计算公式导出:

$$P = A \times \frac{1 - (1+i)^{-n}}{i}$$

当 $n \to \infty$ 时,$(1+i)^{-n}$ 的极限为零,故永续年金的现值的计算公式如下:

$$P = A \times \frac{1}{i}$$

【学中做 2-9】

BH 公司为支持当地教育发展,拟设立一项永久性的奖学金。每年年末发放一次,金额为 100 万元。若利率为 10%,则现在 BH 公司应存入银行的奖励基金为多少?

【解析】

根据公式 $P = A \times \dfrac{1}{i}$ 可知,该公司现在应存入银行的奖励基金为:

$$P = 100 \times \frac{1}{10\%}$$
$$= 1\,000(万元)$$

四、利率的计算

(一) 插值法

复利计息方式下,利率与现值(或者终值)系数之间存在一定的数量关系。已知现值(或者终值)系数,查阅相应的系数表,如果能在表中直接查到该系数,则其对应的利率就是所求利率;如果在系数表中无法查到该系数,则可以使用插值法(也称内插法)来计算对应的利率。插值法计算利率的公式如下:

$$i = i_1 + \frac{B - B_1}{B_2 - B_1} \times (i_2 - i_1)$$

式中:i 表示所求利率;B 表示 i 对应的现值(或者终值)系数;B_1、B_2 分别表示现值(或者终值)系数表中 B 相邻的系数;i_1、i_2 分别表示 B_1、B_2 所对应的利率。

插值法的运用,如图 2-8 所示。

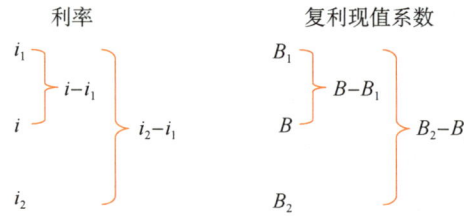

图 2-8　插值法的运用

【学中做 2-10】

BH 公司为进行一项技术研发,向银行贷款 1 600 万元,期限 5 年,根据合同规定需到期一次还本付息 2 500 万元,则该项贷款的年利率是多少?

【解析】

本题已知复利现值 P、终值 F、期限 n 的情况下求利率 i。根据相关计算公式:

$$P = F \times (P/F, i, n)$$
$$1\ 600 = 2\ 500 \times (P/F, i, 5)$$

即:$(P/F, i, 5) = 0.64$

查阅复利现值系数表,可得

$$(P/F, 9\%, 5) = 0.649\ 9$$
$$(P/F, 10\%, 5) = 0.620\ 9$$

所以,该项贷款的年利率 i 应介于 9%～10%。

运用插值法计算如下:

$$i = i_1 + \frac{B - B_1}{B_2 - B_1} \times (i_2 - i_1)$$
$$= 9\% + \frac{0.64 - 0.649\ 9}{0.620\ 9 - 0.649\ 9} \times (10\% - 9\%)$$
$$= 9.34\%$$

(二) 名义利率与实际利率

复利的计息期不一定总是一年,有可能是半年、季度、月或日。

如果以"年"作为基本计息期,每年计算一次复利,这种情况下的年利率是名义利率。如果按照短于 1 年的计算期计算复利,并将全年利息额除以年初的本金,此时得到的利率是实际利率。

当计息期限不是按年计息时,就会出现名义利率和实际利率之间的换算。两者之间的关系如下:

$$i = \frac{实际年利息额}{本金} = \left(1 + \frac{r}{m}\right)^m - 1$$

式中:i 表示实际利率;r 表示名义利率;m 表示每年复利计息的次数。

【学中做 2-11】

假设 BH 公司目前有闲置资金 1 000 万元,准备购买债券,现有甲、乙两家公司发行债券,其中甲公司债券的票面年利率为 8%,每年付息一次;乙公司债券的票面年利率为 8%,每半年付息一次。试问 BH 公司购买哪个公司的债券收益更高?

【解析】

甲公司债券的实际利率:

$$i_甲 = \frac{1\ 000 \times (1 + 8\%) - 1\ 000}{1\ 000}$$

$$= \left(1 + \frac{8\%}{1}\right)^1 - 1$$

$$= 8\%$$

乙公司债券的实际利率:

$$i_乙 = \frac{1\ 000 \times \left(1 + \frac{8\%}{2}\right)^2 - 1\ 000}{1\ 000}$$

$$= \left(1 + \frac{8\%}{2}\right)^2 - 1$$

$$= 8.16\%$$

因为 $i_乙 > i_甲$,所以 BH 公司购买乙公司的债券收益会更高。

> **小贴士**
>
> 若每年计息一次,实际利率等于名义利率。
>
> 若每年计息多次,实际利率大于名义利率。
>
> 财务决策中需要将名义利率转换为实际利率,以实际利率为折现率进行各备选方案的终值或现值比较。

案例分析

根据上述所学知识和[案例导入]中的相关数据,可以分析出三种付款方式分别属于普通年金、预付年金和递延年金。具体计算过程如下：

方案一：$P = 100 \times (P/A, 10\%, 15)$
$\qquad = 100 \times 7.6061$
$\qquad = 760.61（万元）$

方案二：$P = 95 \times [(P/A, 10\%, 14) + 1]$
$\qquad = 95 \times (7.3667 + 1)$
$\qquad = 794.84（万元）$

方案三：$P = 200 \times [(P/A, 10\%, 15) - (P/A, 10\%, 5)]$
$\qquad = 200 \times (7.6061 - 3.7908)$
$\qquad = 763.06（万元）$

所以，BH公司应该选择方案一的付款方式来支付租金。

总结提升

本子模块的知识点是资金时间价值的含义及表示，技能点是资金时间价值的计算和利率的计算。在实践工作中，系列款项的收付往往不都是等额的，所以就要求能够综合运用复利和年金进行分析和计算，从而做出准确决策，有效解决实际问题。

子模块二　投资风险价值

案例导入

BH公司准备投资开发新产品，现有三种方案可供选择。根据市场预测，三种方案的预计年报酬率，如表2-1所示。

表2-1　三种方案预计年报酬率统计表

市场状况	发生概率	预计年报酬率		
		方案一：A产品	方案二：B产品	方案三：C产品
繁荣	0.3	30%	40%	50%
一般	0.5	15%	15%	15%
衰退	0.2	0	−15%	−30%

思考：这三种投资方案的预计年报酬率的期望值、标准差和标准离差分别是多少？各方案的投资风险如何？BH公司应该选择哪个投资方案？

必备知识

一、投资风险价值的相关概念

（一）风险

风险是指收益的不确定性。虽然风险的存在可能意味着收益的增加,但人们考虑更多的则是损失发生的可能性。企业风险,是指对企业的战略与经营目标实现产生影响的不确定性。从财务管理的角度看,风险是企业在各项财务活动过程中,由于各种难以预料或无法控制的因素作用,使企业的实际收益与预计收益发生背离,从而蒙受经济损失的可能性。

（二）投资风险

一般来说,投资风险是指投资主体为实现其投资目的而对未来经营、财务活动可能造成的亏损或破产所承担的风险。在存在投资风险的情况下,人们只能事先估计到采取某种行动可能导致的结果,以及每种结果出现的可能性,而行动的真正结果究竟会怎样不能事先确定。例如,我们预计一个投资项目的报酬时,不可能十分精确,也没有百分之百的把握。有些事情的未来发展、变化我们事先不能确定,如价格、销量、成本等都可能发生我们预想不到并且无法控制的变化。

（三）投资风险价值

财务活动经常是在有投资风险的情况下进行的。冒风险,就要求得到额外的收益,否则就不值得去冒风险。投资者由于冒风险进行投资而获得的超过资金时间价值的额外收益,称为投资风险价值,亦称风险收益或风险报酬。

企业理财时,须研究风险、计量风险,并设法控制风险,以求最大限度地扩大企业财富。

二、投资风险的分类

（一）从个别投资主体角度的分类

从个别投资主体的角度看,投资风险可分为市场风险和公司特有风险两类。

1. 市场风险

市场风险,是指那些对所有企业产生影响的因素引起的风险,如战争、自然灾害、经济衰退、通货膨胀等。市场风险又称不可分散风险或系统风险。

2. 公司特有风险

公司特有风险是指发生于个别企业的特有事项造成的风险,如罢工、诉讼失败、订单被取消、新产品开发失败等。公司特有风险又称可分散风险或非系统风险。

（二）从企业本身角度的分类

从企业本身的角度看,投资风险可分为经营风险和财务风险两大类。

1. 经营风险

经营风险是指因生产经营方面的原因给企业盈利带来的不确定性。如自然灾害、经济形势、市场供求等都是不确定的因素,因而产生风险。

2. 财务风险

财务风险也称筹资风险,是指由于举债而给企业财务成果带来的不确定性。企业向银行等金融机构举债,需要定期还本付息,如果无力偿付到期债务,企业便会陷入财务困境甚至破产。

三、投资风险报酬

一般而言,投资者都讨厌风险,并力求规避风险。那么为什么还会有人进行风险性投资呢? 这是因为由于投资风险的存在,要使投资者愿意承担一份风险,就必须给予一定额外报酬作为补偿。

投资者因冒着风险进行投资而要求的、超过无风险报酬的那部分额外报酬,就称为投资风险报酬。投资风险报酬有两种表示方法:风险报酬额和风险报酬率。在财务管理中,投资风险报酬通常用风险报酬率来衡量。

投资者进行风险投资所要求或期望的最低报酬率是无风险报酬率与风险报酬率之和,也称为必要报酬率。无风险报酬率,也称无风险利率,其大小由纯粹利率(资金时间价值)和通货膨胀补偿率两部分组成。风险报酬率的大小取决于风险的大小和投资者对风险的偏好两个因素。

综上所述,投资者必要报酬率的公式为:

$$必要报酬率=无风险报酬率+风险报酬率$$
$$=纯粹利率(资金时间价值)+通货膨胀补偿率+风险报酬率$$

【学中做 2-12】

假设纯粹利率为 6%,BH 公司投资某项目所期望的最低报酬率为 10%,在通货膨胀很小的情况下,投资该项目的风险报酬率是多少?

【解析】

该项目的风险报酬率为:

$$风险报酬率=必要报酬率-无风险报酬率$$
$$=必要报酬率-(纯粹利率+通货膨胀补偿率)$$
$$=10\%-6\%$$
$$=4\%$$

风险越大,则投资者要求的投资报酬率就越高。投资必要报酬率与投资风险之间的关系,如图 2-9 所示。

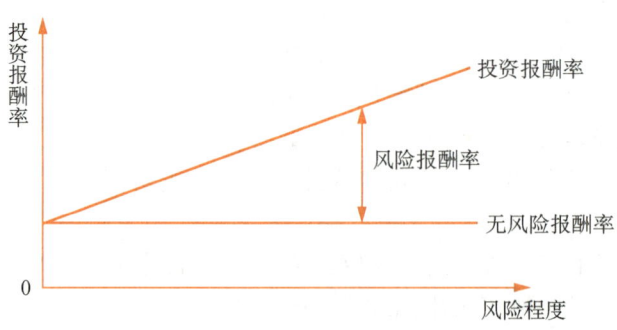

图 2-9　风险与投资报酬关系示意图

四、投资风险的衡量

投资风险是客观存在的,它广泛影响着企业的财务和经营活动。因此,正视投资风险并将其风险程度予以量化,进行较准确的衡量,便成为企业财务管理中的一项重要工作。

衡量风险的指标主要有方差、标准差和标准差率。

(一)概率分布

在经济活动中,某一事件在相同的条件下可能发生也可能不发生,这类事件称为随机事件。概率是用来表示随机事件发生可能性大小的数值,用 P_i 来表示。

概率必须符合下列两项要求:① $0 \leqslant P_i \leqslant 1$;② $\sum_{i=1}^{n} P_i = 1$。

(二)期望值

期望值是将概率分布中的所有可能结果,以各自相应的概率为权数计算的加权平均值。期望值通常用符号 E 表示,计算公式如下:

$$E = \sum_{i=1}^{n} P_i X_i$$

式中:E 表示期望值;P_i 表示第 i 种可能结果的概率;X_i 表示第 i 种可能结果的报酬率;n 表示可能结果的个数。

【学中做 2-13】

BH 公司拟投资一个新项目,有 A、B 两种投资方案。在不同市场条件下,两种投资方案的投资报酬率及其概率分布情况,如表 2-2 所示。试计算各投资方案报酬率的期望值。

表 2-2　各方案投资报酬率概率分布统计表

市场经济情况	发生概率(P_i)	投资报酬率(X_i)	
		A 方案	B 方案
繁荣	0.2	50%	60%
一般	0.6	15%	15%
衰退	0.2	-10%	-20%

【解析】

A 方案报酬率的期望值:

$$\begin{aligned} E_A &= P_1 X_1 + P_2 X_2 + P_3 X_3 \\ &= 50\% \times 0.20 + 15\% \times 0.60 + (-10\%) \times 0.20 \\ &= 17\% \end{aligned}$$

B 方案报酬率的期望值:

$$\begin{aligned} E_B &= P_1 X_1 + P_2 X_2 + P_3 X_3 \\ &= 60\% \times 0.20 + 15\% \times 0.60 + (-20\%) \times 0.20 \\ &= 17\% \end{aligned}$$

(三) 方差、标准差和标准差率

1. 方差

方差是用来表示随机变量与期望值之间离散程度的一个数值。在概率已知的情况下,方差的计算公式为:

$$\sigma^2 = \sum_{i=1}^{n}(X_i - E)^2 \times P_i$$

式中,$(X_i - \overline{E})$ 表示第 i 种情况可能出现的结果与期望值的离差。

2. 标准差

标准差也称标准离差,是方差的平方根。在概率已知的情况下,标准差的计算公式为:

$$\sigma = \sqrt{\sum_{i=1}^{n}(X_i - E)^2 \times P_i}$$

标准差以绝对数衡量决策方案的风险。在期望值相同的情况下,标准差越大,风险越大;反之,标准差越小,则风险越小。

【学中做 2-14】

以[学中做 2-13]中的数据为例,请分别计算 A、B 两种投资方案的标准差。

【解析】

A 方案报酬率的标准差为:

$$\sigma = \sqrt{(50\% - 17\%)^2 \times 0.20 + (15\% - 17\%)^2 \times 0.60 + (-10\% - 17\%)^2 \times 0.20}$$
$$= 0.191\ 3$$

B 方案报酬率的标准差为:

$$\sigma = \sqrt{(60\% - 17\%)^2 \times 0.20 + (15\% - 17\%)^2 \times 0.60 + (-20\% - 17\%)^2 \times 0.20}$$
$$= 0.254\ 2$$

由于方案 A 和方案 B 在投资报酬率的期望值相同(均为 17%),所以,标准差大的风险大,计算结果表明方案 B 的风险大于方案 A。

3. 标准差率

标准差率是标准差同期望值之比,通常用符号 V 表示,其计算公式为:

$$V = \frac{\sigma}{E} \times 100\%$$

标准差率是一个相对指标,它以相对数反映决策方案的风险程度。方差和标准差作为绝对数,只适用于期望值相同的决策方案风险程度的比较。对于期望值不同的决策方案,评价和比较其各自的风险程度只能借助于标准差率这一相对数值。在期望值不同的情况下,标准差率越大,风险越大;反之,标准差率越小,风险越小。

【学中做 2-15】

假设 A、B 两种投资方案投资报酬率的期望值分别为 15% 和 40%,标准差分别为

0. 126 5 和 0. 316 2。此时,哪种方案的投资风险更大?

【解析】

如果投资报酬率的期望值不等,不能用标准差作为判别标准,而要使用标准差率。即:

A 方案投资报酬率的标准差率为:

$$V = \frac{0.126\ 5}{15\%} \times 100\% = 84.33\%$$

B 方案投资报酬率的标准差率为:

$$V = \frac{0.316\ 2}{40\%} \times 100\% = 79.05\%$$

结果说明,在上述假设条件下,A 方案的风险要大于 B 方案的风险。

 **案例分析**

根据上述所学知识和[任务导入]中的相关数据,计算如下:

(1) 三个方案报酬率的期望值:

$E_A = 30\% \times 0.3 + 15\% \times 0.50 + 0 \times 0.2 = 16.5\%$

$E_B = 40\% \times 0.3 + 15\% \times 0.50 + (-15\%) \times 0.2 = 16.5\%$

$E_C = 50\% \times 0.3 + 15\% \times 0.50 + (-30\%) \times 0.2 = 16.5\%$

(2) 三个方案的标准差:

$\sigma_A = \sqrt{(30\% - 16.5\%)^2 \times 0.3 + (15\% - 16.5\%)^2 \times 0.5 + (0 - 16.5\%)^2 \times 0.2}$
$= 0.105$

$\sigma_B = \sqrt{(40\% - 16.5\%)^2 \times 0.3 + (15\% - 16.5\%)^2 \times 0.5 + (-15\% - 16.5\%)^2 \times 0.2}$
$= 0.191\ 1$

$\sigma_C = \sqrt{(50\% - 16.5\%)^2 \times 0.3 + (15\% - 16.5\%)^2 \times 0.5 + (-30\% - 16.5\%)^2 \times 0.2}$
$= 0.277\ 5$

(3) 三个方案的标准差率:

$$V_A = \frac{0.105}{16.5\%} \times 100\% = 63.64\%$$

$$V_B = \frac{0.191\ 1}{16.5\%} \times 100\% = 115.82\%$$

$$V_C = \frac{0.277\ 5}{16.5\%} \times 100\% = 168.18\%$$

(4) 标准差率越大,投资风险越大,所以方案一风险最小,方案二次之,方案三的风险最大。故 BH 公司应该选择方案一 A 产品。

 **总结提升**

本子模块的知识点包括投资风险价值的含义和投资风险的分类。技能点是能够运用

相关指标去衡量投资风险的大小以及风险报酬率的高低,尤其要学会利用标准差和标准差率,对投资报酬率期望值相等的不同方案的投资风险做出正确判断。

 **知识巩固**

一、单项选择题

1. 每年年底存款 100 元,要计算第 5 年年末的价值总额,应用( )来计算。

A. 复利终值系数　　B. 复利现值系数　　C. 年金终值系数　　D. 年金现值系数

2. 甲方案的标准离差是 1.42,乙方案的标准离差是 1.06,如甲乙两方案的期望值相同,则两方案的风险关系为( )。

A. 甲大于乙　　B. 甲小于乙　　C. 甲乙相等　　D. 无法确定

3. 永续年金是( )的特殊形式。

A. 普通年金　　B. 先付年金　　C. 即付年金　　D. 递延年金

4. 与年金终值系数互为倒数的是( )。

A. 年金现值系数　　　　　　　　B. 资本回收系数

C. 复利现值系数　　　　　　　　D. 偿债基金系数

5. 已知 $(F/A, 10\%, 9) = 13.579$,$(F/A, 10\%, 11) = 18.531$。则期数 10 年、利率 10% 的即付年金终值系数为( )。

A. 17.531　　B. 15.937　　C. 14.579　　D. 12.579

6. 在普通年金现值系数的基础上期数减 1、系数加 1 所得的结果,在数值上等于( )。

A. 普通年金现值系数　　　　　　B. 即付年金现值系数

C. 普通年金终值系数　　　　　　D. 即付年金终值系数

7. 某债券的名义利率 10%,复利计息,一年计息两次,则实际利率为( )。

A. 8%　　B. 10.25%　　C. 10%　　D. 12%

8. 资金时间价值是( )。

A. 货币经过投资后所增加的价值

B. 没有通货膨胀情况下的社会平均资金利润率

C. 没有通货膨胀和风险条件下的社会平均资金利润率

D. 没有通货膨胀条件下的利率

9. 已知甲方案投资收益率的期望值为 12%,乙方案投资收益率的期望值为 10%,两个方案都存在投资风险。比较甲、乙两方案风险大小应采用的指标是( )。

A. 方差　　B. 净现值　　C. 标准离差　　D. 标准差率

10. 某项永久性奖学金,每年计划颁发 20 万元奖金。若年复利率为 8%,该项奖学金的本金应为( )万元。

A. 625　　B. 125　　C. 250　　D. 400

二、多项选择题

1. 计算普通年金现值所必需的资料有( )。

A. 年金　　B. 终值　　C. 期数　　D. 利率

2. 下列选项中,既有现值又有终值的有(   )。

A. 复利 B. 普通年金 C. 先付年金 D. 永续年金

3. 某公司向银行借入 12 000 元,借款期限为 3 年,每年年末的还本付息额为 4 600 元,则借款利率为(   )。

A. 小于 6% B. 大于 8% C. 大于 7% D. 小于 8%

4. 在财务管理中,经常用来衡量风险大小的指标有(   )。

A. 标准差 B. 方差 C. 风险报酬率 D. 标准差率

5. 递延年金现值是自若干期后开始每期等额收付的现值之和,公式包括(   )。

A. $P=A\times(F/A,i,n)\times(P/F,i,m+n)$

B. $P=A\times[(P/A,i,m+n)-(P/F,i,m)]$

C. $P=A\times(P/A,i,n)\times(F/P,i,m)$

D. $P=A\times[(P/A,i,m+n)-(P/A,i,m)]$

6. 下列关于方差、标准差及标准差率的说法中,正确的有(   )。

A. 方差是标准差的平方根

B. 标准差是方差的平方根

C. 标准差率等于方差除以期望值

D. 标准差率等于标准差除以期望值

7. 企业投资的必要报酬率的构成包括(   )。

A. 资本成本率 B. 通货膨胀补偿率

C. 风险报酬率 D. 资金时间价值

8. 从个别投资主体的角度看,投资风险可分为(   )。

A. 财务风险 B. 经营风险

C. 可分散风险 D. 不可分散风险

9. 下列表述中,正确的有(   )。

A. 复利终值系数和复利现值系数互为倒数

B. 普通年金现值系数和普通年金终值系数互为倒数

C. 普通年金现值系数和年资本回收系数互为倒数

D. 普通年金终值系数和偿债基金系数互为倒数

10. 下列各项,属于年金形式的有(   )。

A. 直线法计提的折旧 B. 优先股股利

C. 零存整取 D. 分期偿还贷款

三、判断题

1. 递延年金有终值,终值的大小与递延期有关,在其他条件相等的条件下,递延期越长,递延年金终值越大。(   )

2. 当一年内多次复利时,实际利率大于名义利率。(   )

3. 永续年金既有终值又有现值。(   )

4. 资金时间价值一般包括三部分:纯利率、通货膨胀补偿和风险报酬率。(   )

5. 风险程度越高,投资者要求的投资报酬率越低。(   )

6. 在年金和期数确定的情况下,折现率越高,年金的现值越低。(   )

7. 无风险报酬率由纯粹利率(资金时间价值)和通货膨胀补偿率两部分组成。　（　　）

8. 普通年金终值是一系列复利终值之和。　（　　）

9. 风险总是和收益并存，因此高风险的投资项目一定会带来高收益。　（　　）

10. 普通年金现值与普通年金终值互为逆运算。　（　　）

 ## 技能提升

1. LT 公司有一项付款业务，现有甲、乙两种付款方式可供选择。

甲方案：现在支付 1 000 万元，一次性结清。

乙方案：分 3 年付款，各年年初的付款额分别为 300 万元、400 万元、400 万元。

问题：

假设利率为 6%，按现值计算，请问甲、乙方案中哪个方案更优？

2. LT 公司决定连续 5 年于每年年初存入 100 万元作为住房基金，银行存款利率为 10%，则该公司在第 5 年末能一次取出的本利和是多少？

3. 假设 LT 公司分期付款购买一条生产线，每年年初支付 200 万元，连续支付 6 年。假设银行利率为 10%，则该项分期付款相当于一次性支付现金多少钱？

4. LT 公司拟购置一处房产，现有三种付款方案可供选择。

方案一：从现在起，每年年初支付 200 万元，连续支付 10 次，共 2 000 万元。

方案二：从第 5 年开始，每年末支付 250 万元，连续支付 10 次，共 2 500 万元。

方案三：从第 5 年开始，每年初支付 230 万元，连续支付 10 次，共 2 300 万元。

问题：

假设利率为 10%，采用现值法比较，你认为该公司应选择哪个付款方案？

模块三

筹资管理（上）

 学习指南

　　本模块内容对应"筹资决策"这一典型工作任务，筹资决策为财务管理七大典型工作任务中的第一项工作任务，因此本模块内容为后续模块内容的学习奠定了基础。学生通过本模块学习，需要了解筹资的含义、动机和分类；理解各种筹资渠道、筹资方式的优缺点以及筹资管理的原则；掌握银行借款、发行公司债券、融资租赁等债务筹资的程序。本模块的重点内容是债务筹资和股权筹资，难点是筹资的分类和筹资管理的原则。

 知识导图

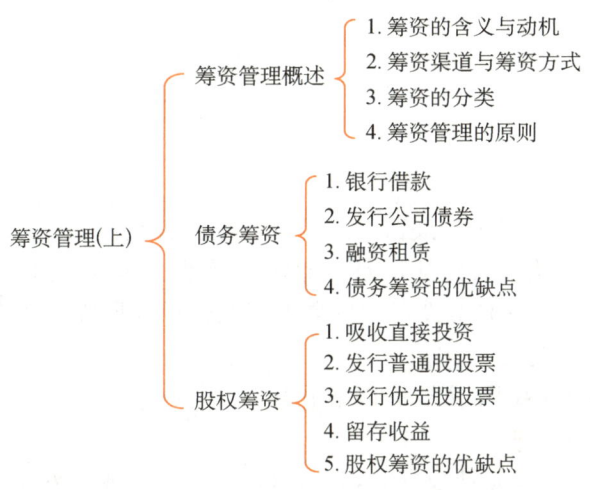

 思政导引

　　1. 筹资原则

　　引导学生树立法治观念，坚持依法筹资；告诉学生企业筹资要坚持规模适当的原则，要严格按照企业生产经营及其发展需要，合理预计资金需要量。

　　2. 筹资渠道与筹资方式

　　借助非法集资和为了筹资进行财务造假的相关案例，告诫学生一定要诚信守法，不得组织或参与非法集资。

3. 股权筹资

通过对比新旧注册资本制度,让学生领会政府降低企业股权性筹资门槛、鼓励创新创业的优惠政策。

4. 债务筹资

告诉学生企业债务筹资要坚持合法合理的原则,考虑企业能否按期偿还债务资本利息,坚决反对通过造假骗取金融机构贷款的做法,培养学生风险管控的审慎精神,树立良好的诚信意识。

子模块一　筹资管理概述

任务导入

BH 公司 2025 年度财务预算已经董事会批准,公司各项投资和生产经营对资金的需求情况基本确定。财务部门在制订 2025 年筹资计划之前,需要确定筹资管理的原则,并对 BH 公司当前采用的主要筹资渠道和筹资方式进行梳理。

思考: 2025 年 BH 公司筹资管理的原则、筹资的主要渠道和主要筹资方式。

必备知识

一、筹资的含义与动机

筹资是指企业为了满足生产经营发展需要,通过银行借款或者发行股票、债券等形式筹集资金的一种财务行为。筹资活动是企业资金活动的起点,也是企业整个经营活动的基础。通过筹资活动,企业取得投资和日常生产经营活动所需的资金,从而使企业投资、生产经营活动能够顺利进行。

企业的筹资动机归纳起来主要有以下五类。

(一)创立性筹资动机

创立性筹资动机,是指企业设立时,为取得资本金并形成开展经营活动的基本条件而产生的筹资动机。资金,是设立企业的第一道门槛。企业创建时急需通过购建厂房设备、安排铺底流动资金等形成企业的经营能力。根据《公司法》《中华人民共和国合伙企业法》《中华人民共和国个人独资企业法》等相关法律的规定,任何一家企业或公司在设立时都要求全体股东认缴出资形成企业的实收资本(或股本)和资本公积等股权资金。股东出资后资金仍有缺口的,企业就需要通过筹集银行借款等债务资金予以解决。

(二)支付性筹资动机

支付性筹资动机,是指为了满足经营业务活动的正常波动所形成的支付需要而产生的筹资动机。企业在生产经营过程中,由于市场需求的季节性变化,企业经营活动的资金需求会经常出现波动,如原材料购买的大额支付、员工工资的集中发放、银行借款的偿还、股东股利的发放等。这些情况就要求企业除了能够满足正常经营活动的资金投入以外,还需要通过经常的临时性筹资来满足经营活动的季节性波动和临时性交易需求，维持企业的支付能力。

（三）扩张性筹资动机

扩张性筹资动机，是指企业因扩大经营规模或满足对外投资需要而产生的筹资动机。企业维持正常生产经营规模所需要的资金基本是稳定的，一般很少追加资金投入。一旦企业扩大生产经营规模，就需要大量追加筹资。因此，具有良好发展前景、处于成长期的企业，往往会产生扩张性的筹资动机。

（四）调整性筹资动机

调整性筹资动机，是指企业因调整资本结构而产生的筹资动机。资本结构调整的目的在于降低资本成本，控制财务风险，提升企业价值。企业产生调整性筹资动机的主要原因有：一是优化资本结构，合理利用财务杠杆效应。如果企业债务资本比例过高，企业将面临的比较大的财务风险；如果企业股权资本比例较大，企业的资本成本负担较重。通过筹资增加股权或债务资金，就可以达到调整、优化资本结构的目的。二是偿还到期债务，债务结构内部调整。如流动负债比例过大，使得企业近期偿还债务的压力较大，可以通过举借长期债务偿还部分短期债务来缓解偿债压力。

（五）混合性筹资动机

在实务中，企业筹资可能有多个目的，通过追加筹资，既满足了经营活动、投资活动的资金需要，又达到了调整资本结构的目的，可以称为混合性筹资动机。如企业对外长期投资需要大量资金，其资金来源一般通过银行长期借款或发行公司债券解决，在企业的资产总额和资本总额增加的同时，资产结构和资本结构也发生了较大的变化。

二、筹资渠道与筹资方式

（一）筹资渠道

筹资渠道是指企业筹措资金的方向与通道，体现着资金的来源与流量。现阶段，我国企业筹集资金的渠道主要有以下六种。

1. 国家财政资金

国家财政资金是指国家对企业的直接投资，是国有企业最主要的资金来源渠道。

2. 银行信贷资金

银行是我国各类企业借入资金的重要渠道。我国银行分为商业性银行和政策性银行两种。商业性银行（也称商业银行）为各类企业提供商业贷款，政策性银行为特定企业提供政策性贷款。

3. 非银行金融机构资金

非银行金融机构是指除商业银行和专业银行以外的金融机构，主要包括信托、证券、保险、融资租赁等机构以及农村信用社、财务公司等。企业可以从这类金融机构筹集所需资金。

4. 其他企业资金

企业在生产经营过程中会因为稳定主要原材料供应、扩大市场份额等目的相互进行投资；此外，企业间的购销业务经常采用商业信用方式，这样会形成债务人对债权人资金的短期占用，从而形成企业间的债权债务关系。由于企业间相互投资和商业信用的存在，其他企业资金成为了企业短期资金的一种重要的和经常性的来源。

5. 居民个人资金

企业职工和居民个人手中的资金,可通过购买企业债券或股票等多种形式对企业进行投资,从而形成企业的民间筹资渠道。

6. 企业自留资金

企业自留资金是指企业内部积累形成的资金,主要包括提取的公积金和未分配利润等。这些资金企业不用专门去筹集,由企业积累形成。

(二) 筹资方式

筹资方式是指企业筹措资金所采取的具体形式。我国企业筹资方式主要有以下九种。

1. 吸收直接投资

吸收直接投资,是指企业以投资合同、协议等形式定向地吸收国家、法人单位、自然人等投资主体资金的筹资方式。这种筹资方式主要适用于非股份制公司筹集股权资本。

2. 发行股票

发行股票,是指企业以发售股票的方式取得资金的筹资方式。只有股份有限公司才能发行股票,因此这种筹资方式只适用于股份有限公司,而且必须以股票作为载体。

3. 发行债券

发行债券,是指企业以发售公司债券的方式取得资金的筹资方式。这种筹资方式适用于向法人单位和自然人两种渠道筹资。

4. 向金融机构借款

向金融机构借款,是指企业根据借款合同从银行或非银行金融机构取得资金的筹资方式。这种筹资方式广泛适用于各类企业,它既可以筹集长期资金,也可以用于融通短期资金。

5. 租赁

从承租方角度,租赁是指企业与出租人签订租赁合同,取得租赁物资产,通过对租赁物的占有、使用取得资金的筹资方式。租赁方式不直接取得货币性资金,通过租赁信用关系,直接取得实物资产,快速形成生产经营能力,然后通过向出租人分期交付租金方式偿还资产的价款。

6. 商业信用

商业信用,是指企业在商品交易中,通过延期付款或延期交货形成应付账款、预收账款等短期债务来筹集短期资金的一种筹资方式。

7. 留存收益

留存收益,是指企业从税后利润中提取的盈余公积金以及从企业可供分配利润中留存的未分配利润。留存收益可用于转增资本、扩大生产规模,是企业筹集股权资本的一种重要方式。

8. 发行可转换债券

可转换债券,是指由发行公司发行并规定债券持有人在一定期间内依据约定条件可将其转换为发行公司股票的债券。发行可转换债券,是指企业以发售可转换债券的方式取得资金的筹资方式。

9. 发行优先股股票

优先股股票，是指有优先权的股票，优先股的股东优先于普通股股东分配公司利润和剩余财产，但对公司事务无表决权。发行优先股股票，是指企业以发售优先股股票的方式取得资金的筹资方式。

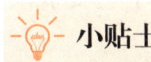 **小贴士**

筹资渠道与筹资方式的联系与区别

筹资渠道与筹资方式既有联系又有区别，筹资渠道解决的是资金来源问题，筹资方式解决的是资金取得方式的问题；一定的融资方式可能只适用于某一特定的融资渠道，但是同一渠道的资金往往通过多种方式取得。

三、筹资的分类

企业从不同渠道、利用不同筹资方式筹集的资金，可以按照不同标准划分为不同的筹资类别。

（一）股权筹资、债务筹资及衍生工具筹资

按企业所取得资金的权益特性不同，企业筹资可以分为股权筹资、债务筹资及衍生工具筹资。

1. 股权筹资

股权筹资，是指通过吸收直接投资、发行股票和留存收益等方式筹集资金。股权筹资会形成企业的股权资本，包括实收资本（股本）、资本公积、盈余公积和未分配利润等。

2. 债务筹资

债务筹资，是指通过发行债券、向金融机构借款、租赁和商业信用等方式筹集资金。债务筹资会形成企业的债务资本。

3. 衍生工具筹资

衍生工具筹资，是指利用兼具股权和债务性质的混合融资和其他衍生工具来筹集资金。我国上市公司目前最常见的混合融资方式有可转换债券融资和优先股筹资等，最常见的其他衍生工具融资方式是认股权证融资。

（二）直接筹资与间接筹资

按是否借助于金融机构为媒介来获取社会资金，企业筹资可以分为直接筹资和间接筹资。

1. 直接筹资

直接筹资是企业直接与资金供应者协商融通资金的筹资活动，是企业直接从社会取得资金的方式。直接筹资方式主要有发行股票、发行债券、吸收直接投资等。

2. 间接筹资

间接筹资是企业借助于银行和非银行金融机构而筹集资金，主要用于满足企业资金

周转的需要,形成的主要是债务资金。间接筹资的基本方式是银行借款,此外还有租赁等方式。

(三)内部筹资与外部筹资

按资金的来源范围不同,企业筹资可以分为内部筹资和外部筹资。

1. 内部筹资

内部筹资,是指企业通过利润留存而形成的筹资来源。内部筹资数额大小主要取决于企业可分配利润的多少和利润分配政策,一般不发生筹资费用。

2. 外部筹资

外部筹资,是指企业向外部筹措资金而形成的筹资来源。处于初创期的企业,内部筹资的可能性是有限的;处于成长期的企业,内部筹资往往难以满足需要,这就需要企业广泛地开展外部筹资,如发行股票、债券,取得商业信用、银行借款等。

(四)长期筹资与短期筹资

按所筹集资金的使用期限不同,企业筹资可以分为长期筹资和短期筹资。

1. 长期筹资

长期筹资,是指企业筹集使用期限在一年以上的资金,通常采取吸收直接投资、发行股票、发行债券、长期借款、租赁等方式。

2. 短期筹资

短期筹资,是指企业筹集使用期限在一年以内的资金,通常利用商业信用、短期借款、保理业务等方式来筹集。

四、筹资管理的原则

筹资是一项重要而复杂的工作,为了及时、足额地筹集到所需资金,企业筹资管理应遵循以下原则。

(一)筹措合法

企业的筹资活动不仅为自身的生产经营提供了资金来源,也会影响投资者的经济利益,影响着社会经济秩序。企业必须遵循国家的相关法律法规,依法履行法律法规和投资合同约定的责任,合法合规筹资,依法披露信息,维护投资者和债权人等各方的合法权益。

(二)规模适当

企业要根据生产经营及其发展的需要,合理预计资金需要量,确定与资金需求适当的筹资规模。既要避免因筹资不足,影响生产经营的正常进行,又要防止筹资过多,造成资金闲置。

(三)取得及时

企业筹集资金,应根据资金需求的具体情况,合理安排资金的筹集到位时间,使筹资与用资在时间上相衔接。既要避免过早筹集资金形成的资金投放前的闲置,又要防止取得资金的时间滞后,错过资金投放的最佳时间。

(四)来源经济

企业筹集资金需要支付资金的使用成本,这就要求企业使用资金的最低收益应高于资本成本。不同筹资渠道和方式所取得的资金,其资本成本有高低之分。企业应当在考虑筹资难易程度的基础上,针对不同来源资金的成本,认真选择筹资渠道,选择经济、可行的筹资方式,力求降低筹资成本。

(五)结构合理

企业筹集资金要综合考虑债务资金和权益资金的比例关系、长期资金与短期资金的比例关系、内部筹资与外部筹资的比例关系,合理安排资本结构。既要避免债务资金过多,偿债负担过重,财务风险过大;又要避免权益资金过多,资本成本过高,企业效益降低,还要重视长期资金与短期资金的结构,合理确定全部资金的期限结构。

 任务分析

经过讨论,确定了 2025 年筹资管理原则有筹措合法、规模适当、取得及时、来源经济和结构合理。BH 公司是股份制上市公司,有在资本市场发行证券的丰富经验,经营业绩稳定增长,与银行建立了良好的合作关系。基于以上分析,2025 年 BH 公司的主要筹资渠道有企业自留资金、银行信贷资金、非银行金融机构资金、其他企业资金和居民个人资金;BH 公司确定采用的主要筹资方式有发行股票、发行债券、向金融机构借款、租赁、商业信用等。

 **总结提升**

本子模块的知识点包括筹资的动机、筹资渠道与筹资方式、筹资的分类和筹资管理的原则等,技能点是根据企业实际情况能合理确定筹资方式、筹资渠道和筹资管理的原则。需要说明的是,企业融资必须要考虑企业的偿债能力,如出现到期不能还款的现象将会给企业带来较大的财务风险。

 **子模块二 债务筹资**

 **任务导入**

根据 BH 公司 2025 年度财务预算,公司生产经营和投资共需资金 3 亿元。BH 公司的目标资本结构为自有资金占 60%,借入资金占 40%。本年度需筹集债务资金 12 000 万元,其中筹集短期资金 3 000 万元用于补充流动资金,筹集长期资金 9 000 万元用于购置生产设备等固定资产投资。请协助财务部门制订 2025 年度债务筹资计划,确定债务筹资方式、筹资程序等内容。

 **必备知识**

债务筹资会形成企业的债务资金。债务资金是企业通过银行借款、发行公司债券、融资租赁和商业信用等方式筹集和取得的资金。

一、银行借款

银行借款,是指企业向银行或其他非银行金融机构借入的、需要还本付息的款项,包括偿还期限超过一年的长期借款和不足一年的短期借款,主要用于企业购建固定资产和满足流动资金周转的需要。

(一)银行借款的种类

1. 按提供借款的机构不同,银行借款分为政策性银行借款、商业银行借款和其他金融机构借款

政策性银行借款,是指执行国家政策性借款业务的银行向企业发放的借款,通常为长期借款。如国家开发银行借款,主要满足企业承建国家重点建设项目的资金需要;中国进出口银行借款,主要为大型设备的进出口提供买方信贷或卖方信贷;中国农业发展银行借款,主要用于确保国家对粮、棉、油等政策性收购资金的供应。

商业性银行借款,是指由中国工商银行、中国建设银行、中国农业银行、中国银行等各商业银行向企业提供的借款,用以满足企业生产经营的资金需要,包括短期借款和长期借款。

其他金融机构借款,是指从信托投资公司取得实物或货币形式的信托投资借款,从财务公司取得的各种中长期借款,从保险公司取得的借款等。其他金融机构借款一般比商业银行借款的期限要长,要求的利率也比较高,对借款企业的信用要求和担保的选择比较严格。

2. 按机构对借款有无担保要求,银行借款分为信用借款和担保借款

信用借款,是指以借款人的信誉或保证人的信用为依据而获得的借款。企业取得这种借款,无须以财产做抵押。对于这种借款,由于风险较高,银行通常要收取较高的利息,同时还附加一定的限制条件。

担保借款,是指由借款人或第三方依法提供担保而获得的借款,包括保证借款、抵押借款和质押借款三种基本类型。

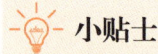 **小贴士**

保证借款、抵押借款和质押借款辨析

保证借款,是指以第三方作为保证人承诺在借款人不能偿还借款时,按约定承担一定保证责任或连带责任而取得的借款。

抵押借款,是指以借款人或第三方的财产作为抵押物而取得的借款。抵押是指债务人或第三方并不转移对财产的占有,只将该财产作为对债权人的担保。债务人不能履行债务时,债权人有权将该财产折价或者以拍卖、变卖的价款优先受偿。作为借款担保的抵押品可以是不动产、机器设备、交通运输工具等实物资产,可以是依法有权处分的土地使用权,也可以是股票、债券等有价证券等。

质押借款,是指以借款人或第三方的动产或财产权利作为质押物而取得的借款。质押是指债务人或第三方将其动产或财产权利移交给债权人占有,将该动产或财产权利作为债权的担保。债务人不履行债务时,债权人有权以该动产或财产权利折价或者以拍卖、变卖的价款优先受偿。作为借款担保的质押品可以是汇票、支票、债券、存款单、提单等信用凭证,也可以是依法可以转让的股份、股票等有价证券,还可以是依法可以转让的商标专用权、专利权、著作权中的财产权等。

3. 按借款的用途不同,银行借款分为基本建设借款、专项借款和流动资金借款

基本建设借款,是指列入计划以扩大生产能力为主要目的的新建、扩建工程及其有关工程,因自筹资金不足,需要向银行申请的借款。

专项借款,是指企业因为专门用途而向银行申请借入的款项,主要用于更新改造设备、大修理、科研开发、小型技术措施以及技术转让费周转金等的借款。

流动资金借款,是指企业为满足流动资金的需要而向银行借入的款项,包括生产周转借款、临时借款、结算借款和卖方借款。

(二) 银行借款的程序

1. 提出申请

企业根据筹资需求向银行提出书面申请,按银行要求的条件和内容填报借款申请书,并提供借款人基本情况、上年度的财务报告等相关资料。

2. 银行审批

银行按照有关政策和借款条件,对借款企业进行信用审查,核准公司申请的借款金额和用款计划。银行审查的主要内容包括:公司的财务状况、信用情况、盈利的稳定性、发展前景、借款投资项目的可行性、抵押品和担保情况。

3. 签订合同

借款申请获批准后,银行与企业进一步协商借款的具体条件,签订正式的借款合同,规定借款的数额、利率、期限和一些约束性条款。

4. 取得借款

借款合同签订后,企业在核定的借款指标范围内,根据用款计划和实际需要,一次或分次将借款转入公司的存款结算户,以便使用。

(三) 长期借款的保护性条款

由于长期借款的金额高、期限长、风险大,除借款合同的基本条款之外,债权人通常还在借款合同中附加各种保护性条款,以确保企业按要求使用借款和按时足额偿还借款。保护性条款一般有以下三类。

1. 例行性保护条款

例行性保护条款作为例行常规,在大多数借款合同中都会出现,主要包括以下内容:

(1) 定期向提供借款的金融机构提交公司财务报表,以使债权人随时掌握公司的财务状况和经营成果。

(2) 保持存货储备量,不准在正常情况下出售较多的非产成品存货,以保持企业正常的生产经营能力。

(3) 及时清偿债务,包括到期清偿应缴纳税金和其他债务,以防被罚款而造成不必要

的现金流失。

（4）不准以资产作其他承诺的担保或抵押。

（5）不准贴现应收票据或出售应收账款，以避免或有负债等。

2. 一般性保护条款

一般性保护条款是对企业资产的流动性及偿债能力等方面的要求条款，这类条款应用于大多数借款合同，主要包括以下内容：

（1）保持企业资产的流动性。要求企业需持有一定额度的货币资金及其他流动资产，以保持企业资产的流动性和偿债能力，一般规定了企业必须保持的最低营运资金数额和最低流动比率数值。

（2）限制企业非经营性支出，如限制支付现金股利、购入股票和职工加薪的数额规模，以减少企业资金的过度外流。

（3）限制企业资本支出的规模。控制企业资产结构中的长期性资产的比例，以减少公司日后不得不变卖固定资产以偿还借款的可能性。

（4）限制公司再举债规模，目的是防止其他债权人取得对公司资产的优先索偿权。

（5）限制公司的长期投资。如规定公司不准投资于短期内不能收回资金的项目，不能未经银行等债权人同意而与其他公司合并等。

3. 特殊性保护条款

特殊性保护条款是针对某些特殊情况而出现在部分借款合同中的条款，只有在特殊情况下才能生效，主要包括：要求公司的主要领导人购买人身保险；借款的用途不得改变；违约惩罚条款等。

（四）银行借款筹资的优缺点

1. 银行借款筹资的优点

（1）筹资速度快。与发行债券、融资租赁等方式相比，银行借款的程序相对简单，企业可以在较短时间内获得所需资金。

（2）筹资弹性较大。在借款之前，企业根据当时的资本需求与银行等贷款机构直接商定贷款的时间、数量和条件。在借款期间，若企业的财务状况发生某些变化，也可与债权人再协商，变更借款数量、时间和条件，或提前偿还本息。因此，借款筹资对企业具有较大的灵活性，特别是短期借款更是如此。

（3）资本成本较低。利用银行借款筹资，一般都比发行债券和租赁的利息负担要低，而且，无须支付证券发行费用、租赁手续费用等筹资费用。

2. 银行借款筹资的缺点

（1）限制条款多。银行借款合同对借款用途有明确规定，再加上借款的各种保护性条款，其限制条款要多于债券筹资。

（2）筹资数额有限。银行借款的数额往往受到借款机构资本实力的制约，难以像发行债券、股票那样一次筹集到大笔资金，无法满足公司大规模筹资的需要。

（3）财务风险大。银行借款需定期支付利息并按期归还本金，因此企业承担的财务风险比较大。

二、发行公司债券

公司债券是公司依照法定程序发行的，约定在一定期限还本付息的有价证券。发行公司债券是企业向社会筹集资金的一种重要方式。

（一）发行公司债券的条件

根据《公司法》规定，股份有限公司和有限责任公司均具有发行债券的资格。根据《中华人民共和国证券法》（以下简称《证券法》）规定，公开发行公司债券应当符合下列条件：

（1）具备健全且运行良好的组织机构。

（2）最近3年平均可分配利润足以支付公司债券1年的利息。

（3）国务院规定的其他条件。

公开发行公司债券筹集的资金，必须按照公司债券募集办法所列资金用途使用；改变资金用途，必须经债券持有人会议做出决议。公开发行债券筹措的资金，不得用于弥补亏损和非生产性支出。

（二）公司债券的种类

1. 按是否记名，债券分为记名债券和无记名债券

对于记名债券，公司应当在债券存根簿上载明债券持有人的姓名及住所，债券持有人取得债券的日期、债券总额、票面金额、利率、还本付息的期限和方式等信息。债券持有人可以采用背书方式或者法律法规规定的其他方式转让记名公司债券；转让后需要由公司将受让人的姓名或者名称等信息记载于公司债券存根簿。

对于无记名债券，公司应当在债券存根簿上载明债券总额、利率、偿还期限和方式、发行日期及债券的编号。无记名公司债券的转让，由债券持有人将该债券交付给受让人后即发生转让的效力。

2. 按是否能够转换成公司股权，债券分为可转换债券与不可转换债券

可转换债券，是指债券持有者可以在规定的时间内按规定的价格转换为发债公司股票的债券。不可转换债券，是指不能转换为发债公司股票的债券。

3. 按有无抵押担保，债券分为信用债券、抵押债券和担保债券

信用债券，是指没有抵押品担保、完全靠公司良好的信誉而发行的债券。一旦公司破产清算，信用债券持有人的求偿权和普通债权人一样。通常只有经济实力雄厚、信誉较高的企业才有能力发行这种债券。

抵押债券，是指债券发行人在发行一笔债券时，通过法律上的适当手续将债券发行人的部分财产作为抵押，一旦债券发行人出现偿债困难，则出卖这部分财产以清偿债务。

担保债券是指由一定保证人作担保而发行的债券。当企业没有足够的资金偿还债券时，债权人可要求保证人偿还。

4. 按是否公开发行，债券分为公开发行债券和非公开发行债券

资信状况符合规定标准的公司可以向公众投资者公开发行债券，也可以选择仅面向专业投资者公开发行。未达到规定标准的公司公开发行债券只能面向专业投资者。非公开发行的公司债券也只能向专业投资者发行。

（三）发行公司债券的程序

1. 做出发债的决议

拟发行公司债券的公司,需要由公司董事会制订公司债券发行方案,并由公司股东大会批准,做出决议。

2. 提出发债申请

根据《证券法》规定,公司公开发行债券应该向国务院证券监督管理机构提出申请,并报送公司营业执照、公司章程、公司债券募集办法等正式文件。

3. 公告募集办法

公司发行债券的申请经过批准后,要向社会公告公司债券的募集办法。公司债券募集办法中应当载明下列主要事项:公司名称;债券募集资金的用途;债券总额和债券的票面金额;债券利率的确定方式;还本付息的期限和方式;债券担保情况;债券的发行价格;发行的起止日期;公司净资产额;已发行的尚未到期的公司债券总额;公司债券的承销机构等。

4. 委托证券经营机构发售

公司债券募集分为私募发行和公募发行。私募发行是以特定的少数投资者为指定对象发行债券;公募发行是在证券市场上以非特定的广大投资者为对象公开发行债券。

按照我国公司债券发行的相关法律规定,公司债券的公募发行采取间接发行方式。在这种发行方式下,发行公司与承销团签订承销协议。承销团由数家证券公司或投资银行组成,承销方式有代销和包销两种。代销是指承销机构代为推销债券,在约定期限内未售出的余额可退还发行公司,承销机构不承担发行风险。包销是由承销团先购入发行公司拟发行的全部债券,然后再售给社会上的投资者,如果约定期限内未能全部售出,余额要由承销团负责认购。

5. 交付债券,收缴债券款

债券购买人向债券承销机构付款购买债券,承销机构向购买人交付债券。然后,债券发行公司向承销机构收缴债券款,登记债券存根簿,并结算发行代理费。

（四）公司债券的偿还

债券偿还时间按其实际发生与规定的到期日之间的关系,可以分为提前偿还与到期偿还两类,其中到期偿还又包括到期分批偿还和到期一次偿还。

1. 提前偿还

提前偿还又称提前赎回,是指在债券尚未到期之前就予以偿还。只有在公司发行债券的契约中明确规定了有关允许提前偿还的条款,企业才可以进行此项操作。提前偿还所支付的价格通常要高于债券的面值,并随到期日的临近而逐渐下降。具有提前偿还条款的债券可使公司筹资有较大的弹性。当公司资金有结余时,可提前赎回债券;当预测利率下降时,也可提前赎回债券,而后以较低的利率来发行新债券。

2. 到期分批偿还

如果一个企业在发行同一种债券的当时就为不同编号或不同发行对象的债券规定了不同的到期日,这种债券就是分批偿还债券。各批债券的到期日不同,它们各自的发行价格和票面利率也可能不相同,从而导致发行费较高;但这种债券便于投资人挑选最合适的到期日,因而便于发行。

3．到期一次偿还

多数情况下，发行债券的公司在债券到期日一次性归还债券本金，并结算债券利息。

（五）发行公司债券筹资的优缺点

1．发行公司债券筹资的优点

（1）一次筹资数额大。利用发行公司债券筹资，能够一次筹集数额较大的资金，满足公司大规模筹资的需要。

（2）资本成本低。和发行股票相比，债券的发行费用较低；债券利率一般要低于股息率，加之债券利息可以在税前支付，具有抵税作用。因此，债券的筹资成本要比股票筹资成本低。

（3）筹集资金的使用限制条件少。与银行借款相比，债券筹资筹集的资金在使用方面具有相对的灵活性和自主性。

（4）提高公司的社会声誉。《公司法》及《证券法》对发行债券公司的资格有严格的限制，有实力的股份有限公司或有限责任公司通过发行公司债券，在筹集到大量所需资金的同时，也扩大了其在社会上的影响力。

（5）保证控制权。债券持有人只享受到期收回本息的权利，不能干涉企业的内部管理事务，不会分散原有股东的控制权。

2．发行公司债券筹资的缺点

（1）发行资格要求高，手续复杂。为了保护投资者利益，国家对发行债券公司的资格有严格的限制，从申报、审批、承销到取得资金，手续繁杂，历时较长。

（2）财务风险高。债券有固定的到期日，企业利用债券筹资须承担按期还本付息的义务。当经营情况不佳时，向债券持有人还本付息会使企业陷入财务危机，甚至面临破产，因而具有较高的财务风险。

动画:3.1
融资租赁

三、融资租赁

（一）租赁的含义及分类

1．租赁的含义

租赁，是指通过签订资产出让合同的方式，使用资产的一方（承租方）通过支付租金，向出让资产的一方（出租方）取得资产使用权的一种交易行为。按照租赁的目的不同，租赁可分为融资租赁和经营租赁。在租赁业务中，出租人主要是各种专业租赁公司，承租人主要是其他各类企业，租赁物大多为设备等固定资产。

2．租赁的分类

1）经营租赁

经营租赁又称服务性租赁，它是由租赁公司向承租单位在短期内提供设备，并提供维修、保养、人员培训等的一种服务性业务。用户按租约交租金，在租用期满后退还设备。这种租赁方式适用于租赁期较短、技术更新较快的项目，且在租约期内可中止合同，退还设备，但租金相对较高。

2）融资租赁

融资租赁又称财务租赁，是由租赁公司按照承租企业的要求融资购买设备，并在契约或合同规定的较长期限内提供给承租企业使用的信用性业务。融资租赁集融资与融物于一身,具有借贷性质,是承租企业筹集长期债务资金的一种特殊方式。

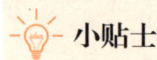 **小贴士**

经营租赁与融资租赁的区别

经营租赁与融资租赁的区别主要体现在以下方面:

(1)作用不同。融资租赁行为能使企业缩短项目的建设期限,有效规避市场风险,同时帮助企业及时解决资金的短期急需。经营租赁行为能使企业有选择地租赁企业急用但并不想拥有的资产,工艺水平高、升级换代快的设备更适合经营租赁。

(2)权益体现不同。融资租赁实质上是转移了与资产所有权有关的全部风险和报酬,尤其对于确定要行使优先购买权的承租企业。融资租赁就是分期付款购置固定资产的一种变通方式。而对经营租赁则仅转移了该项资产的使用权,对该项资产所有权有关的风险和报酬没有转移,仍然属于出租方,承租企业只按合同规定支付相关费用,承租期满,租赁资产由承租企业归还出租方。

(3)租赁程序不同。经营租赁出租的设备由租赁公司根据市场需要选定,然后再寻找承租企业,而融资租赁出租的设备由承租企业提出要求购买或由承租企业直接从制造商或销售商那里选定。

(4)租赁期限不同。经营租赁期较短,短于资产有效使用期,而融资租赁的租赁期较长,接近于资产的有效使用期。

(5)设备维修、保养的责任方不同。经营租赁下设备维修、保养由租赁公司负责,而融资租赁下设备维修、保养由承租方负责。

(6)租赁期满后设备处置方法不同。经营租赁期满后,承租资产由租赁公司收回,而融资租赁期满后,承租资产企业可以留购。

(二)融资租赁的基本程序与形式

1.融资租赁的基本程序

(1)选择租赁公司,提出委托申请。当企业决定采用租赁方式以获取某项设备时,需要先了解各个租赁公司的资信情况、融资条件和租赁费率等;然后在分析比较基础上择优选择租赁公司;最后向租赁公司申请办理租赁。

(2)签订购货协议。由承租企业和租赁公司中的一方或双方,与选定的设备供应厂商进行购买设备的技术谈判和商务谈判,签订购货协议。

(3)签订租赁合同。承租企业与租赁公司签订租赁设备的合同,如需要进口设备,还应办理设备进口手续。

(4)交货验收。设备供应厂商将设备发运到指定地点,承租企业要办理验收手续。

(5)定期交付租金。承租企业按租赁合同规定,分期交纳租金。

(6)合同期满处理设备。承租企业根据合同约定,对设备续租、退租或留购。

2.融资租赁的形式

融资租赁包括直接租赁、售后回租和杠杆租赁三种形式。

（1）直接租赁。直接租赁即承租方直接向出租方租入所需使用的资产,并定期支付租金。

（2）售后回租。售后回租是指企业由于急需资金等各种原因,根据协议先将自己的资产出售给出租方,然后再将其租回使用的一种形式。

（3）杠杆租赁。杠杆租赁是指涉及承租方、出租方和资金出借方三方的租赁业务。当所涉及的资产价值非常昂贵时,出租方只投入部分资金,通常为资产价值的 20％～40％,其余资金则通过将该资产抵押担保的方式,向第三方(通常为银行)申请贷款解决。随后,出租人将购进的设备出租给承租方,用收取的租金偿还贷款。出租人既是债权人也是债务人,既要收取租金又要支付债务。

（三）融资租赁租金的计算

1.租金的构成

融资租赁的租金由设备价款和租息两部分组成,其中,设备价款包括设备买价、运输费、安装调试费、保险费等;租息包括租赁公司的融资成本和租赁手续费等。融资成本是指租赁公司为承租企业购置设备垫付资金所应支付的利息;租赁手续费是指租赁公司承办租赁设备所发生的业务费用和一定的利润,其中业务费用包括业务人员工资、办公费、差旅费等。

2.租金的支付方式

租金的支付,有以下几种分类方式:①按支付间隔期长短,分为年付、半年付、季付和月付等方式;②按在期初和期末支付,分为先付和后付;③按每次支付额,分为等额支付和不等额支付。

3.租金的计算

我国租赁实务中,租金的计算大多采用等额年金法。等额年金法,是指利用年金现值的计算公式经变换后计算每期支付租金的方法。

【学中做 3-1】

BH 公司于 2025 年 1 月 1 日从租赁公司租入一套设备,价值 3 000 万元,租期 6 年,租赁期满时预计残值 250 万元,归租赁公司。年利率 8％,租赁手续费率每年 2％。租金每年年末支付一次,则每年需支付的租金是多少?

【解析】

$$每年租金 = [30\,000\,000 - 2\,500\,000 \times (P/F, 10\%, 6)] \div (P/A, 10\%, 6)$$
$$= 6\,564\,128.76(元)$$

（四）融资租赁筹资的优缺点

1.融资租赁筹资的优点

（1）无须大量资金就能迅速获得资产。在资金缺乏的情况下,融资租赁能迅速获得所需资产。融资租赁集"融资"与"融物"于一身,融资租赁使企业在资金短缺的情况下引进设备成为可能。特别是针对中小企业、新创企业而言,融资租赁是一条重要的融资途径。大型企业的大型设备、工具等固定资产,也经常通过融资租赁方式解决巨额资金的需要,如商业航空公司的飞机,大多是通过融资租赁取得的。

（2）具有明显的财务优势。融资租赁集"融资"与"融物"于一身,不需一次支付购买资产所需的大额资金,还可以通过项目本身产生的未来收益支付租金,是典型的"借鸡生蛋、卖蛋还鸡"的筹资方式。

（3）能够减少设备淘汰的风险。融资租赁的期限通常为资产使用年限的 75% 左右,并且多数租赁协议中约定设备淘汰风险由出租人承担,因此大大减少了承租企业的风险。

2. 融资租赁筹资的缺点

（1）资本成本高。融资租赁需支付的租金总额通常要高于设备价值的 30%,因而融资租赁的资本成本通常要高于银行借款或发行债券的资本成本。

（2）租金支付构成一定的负担。尽管分期支付租金暂时缓解了企业的巨额资金压力,但较高的固定租金也对企业各期的经营形成了一定的负担。

四、债务筹资的优缺点

（一）债务筹资的优点

1. 筹资速度较快

与股票筹资相比,债务筹资(如银行借款、租赁等)不需要经过复杂的审批手续和证券发行程序,可以迅速地获得资金。

2. 筹资弹性较大

由于股权不能退还,发行股票等股权筹资,给企业带来了资本成本的负担在未来是永久性的。而债务筹资可以根据企业的经营情况和财务状况,灵活地商定债务条件,控制筹资数量,安排取得资金的时间。

3. 资本成本较低

一般来说,债务筹资的资本成本要低于股权筹资。其一是取得资金的手续费用等筹资费用较低;其二是利息、租金等用资费用比股权资本要低;其三是利息等资本成本可以在税前支付,具有抵税的作用。

4. 可以利用财务杠杆

债权人从企业那里只能获得固定的利息或租金,不能参加公司剩余收益的分配。当企业的资本收益率(息税前利润率)高于债务利率时,会增加普通股股东的每股收益,提高净资产收益率,提升企业价值。

5. 稳定公司的控制权

债权人无权参加企业的经营管理,利用债务筹资不会改变和分散股东对公司的控制权。在信息沟通与披露等公司治理方面,债务筹资的代理成本也较低。

（二）债务筹资的缺点

1. 不能形成企业稳定的资本基础

债务资本有固定的到期日,到期需要偿还,只能作为企业的补充性资本来源。

2. 财务风险较大

债务资本有固定的到期日、固定的债息负担,这些都要求企业必须保证有一定的偿债能力,要保持资产流动性及其资产收益水平,作为债务清偿的保障。一旦不能按期偿本付息,可能会带来企业的财务危机,甚至导致企业破产。

3. 筹资数额有限

债务筹资的数额往往受到贷款机构资本实力的制约,除发行债券方式外,一般难以像发行股票那样一次筹集到大笔资金,无法满足公司大规模筹资的需求。

任务分析

财务部门经过讨论,确定 2025 年通过银行短期借款筹集资金 3 000 万元用于补充流动资金,计划 1 月初向银行提出申请,按照借款程序做好后续工作,确保资金及时到位。BH 公司通过融资租赁方式租入一套专用生产设备,价值 3 000 万元,按照使用部门要求会同资产管理等部门按照设备租赁程序办理有关手续,并按时支付设备租金。BH 公司发行公司债券6 000 万元,及时与公司证券部门对接,确保按照债券发行程序及时足额募集资金。

总结提升

本子模块的知识点包括银行借款的种类、长期借款的保护性条款、公司债券的种类、发行公司债券的条件、融资租赁的基本程序与形式和债务筹资的优缺点等,技能点包括如何从银行取得借款、如何发行公司债券、如何实施融资租赁等。需要说明的是,发行公司债券对发行公司要求条件比较高,中小企业大多数采取银行借款的方式,也可以尝试采用融资租赁的融资方式。

子模块三 股 权 筹 资

任务导入

根据 BH 公司 2025 年度财务预算,公司生产经营和投资共需资金 3 亿元。BH 公司的目标资本结构为自有资金占 60%,借入资金占 40%。本年度需筹集权益资金 1.8 亿元,全部用于厂房建设等固定资产投资。请协助财务部门制订 2025 年度股权筹资计划,确定筹资规模、筹资方式、筹资程序等内容。

必备知识

股权筹资会形成企业的股权资本,是企业最基本的资金来源。常用的股权筹资方式有吸收直接投资、发行股票和留存收益等。

一、吸收直接投资

吸收直接投资是非股份制企业筹集权益资本的基本方式。吸收直接投资的实际出资额中,注册资本部分,形成实收资本,超过注册资本的部分,属于资本溢价,形成资本公积。

（一）吸收直接投资的种类

吸收直接投资包括吸收国家投资、吸收法人投资、吸收外商投资以及吸收社会公众投资等。其中,吸收国家投资是指吸收有权代表国家投资的政府部门或机构以国有资产投入公司,是国有企业特别是国有独资企业筹集自有资金的主要方式;吸收法人投资是指吸收其他法人单位以其依法可支配的资产投入公司;吸收外商投资是指吸引外国的自然人、企业或者其他组织(以下简称外国投资者)直接或间接在中国境内进行的投资;吸收社会公众投资是指吸收社会个人或本公司职工以个人合法财产投入公司。

（二）吸收直接投资的出资方式

（1）以货币资产出资。以货币资产出资是吸收直接投资中最重要的出资方式。企业有了货币资产,可以用来购买设备和生产所需材料,支付各种费用等。

（2）以实物资产出资。实物出资是指投资者以房屋、建筑物、设备等固定资产和材料、燃料、商品等流动资产所进行的投资。实物投资应符合以下条件:①适合企业生产、经营、研发等活动的需要;②技术性能良好;③作价公平合理。

（3）以土地使用权出资。土地使用权是指土地经营者对依法取得的土地在一定期限内有进行建筑、生产经营或其他活动的权利。企业吸收土地使用权投资应符合以下条件:①适合企业生产、经营、研发等活动的需要;②交通、地理条件适宜;③作价公平合理。

（4）以知识产权出资。知识产权通常是指专有技术、商标权、专利权、非专利技术等无形资产。投资者以知识产权出资应符合以下条件:①有助于企业研究、开发和生产出新的高科技产品;②有助于企业提高生产效率,改进产品质量;③有助于企业降低生产消耗、能源消耗等各种消耗;④作价公平合理。

（三）吸收直接投资的程序

1. 确定筹资数量

企业在新建或扩大经营时,要先确定资金的需要总量及合理的资本结构,然后据以确定吸收直接投资所需的资金量。

2. 寻找投资单位

企业一方面要了解有关投资者的资信、财力和投资意向,另一方面要向出资方介绍企业的经营能力、财务状况以及未来预期,以便于公司从中寻找最合适的合作伙伴。

3. 协商投资事项

寻找到投资单位后,双方便可以进一步协商,合理确定投资数额和出资方式。

4. 签署投资协议

当出资数额、资产作价等确定后便可签署投资协议或合同,明确双方的权利和责任。

5. 取得所筹集的资金

签署投资协议后,企业应按规定或计划取得资金。如果采取现金投资方式,应编制拨款计划确定拨款期限、每期数额及划拨方式等。如果以实物、知识产权、非专利技术、土地使用权投资,应核实财产数量是否准确,特别是价格有无高估低估情况。

（四）吸收直接投资的优缺点

1. 吸收直接投资的优点

（1）有利于尽快形成生产能力。吸收直接投资的手续比较简便,可以使企业直接获得生产经营所需要的货币资金、先进设备和先进技术,有利于尽快形成生产经营能力。

（2）有利于树立企业的信誉。吸收直接投资会引起企业净资产的增加,能够提高企业的资信程度和借款能力。

（3）有利于降低财务风险。吸收直接投资可以根据自身的经营状况向投资者支付报酬,没有固定的还本付息压力,所以财务风险较小。

2. 吸收直接投资的缺点

（1）资本成本较高。利用吸收直接投资方式筹集股权资本的企业往往需要向投资者支付较高的报酬,企业的效益越好支付的报酬就越多,因而企业通常需要负担较高的资金成本。

（2）企业控制权分散,不利于企业治理。采用吸收直接投资方式筹资,投资者一般都要求获得与投资数额相适应的经营管理权。如果某个投资者的投资额比例较大,则该投资者对企业的经营管理就会有相当大的控制权,容易损害其他投资者的利益。

二、发行普通股股票

股票是股份有限公司为筹措股权资本而发行的有价证券,是公司签发的证明股东持有公司股份的凭证,代表着股东对发行公司净资产的所有权。

（一）股票的特征与分类

1. 股票的特征

（1）永久性。公司发行股票所筹集的资金属于公司的长期自有资金,没有期限,无须归还。

（2）流通性。股票作为一种有价证券,在资本市场上可以自由流通,也可以继承、赠送或作为抵押品。

（3）风险性。由于股票的永久性,股东成为企业风险的主要承担者。风险的表现形式有股票价格的波动性、红利的不确定性、破产清算时股东处于剩余财产分配的最后顺序等。

（4）参与性。股东作为股份公司的所有者,依法享有公司重大决策参与权和选择公司管理者的权利、财务监控权、公司经营的建议和质询权等。

2. 股票的分类

（1）按股东权利和义务不同,股票分为普通股股票和优先股股票。

普通股股票简称普通股,是公司发行的代表着股东享有平等的权利、义务,不加特别限制的,股利不固定的股票。优先股股票简称优先股,是公司发行的相对于普通股具有一定优先权的股票。其优先权利主要表现在股利分配优先权和分配剩余财产优先权上。优先股股东在股东大会上无表决权,在参与公司经营管理上受到一定限制,仅对涉及优先股权利的问题有表决权。

（2）按票面是否记名,股票分为记名股票和无记名股票。

记名股票是在股票票面上记载有股东姓名或将名称记入公司股东名册的股票。无记名股票不登记股东名称,公司只记载股票数量、编号及发行日期。

《公司法》规定,公司向发起人、法人发行的股票,应当为记名股票,并应当记载该发起人、法人的名称或者姓名,不得另立户名或者以代表人姓名记名;向社会公众发行的股票,可以为记名股票,也可以为无记名股票。

（3）按发行对象和上市地点不同,股票分为 A 股、B 股、H 股、N 股和 S 股等。A 股即人民币普通股票,由我国境内公司发行,境内上市交易,它以人民币标明面值,以人民币认购和交易。B 股即人民币特种股票,由我国境内公司发行,境内上市交易,它以人民币标明面值,以外币认购和交易。H 股是在中国内地注册、在中国香港上市的股票。在纽约和新加坡上市的股票,分别称为 N 股和 S 股。

知识拓展

我国证券交易所概况

证券交易所是为证券集中交易提供场所和设施,组织和监督证券交易,实行自律管理的法人。从世界各国的情况看,证券交易所分为公司制的营利性法人和会员制的非营利性法人。中国大陆有三家证券交易所,即上海证券交易所、深圳证券交易所和北京证券交易所。这三家证券交易所互联互通、相互补充、相互促进构成了我国各板块差异化发展的多层次资本市场体系。

（1）上海证券交易所。上海证券交易所成立于 1990 年 11 月 26 日,是经国务院授权,由中国人民银行批准建立的全国性证券交易场所,受中国证监会监督管理。其是实行自律管理的会员制非营利性法人。其主要职能包括:提供证券交易的场所和设施;制定证券交易所的业务规则;接受上市申请,安排证券上市;组织、监督证券交易;对会员、上市公司进行监管;管理和公布市场信息;中国证监会许可的其他职能。上海证券交易所主要以主板为主,重点服务各行业、各地区的龙头企业和大型骨干企业;2019 年设立科创板,支持高科技企业发展。上海证券交易所包括主板和科创板资本市场。

（2）深圳证券交易所。深圳证券交易所于 1990 年 12 月 1 日开始营业,是经国务院批准设立的全国性证券交易场所,受中国证监会监督管理。其是实行自律管理的会员制非营利性法人。其主要职能包括:提供证券交易的场所和设施;制定证券交易所业务规则;接受上市申请、安排证券上市;组织、监督证券交易;对会员和上市公司进行监管;管理和公布市场信息;中国证监会许可的其他职能。深圳证券交易所初步建立主板、中小企业板和创业板差异化发展的多层次资本市场体系;2021 年 2 月 5 日,中国证监会宣布,批准深圳证券交易所主板和中小板合并。

（3）北京证券交易所。北京证券交易所于 2021 年 9 月 3 日注册成立,是经国务院批准设立的中国第一家公司制证券交易所,受中国证监会监督管理。其经营范围为依法为证券集中交易提供场所和设施、组织和监督证券交易以及证券市场管理服务等业务。深化新三板改革,设立北京证券交易所,是资本市场更好支持中小企业发展壮大的内在需要,是落实国家创新驱动发展战略的必然要求,是新形势下全面深化资本市场改革的重要举措。北京证券交易所以现有的新三板精选层为基础,坚持服务创新型中小企业的市场定位。其发展目标有三个:一是构建一套契合创新型中小企业特点的,涵盖发行上市、交易、退市、持续监管、投资者适当性管理等基础制度安排,补齐多层次资本市场发展普惠金融的短板。二是畅通北京证券交易所在多层次资本市场的纽带作用,形成相互补充、相互促进的中小企业直接融资成长路径。三是培育一批专精特新中小企业、形成创新创业热情高涨、合格投资者踊跃参与、中介机构归位尽责的良性资本市场生态。

（二）股份有限公司的设立、股票的发行与上市

1. 股份有限公司的设立

设立股份有限公司,应当有 2 人以上 200 人以下为发起人,其中须有半数以上的发起人在中国境内有住所。股份有限公司的设立,可以采取发起设立或者募集设立的方式。发起设立,是指由发起人认购公司应发行的全部股份而设立公司。募集设立,是指由发起人认购公司应发行股份的一部分,其余股份向社会公开募集或者向特定对象募集而设立公司。以募集设立方式设立股份有限公司的,发起人认购的股份不得少于公司股份总数的 35%;法律、行政法规另有规定的,从其规定。

 知识拓展

股份有限公司的发起人应当承担的责任

股份有限公司的发起人应当承担下列责任:①公司不能成立时,对设立行为所产生的债务和费用负连带责任;②公司不能成立时,对认股人已缴纳的股款,负返还股款并加算银行同期存款利息的连带责任;③在公司设立过程中,由于发起人的过失致使公司利益受到损害的,应当对公司承担赔偿责任。

2. 首次公开发行股票的条件

首次公开发行股票(initial public offering,IPO),是指一家公司第一次将其股票向公众发售的行为。

根据《证券法》规定,公司首次公开发行新股,应当符合下列条件:①具备健全且运行良好的组织机构;②具有持续经营能力;③最近 3 年财务会计报告被出具无保留意见审计报告;④发行人及其控股股东、实际控制人最近 3 年不存在贪污、贿赂、侵占财产、挪用财产或者破坏社会主义市场经济秩序的刑事犯罪;⑤经国务院批准的国务院证券监督管理机构规定的其他条件。

因我国证券市场分为不同板块,对各板块企业的目标和要求不同,其首次公开发行股票的条件也存在差异。总体而言,科创板和创业板企业首次公开发行股票的条件相对宽松。各板块除遵循《证券法》规定的基本条件外,还要遵循相关法规规定的首次公开发行股票的相应条件。

3. 首次公开发行股票的程序

我国对各板块企业的目标与要求不同,其首次公开发行股票的发行程序的规定也存在不同。我国相关法律法规规定了各板块首次公开发行股票的发行程序。

对于主板首次公开发行股票的程序,《首次公开发行股票并上市管理办法》进行了规定,其基本程序为:

(1)公司董事会应当依法就本次股票发行的具体方案、本次募集资金使用的可行性及其他事项做出决议,并提请股东会批准。

(2)公司股东会就本次发行股票做出决议。

(3)由保荐人保荐并向中国证监会申报。

（4）中国证监会受理，并经审批核准。

（5）自中国证监会核准发行之日起，公司应在6个月内公开发行股票，超过6个月未发行的，核准失效，须经中国证监会重新核准后方可发行。

对于创业板首次公开发行股票的程序，《创业板首次公开发行股票注册管理办法（试行）》进行了规定，发行注册程序的基本内容为：

（1）公司董事会应当依法就本次股票发行的具体方案、本次募集资金使用的可行性及其他事项做出决议，并提请股东会批准。

（2）公司股东会就本次发行股票做出决议。

（3）按照中国证监会有关规定制作注册申请文件，依法由保荐人保荐并向交易所申报。

（4）交易所按照规定的条件和程序，形成发行人是否符合发行条件和信息披露要求的审核意见。认为发行人符合发行条件和信息披露要求的，将审核意见、发行人注册申请文件及相关审核资料报中国证监会注册。

（5）中国证监会的予以注册决定，自做出之日起1年内有效，发行人应当在注册决定有效期内发行股票，发行时点由发行人自主选择。

（6）交易所认为发行人不符合发行条件或者信息披露要求，做出终止发行上市审核决定，或者中国证监会做出不予注册决定的，自决定做出之日起6个月后，发行人可以再次提出公开发行股票并上市申请。

（7）中国证监会应当按规定公开股票发行注册行政许可事项相关的监管信息。

（8）中国证监会与交易所建立全流程电子化审核注册系统，实现电子化受理、审核，发行注册各环节实时信息共享，并依法向社会公开相关信息。

对于科创板首次公开发行股票的程序，《创业板首次公开发行股票注册管理办法（试行）》进行了规定，其发行注册程序的基本内容与创业板相同。

4. 股票上市

公司公开发行的股票进入证券交易所交易，必须受到严格的条件限制。我国《证券法》规定，申请证券上市交易，应当符合证券交易所上市规则规定的上市条件。为了促进股票市场的健康发展，证券交易所对各板块企业上市交易的股票规定了相应的上市条件。证券交易所上市规则规定的上市条件包括发行人的经营年限、财务状况、最低公开发行比例和公司治理、诚信记录等方面。

（三）上市公司的股票发行

上市的股份有限公司在证券市场上发行股票，包括上市公开发行股票和非公开发行股票两类。

1. 上市公开发行股票

上市公开发行股票，是指股份有限公司已经上市后，通过证券交易所在证券市场上对社会公开发行股票。上市公司公开发行股票，包括增发和配股两种方式。增发是指增资发行，即上市公司向社会公众发售股票的再融资方式；配股是指上市公司向原有股东配售股票的再融资方式。增发和配股也应符合中国证监会规定的条件，并经过中国证监会的批准。

2. 非公开发行股票

非公开发行股票，是指上市公司向特定对象发行股票的行为，也称定向增发。非公开发行股票的认购方式不限于现金,还包括权益、债权、无形资产、固定资产等非现金资产。通过非现金资产认购的非公开发行往往是以重大资产重组或引进长期战略投资者为目的。定向增发的对象可以是老股东,也可以是新股东。定向增发后,公司的股权结构会发生较大变化,甚至发生控股权变更的情况。

(四) 引入战略投资者

1. 引入战略投资者的作用

战略投资者,是指具有资金、技术、管理、市场、人才优势,与发行公司具有合作关系或有合作意向和潜力,与发行公司业务联系紧密且欲长期持有发行公司股票的法人。引入战略投资者能够促进产业结构升级,增强企业核心竞争力和创新能力,拓展企业产品市场占有率,致力于长期投资合作,谋求获得长期利益回报和企业可持续发展。

 **知识拓展**

战略投资者需要具备的基本资质条件与要求

一般来说,战略投资者需要具备的基本资质条件与要求如下:

(1) 与发行人业务联系紧密,拥有促进发行人业务发展的实力。

(2) 长期稳定持股。战略投资者持股年限一般都在 5 年以上,追求长期投资利益,这是区别于一般法人投资者的首要特征。

(3) 持股量大。战略投资者一般要求持有可以对公司经营管理形成影响的一定比例的股份,进而确保其对公司具有足够的影响力。

(4) 追求长期战略利益。战略投资者对于企业的投资侧重于行业的战略利益,其通常希望通过战略投资实现其行业的战略地位。

(5) 有动力也有能力参与公司治理。战略投资者一般都希望能参与公司的经营管理,通过自身丰富先进的管理经验改善公司的治理结构。

2. 引入战略投资者的程序

上市公司拟引入战略投资者的,应当按照《公司法》《证券法》《上市公司证券发行管理办法》《创业板管理办法》和公司章程的规定,履行相应的决策程序。其具体程序如下:①上市公司应当与战略投资者签订具有法律约束力的战略合作协议,做出切实可行的战略合作安排。②上市公司董事会应当将引入战略投资者的事项作为单独议案审议,并提交股东大会审议。③上市公司股东大会对引入战略投资者议案做出决议,应当就每名战略投资者单独表决。

(五) 发行普通股股票筹资的优缺点

1. 发行普通股股票筹资的优点

(1) 筹资风险较低。普通股没有固定到期日,除非公司破产清算,否则无须偿还本金。

(2) 有利于增强公司的社会声誉。普通股筹资使得股东大众化,由此给公司带来了广泛的社会影响。特别是上市公司,其股票的流通性强,有利于市场确认公司的价值。

(3) 有利于促进股权流通和转让。普通股筹资以股票作为媒介,便于股权的流通和转让,便于吸收新的投资者。

2.发行普通股股票筹资的缺点

(1)资金成本较高。普通股的筹资费用一般要高于负债筹资,且不具有抵税作用。因此,普通股筹资的资金成本要大于债务筹资的资本成本。但普通股的资本成本通常要低于吸收直接投资的资本成本。

(2)公司控制权分散。利用普通股筹资,容易引进新股东,导致公司控制权的分散。

(3)不利于尽快形成生产能力。相对于吸收直接投资来说,普通股筹资的手续比较繁琐,且吸收的一般都是货币资金,还需要通过购置和建造才能形成生产经营能力。

三、发行优先股股票

优先股是股份有限公司发行的在分配股利和剩余财产时优先于普通股的一种股票。

(一)优先股的特征

(1)优先分配股利权。优先股有固定的股息,不受公司业绩好坏影响。公司的盈利在提取盈余公积之后应先分配给优先股股东。

(2)优先分配剩余财产权。当公司进行财产清算时,优先股股东对公司剩余财产有先于普通股股东的要求权。

(3)优先股股东无表决权。优先股股东一般没有选举权和被选举权,对股份公司的重大经营事项无表决权,不能参与公司的经营管理。

(二)优先股的分类

1.累积优先股和非累积优先股

根据公司因当年可分配利润不足而未向优先股股东足额派发股息,差额部分是否累积到下一会计年度,优先股可分累积优先股和非累积优先股。累积优先股是指公司在任何营业年度内未支付的股利可累积起来递延到以后年度支付。非累积优先股是指公司对以前年度的股息不予累计计算,也不再由以后年度补发。

2.参与优先股和非参与优先股

根据优先股股东按照确定的股息率分配股息后,是否有权同普通股股东一起参加剩余税后利润分配,优先股可分为参与优先股和非参与优先股。参与优先股是指不仅能取得固定股利,还有权与普通股一同参加利润分配的优先股。非参与优先股是指优先股股东对股份公司的税后利润,只有权分得固定股利,对取得固定股利后的剩余利润无权参加分配的优先股。

3.可转换优先股和不可转换优先股

根据能否转换为普通股,优先股分为可转换优先股和不可转换优先股。可转换优先股赋予了持有人在一定时期内按一定比例将优先股转换成普通股的选择权。不可转换优先股是指不能转换成普通股的优先股,该股票只能获得固定股利报酬,不能获得转换收益。根据我国《优先股试点管理办法》,上市公司不得发行可转换为普通股的优先股。

4.可赎回优先股与不可赎回优先股

根据优先股股东是否享有要求公司回购优先股的权利,优先股可分为可赎回优先股和不可赎回优先股。可赎回优先股是指股份公司可以按一定价格收回的优先股股票。不可赎回优先股是指不能收回的优先股股票。由于优先股都有固定股利,因此不可赎回优先股的发行成为永久性财务负担。

（三）发行优先股股票筹资的优缺点

1. 发行优先股股票筹资的优点

（1）优先股没有固定的到期日,一般不用偿还本金,资本具有永久性。

（2）股利支付既稳定,又有一定的灵活性。当公司盈余逐年增长时,支付给优先股的股息是不变的;当公司经营状况不佳时,公司又可不支付或暂时不支付优先股股息。

（3）发行优先股,不会改变普通股股东对公司的控制权。

（4）从法律上讲,优先股属于自有资本,因而,优先股扩大了权益基础,可增加公司的信誉,提高公司的举债能力。

2. 发行优先股股票筹资的缺点

（1）优先股筹资的成本较高。对优先股股东的股息要从税后利润中支付,不同于债务利息可在税前列支。

（2）发行优先股有时会影响普通股的利益。这主要表现在股利分配和剩余财产的分配顺序上。

（3）当公司盈利下降时,固定的股利会成为一项较重的财务负担。

四、留存收益

留存收益是指企业从历年实现的利润中提取或形成的留存于企业的内部积累,包括盈余公积和未分配利润。

（一）留存收益的性质

从性质上看,企业通过合法有效的经营所实现的税后净利润,都属于企业的所有者。企业将本年度的利润部分甚至全部留存下来的原因有很多,主要包括:第一,收益的确认和计量是建立在权责发生制基础上的,企业有利润,但企业不一定有相应的现金净流量增加,因而企业不一定有足够的现金将利润全部或部分派给所有者。第二,法律法规从保护债权人利益和要求企业可持续发展等角度出发,限制企业将利润全部分配出去。根据《公司法》规定,企业每年的税后利润,必须提取10%的法定公积金。公司法定公积金累计额为公司注册资本的50%以上的,可以不再提取。第三,企业基于自身扩大再生产和筹资的需求,也会将一部分利润留存下来。

（二）留存收益的筹资途径

1. 提取盈余公积金

盈余公积金,是从当期企业净利润中提取的积累资金,其提取基数是抵减年初累计亏损后的本年度净利润。盈余公积金主要用于企业未来的经营发展,经投资者审议后也可以用于转增股本（实收资本）和弥补以前年度经营亏损。

2. 未分配利润

未分配利润,是指未限定用途的留存净利润。未分配利润有两层含义:第一,这部分净利润本年没有分配给公司的股东;第二,这部分净利润未指定用途,可以用于企业未来的经营发展、转增资本（实收资本）、弥补以前年度的经营亏损及以后年度的利润分配。

（三）利用留存收益筹资的优缺点

1. 利用留存收益筹资的优点

（1）资本成本较低。留存收益筹资不必支付定期的利息，也不必支付股利，更不需要发生筹资费用，因而相对于其他筹资方式来说资本成本较低。

（2）企业的控制权不受影响。利用留存收益筹资，不用对外发行新股或吸收新投资者，由此增加的权益资本不会改变公司的股权结构，不会稀释原有股东的控制权。

2. 利用留存收益筹资的缺点

留存收益筹资数额有限。留存收益的最大数额是企业到期的净利润和以前年度未分配利润之和，不像外部筹资一次性可以筹集大量资金。

五、股权筹资的优缺点

（一）股权筹资的优点

1. 股权筹资是企业稳定的资本基础

股权资本没有固定的到期日，是企业的永久性资本，除非企业清算时才有可能予以偿还。这对于保障企业对资本的最低需求、促进企业长期持续稳定经营具有重要意义。

2. 股权筹资是企业良好的信誉基础

股权资本作为企业最基本的资本，代表了公司的资本实力，是企业与其他单位组织开展经营业务、进行业务活动的信誉基础。同时，股权资本可以为银行借款、发行公司债券等债务筹资提供信用保障。

3. 股权筹资的财务风险较小

企业可以根据其经营状况和业绩的好坏，决定向投资者支付报酬的多少。相对于债务资金而言，股权资本不用在企业正常营运期内偿还，没有还本付息的财务压力。

（二）股权筹资的缺点

1. 资本成本较高

一般而言，股权筹资的资本成本要高于债务筹资。这主要是由于投资者投资于股权特别是投资于股票的风险较高，投资者或股东相应要求得到较高的收益率。从企业成本开支的角度来看，股利、红利从税后利润中支付，而使用债务资金的资本成本允许税前扣除。此外，普通股的发行、上市等方面的费用也十分庞大。

2. 控制权变更可能影响企业长期稳定发展

股权筹资需引进新的投资者或出售了新的股票，就会导致公司控制权结构发生改变，而控制权变更过于频繁，又势必影响公司管理层的人事变动和决策效率，影响公司的正常经营。

3. 信息沟通与披露成本较高

投资者或股东作为企业的所有者，有了解企业经营业务、财务状况、经营成果等的权利。因此，企业需要花费精力和成本通过各种渠道和方式进行信息披露和投资者关系管理，保障投资者的权益。

任务分析

财务部门根据公司股利政策确定留存收益可筹集自有资金 0.6 亿元,其余 1.2 亿元通过发行普通股筹资。财务部门会同公司证券部门提出增发股票的申请经董事会和股东会审批后,准备增发股票的相关文件及时向中国证监会申报。中国证监会审批核准后,按照上市公司增发股票的程序做好相关工作,确保及时足额募集证券资金。

总结提升

本子模块的知识点是吸收直接投资的种类、吸收直接投资的出资方式、股票的特征与分类、优先股的特征与分类、留存收益的筹资途径和主要股权筹资方式的优缺点等;技能点是吸收直接投资的程序、股票的发行与上市的程序等。

知识巩固

一、单项选择题

1. 企业因发放现金股利的需要而进行筹资的动机属于(   )。
A. 扩张性筹资动机
B. 支付性筹资动机
C. 创立性筹资动机
D. 调整性筹资动机

2. 下列筹资方式中,属于债务筹资方式的是(   )。
A. 租赁
B. 吸收直接投资
C. 留存收益
D. 发行优先股

3. 下列各项中,不属于担保借款的是(   )。
A. 质押借款
B. 抵押借款
C. 保证借款
D. 信用借款

4. 租赁公司购进设备并出租,设备价款为 1 000 万元,该公司出资 200 万元,余款通过设备抵押贷款解决,并用租金偿还贷款,该租赁方式是(   )。
A. 售后回租
B. 经营租赁
C. 杠杆租赁
D. 直接租赁

5. 下列各项中,不属于债务筹资优点的是(   )。
A. 可形成企业稳定的资本基础
B. 筹资弹性较大
C. 筹资速度较快
D. 筹资成本较低

6. 某航空公司为开通一条国际航线,拟增加两架空客飞机,为尽快形成航运能力,下列筹资方式中,该公司通常会优先考虑的是(   )。
A. 普通股筹资
B. 债券筹资
C. 优先股筹资
D. 租赁筹资

7. 下列关于普通股筹资方式的说法中,错误的是(   )。
A. 普通股筹资属于直接筹资
B. 普通股筹资可以降低公司的资本成本

C. 普通股筹资不需要还本付息

D. 普通股筹资是公司良好的信誉基础

8. 按企业所取得资金的权益特性不同,可将筹资分为(　　)。

A. 直接筹资和间接筹资　　　　　　　　B. 内部筹资和外部筹资

C. 股权筹资、债务筹资和衍生工具筹资　　D. 短期筹资和长期筹资

9. 吸收直接投资有利于降低财务风险,原因在于(　　)。

A. 主要来源于国家投资

B. 向投资者支付的报酬可以根据企业的经营状况决定,比较灵活

C. 投资者承担无限责任

D. 主要是现金投资

10. 按股东权利和义务的不同,股票可以分为(　　)。

A. 有面值股票和无面值股票　　　　　　B. 普通股和优先股

C. 记名股票和无记名股票　　　　　　　D. 新股和原始股

二、多项选择题

1. 下列各项中,属于债务筹资方式的有(　　)。

A. 商业信用　　　　B. 租赁　　　　C. 优先股　　　　D. 普通股

2. 下列各项中,属于直接筹资方式的有(　　)。

A. 发行公司债券　　B. 银行借款　　C. 租赁　　　　　D. 发行股票

3. 在确定租赁的租金时,一般需要考虑的因素有(　　)。

A. 租赁公司办理租赁业务所发生的业务费用

B. 租赁期满后租赁资产的预计残值

C. 租赁公司购买租赁资产所垫付资金的利息

D. 租赁资产价值

4. 与银行借款相比,公司发行债券筹资的特点有(　　)。

A. 筹集资金的使用具有相对的自主性　　B. 资本成本较低

C. 降低了公司财务杠杆　　　　　　　　D. 满足公司大额筹资的需要

5. 下列各项中,属于公司股票上市目的的有(　　)。

A. 促进股权流通和转让　　　　　　　　B. 巩固公司的控制权

C. 拓展筹资渠道　　　　　　　　　　　D. 降低信息披露成本

6. 下列关于留存收益筹资的特点的表述中,正确的有(　　)。

A. 不发生筹资费用　　　　　　　　　　B. 没有资本成本

C. 筹资数额相对有限　　　　　　　　　D. 不分散公司的控制权

7. 与债务筹资相比,股权筹资的优点有(　　)。

A. 股权筹资是企业稳定的资本基础　　　B. 股权筹资的财务风险比较小

C. 股权筹资构成企业的信誉基础　　　　D. 股权筹资的资本成本比较低

8. 相对于普通股而言,优先股的优先权体现在(　　)。

A. 股利分配优先权　　　　　　　　　　B. 配股优先权

C. 剩余财产分配优先权　　　　　　　　D. 表决优先权

9. 目前我国企业的筹资渠道包括(　　)。

A. 银行信贷资金和其他金融机构资金　　B. 其他企业资金

C. 居民个人资金　　D. 企业自留资金

10. 下列关于杠杆租赁的表述中,正确的有(　　)。

A. 出租人既是债权人又是债务人

B. 涉及出租人、承租人和资金出借人三方当事人

C. 租赁的设备通常是出租方已有的设备

D. 出租人只投入设备购买款的部分资金

三、判断题

1. 商业信用筹资无须支付利息,所以不属于债务筹资。　　　　　　　(　　)

2. 上市公司所需要的短期资金主要应通过发行股票加以筹集。　　　(　　)

3. 长期借款的例行性保护条款、一般性保护条款、特殊性保护条款可结合使用,有利于全面保护债权人的权益。　　　　　　　　　　　(　　)

4. 相对于股权资本,债务资本通常具有较高财务风险和较低资本成本。(　　)

5. 对于吸收直接投资这种筹资方式,投资人可以用土地使用权出资。(　　)

6. 因为普通股不一定支付股利,所以普通股资本成本小于债务资本成本。(　　)

7. 如果公司增发普通股,则公司的优先股股东具有优先于普通股股东认购新股的权利。　　　　　　　　　　　　　　　　　(　　)

8. 根据风险与收益均衡的原则,信用贷款利率通常比抵押贷款利率低。(　　)

9. 按中国证监会规则解释,作为战略投资者应该是与发行人具有合作关系或有合作意向和潜力,与发行公司业务联系紧密且欲长期持有发行公司股票的法人或非法人机构。(　　)

10. 资本公积转增股本不属于留存收益的筹资途径。　　　　　　　(　　)

 ### 技能提升

LT公司2025年1月1日从租赁公司租入一台设备,价格为350万元,租期为8年,租赁期满时预计净残值15万元归租赁公司所有,假设年利率为8%,租赁手续费为每年2%,每年年末等额支付租金。

问题:

(1) 请协助LT公司测算每年需支付的租金金额。

(2) 为了便于有计划地安排租金的支付,请编制租金摊销计划表,如表3-1所示。

表3-1　租金摊销计划表　　　　　单位:元

年份	期初本金 (1)	支付租金 (2)	应计租息 (3)=(1)×10%	本金偿还额 (4)=(2)-(3)	本金余额 (5)=(1)-(4)
2025年	3 500 000				
2026年					
2027年					

（续表）

年份	期初本金 (1)	支付租金 (2)	应计租息 (3)=(1)×10%	本金偿还额 (4)=(2)-(3)	本金余额 (5)=(1)-(4)
2028 年					
2029 年					
2030 年					
2031 年					
2032 年					

模块四

筹资管理（下）

模块四

学习指南

本模块内容对应"筹资决策"这一典型工作任务，"筹资决策"是财务管理七大典型工作任务中的第一项工作任务，因此本模块内容为后续模块内容的介绍奠定了基础。学生通过本模块的学习，需要了解资金需求量预测的意义及资本结构的含义；理解资金需求量预测的三种方法和资本结构的优化；掌握各类资本成本的计算和杠杆效应的分析等内容。本模块的重点是资本成本的计算，难点是杠杆效应分析。

知识导图

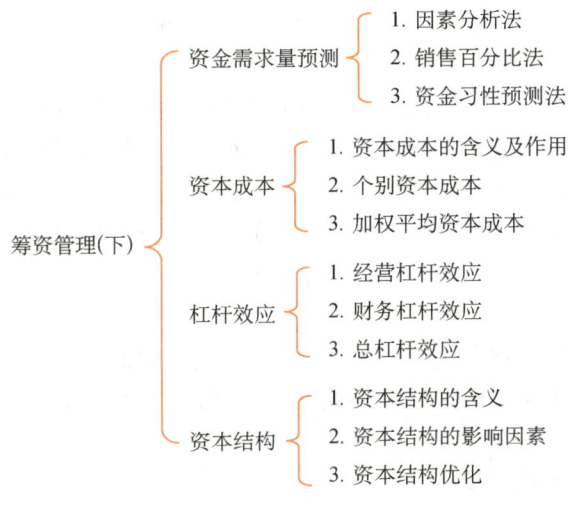

筹资管理(下)
- 资金需求量预测
  1. 因素分析法
  2. 销售百分比法
  3. 资金习性预测法
- 资本成本
  1. 资本成本的含义及作用
  2. 个别资本成本
  3. 加权平均资本成本
- 杠杆效应
  1. 经营杠杆效应
  2. 财务杠杆效应
  3. 总杠杆效应
- 资本结构
  1. 资本结构的含义
  2. 资本结构的影响因素
  3. 资本结构优化

思政导引

1. 杠杆利益与风险的衡量

引导学生深刻认识到杠杆效应是把"双刃剑"，以培养学生的辩证思维能力；另外，结合三类杠杆与企业的经营风险、财务分析和总体风险的关系，帮助学生树立风险意识，并加强对风险的防范和应对。

2. 资本成本

引导学生在帮助企业选择筹资方式、确定筹资规模时，一定要考虑资本成本这个关键影响因素；帮助学生树立成本意识，倡导节约，反对浪费。

3. 资本结构决策分析

通过乐视资金链危机的案例,让学生认识到企业负债水平越高,企业的财务风险越大,一旦出现资金周转困难就会使企业陷入困境,甚至破产;因此,无论是企业,还是家庭和个人,都应合理安排债务资金的比重。

子模块一　资金需求量预测

任务导入

为更好地执行 BH 公司 2025 年度预算,财务部门拟对公司 2025 年度的资金需求量进行预测。经对公司 2024 年资金占用数据等资料分析得知,2024 年度 BH 公司资金平均占用额为 21.875 亿元,其中不合理资金部分占 4%,预计 2025 年销售增长率为 20%,且资金周转以 5% 的速度增长。

思考: 根据上述资料,判断 BH 公司适合采用哪种资金需求量预测方法进行资金预测? BH 公司 2025 年度的资金需求量是多少?

必备知识

资金需求量是企业筹集资金的数量依据,必须科学合理地进行预测。对企业资金需求量进行预测主要有两个目的:一是保证所筹集的资金能够满足日常生产经营的需要;二是避免出现因资金多余而闲置的现象。

目前,常用的资金需求量预测方法有因素分析法、销售百分比法和资金习性预测法。

一、因素分析法

因素分析法又称分析调整法,是以有关项目基期年度的平均资金需求量为基础,根据预测年度的生产经营任务和资金周转加速的要求,进行分析调整,来预测资金需求量的一种方法。

因素分析法的计算公式如下:

$$资金需求量=(基期资金平均占用额-不合理资金占用额)$$
$$×(1+预测期销售增长率)$$
$$×(1-预测期资金周转速度增长率)$$

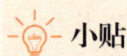

小贴士

当预测期的销售出现下滑、预测期资金周转速度减缓时,公式中的"预测期销售增长率""预测期资金周转速度增长率"要相应变成负数。

因素分析法计算简便,容易掌握,但预测结果不太精确。它通常用于品种繁多、规格复杂、资金用量小的项目。

【学中做 4-1】

假设 LT 公司 2025 年度资金平均占用额为 4 500 万元,其中不合理部分占 15%,预计 2026 年销售增长率为 20%,资金周转速度不变。请采用因素分析法预测 LT 公司 2026 年度资金需求量。

【解析】

根据因素分析法的计算公式可知,LT 公司 2026 年度资金需求量为:

资金需求量＝(4 500－4 500×15%)×(1+20%)×(1－0)＝4 590(万元)

二、销售百分比法

微视频:4.1 销售百分比法

(一) 销售百分比法的含义与基本原理

销售百分比法,是假设某些资产、负债与销售额存在稳定的百分比关系,然后根据这个假设预计外部资金需要量的方法。具体来说,销售百分比法就是假设某些资产与销售额存在的稳定百分比关系,要先根据销售与资产的比例关系预计资产额,然后根据资产额预计相应的负债和所有者权益,进而确定筹资需要量。

企业销售规模扩大时,要相应增加资产,就需要筹措资金。这些资金,一部分来自随销售收入同比例增加的流动负债,还有一部分来自预测期的留存收益,剩余部分通过外部筹资取得。销售百分比法,将反映生产经营规模的销售因素与反映资金占用的资产因素连接起来,根据销售与资产之间的数量比例关系来预计企业的外部筹资需要量。

(二) 销售百分比法的基本步骤

1. 确定随销售额变动而变动的资产和负债项目

实践证明,企业销售额的增加会导致经营性资产项目占用更多的资金。同时,随着经营性资产的增加,经营性负债也会相应增加,如存货增加会导致应付账款增加。经营性资产与经营性负债的差额通常与销售额保持稳定的比例关系。常见的经营性资产项目包括库存现金、应收账款、存货等项目;经营性负债项目包括应付票据、应付账款等项目,但不包括短期借款、短期融资券、长期负债等筹资性负债。

2. 确定有关项目与销售额的稳定比例关系

如果企业资金周转的营运效率保持不变,经营性资产项目与经营性负债项目会随销售额的变动而呈正比例变动,保持稳定的百分比关系。企业应当根据历史资料和同业情况,剔除不合理的资金占用,寻找与销售额的稳定百分比关系。

3. 确定需要增加的筹资数量

预计由于销售增长而需要的资金需求增长额,扣除利润留存后余额,即所需要的外部筹资额。具体的计算公式为:

$$外部融资需求量 = \frac{A}{S_1} \times \Delta S - \frac{B}{S_1} \times \Delta S - S_2 \times P \times E$$

式中:A 表示随销售而变化的敏感性资产;B 表示随销售而变化的敏感性负债;S_1 表示基期销售额;S_2 表示预测期销售额;ΔS 表示销售变动额;P 表示销售净利率;E 表示利润留存率;A/S_1 表示敏感资产与销售额的关系百分比;B/S_2 表示敏感负债与销售额的关系百分比。

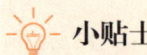 **小贴士**

销售百分比法预测资金需求量时,计算利润留存是以销售利润为依据。"销售"是指主营业务收入,因此本公式中的销售净利率即主营业务净利率。

【学中做 4-2】

假设 BH 公司 2025 年 12 月 31 日的简要资产负债表如表 4-1 所示。假定 BH 公司 2025 年销售额为 10 000 万元,销售净利率为 10%,利润留存率为 40%。2026 年销售额预计增长 20%,BH 公司有足够的生产能力,无须追加固定资产投资。请采用销售百分比法预测 BH 公司 2026 年外部融资需求量。

表 4-1 BH 公司资产负债表简表(2025 年 12 月 31 日)

资产	金额(万元)	与销售额的比例关系	负债与权益	金额(万元)	与销售额的比例关系
货币资金	500	5%	短期借款	2 500	N
应收账款	1 500	15%	应付账款	1 000	10%
存 货	3 000	30%	应付利息	500	5%
固定资产	3 000	N	应付债券	1 000	N
			实收资本	2 000	N
			留存收益	1 000	N
合 计	8 000	50%	合 计	8 000	15%

【解析】

步骤一:确定有关项目及其与销售额的比例关系。在表 4-1 中,N 为不变动,是指该项目不随销售额的变化而变化。

步骤二:确定需要增加的资金量。从表 4-1 中可以看出,销售收入每增加 100 元,必须增加 50 元的资金占用,但同时自动增加 15 元的资金来源,两者差额 35 元就是每增加 100 元销售收入产生的资金需求。因此,销售额从 10 000 万元增加到 12 000 万元,按照 35% 的比率预测,2026 年将增加 700 万元的资金需求。

步骤三:确定外部融资需求的数量。2026 年的净利润为 1 200 万元(12 000×10%),利润留存率为 40%,则将有 480 万元的利润被留存下来,还有 220 万元的资金必须从外部筹集。

根据 BH 公司的资料,可求得对外融资的需求量为:

外部融资需求量＝50%×2 000－15%×2 000－12 000×10%×40%＝220(万元)

三、资金习性预测法

所谓资金习性,是指资金的变动同产销量变动之间的依存关系。按照资金习性可以把资金区分为不变资金、变动资金和半变动资金。

不变资金,是指在一定的产销量范围内,不受产销量变动的影响而保持固定不变的那部分资金。这部分资金包括:为维持营业而占用的最低数额的现金,原材料的保险储备,必要的成品储备,厂房、机器设备等固定资产占用的资金。

变动资金,是指随产销量的变动而同比例变动的那部分资金。这部分资金包括直接构成产品实体的原材料、外购件等占用的资金。另外,在最低储备以外的现金、存货、应收账款等也具有变动资金的性质。

半变动资金,是指虽然受产销量变化的影响,但不呈同比例变动的资金,如一些辅助材料占用的资金。半变动资金可采用一定的方法划分为不变资金和变动资金两部分。

资金习性预测法就是根据历史上企业资金占用总额与产销量之间的关系,把资金划分为不变和变动两部分,然后结合预计的销售量来预测资金需求量。

其基本预测模型为:

$$Y = a + bX$$

式中:Y 表示资金占用额;X 表示销售量;a、b 分别表示不变资金总额和单位产销量所需的变动资金。

通过将历史数据代入模型,用高低点法或回归分析法得出 a、b 值后,再将预计销售量代入已知模型,计算出预计资金需要量。

(一) 高低点法

高低点法是在相关范围内,根据资金占用量的最高点和产销量的最高点之间的线性关系,以及资金占用量的最低点与产销量最低点之间的线性关系,推算出资金中不变资金(a)和单位产销量所需变动资金(b)的数值,进而计算出预测期的资金需要量。其计算公式如下:

选择销售量最高、最低两点的资料:

$$b = \frac{最高收入期的资金占用量 - 最低收入期的资金占用量}{最高销售量 - 最低销售量}$$

$$a = 最高收入期的占用资金 - b \times 最高销售量$$

或

$$a = 最低收入期的占用资金 - b \times 最低销售量$$

【学中做 4-3】

BH 公司近 5 年的资金占用与销售量之间的关系如表 4-2 所示,假设 BH 公司预计 2026 年销售额为 350 万元。请采用高低点法预测 BH 公司 2026 年对资金的需求量。

表 4-2　销售量与资金占用情况表　　　　金额单位:元

年度	销售量(件)	资金占用
2021 年	2 000 000	110 000
2022 年	2 400 000	130 000
2023 年	2 600 000	140 000
2024 年	2 800 000	150 000
2025 年	3 000 000	160 000

【解析】

（1）根据表 4-2 中的数据，利用高低点法计算不变资金和变动资金的数额。根据高低点法选取原则，应选择 2021 年和 2025 年分别作为最低点和最高点。

$$b = \frac{160\,000 - 110\,000}{3\,000\,000 - 2\,000\,000} = 0.05$$

将 $b = 0.05$ 代入 2025 年 $Y = a + bX$，得：

$$a = 160\,000 - 0.05 \times 3\,000\,000 = 10\,000（元）$$
$$Y = 10\,000 + 0.05X$$

（2）预测 2026 年对资金的需求量为：

$$Y = 10\,000 + 0.05 \times 3\,500\,000 = 185\,000（元）$$

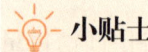 **小贴士**

　　资金习性分析法，把资金划分为变动资金和不变资金两部分，从数量上掌握了资金同销售量之间的规律性，对准确地预测资金需求量有很大帮助；但资金需求量与营业业务量之间假设呈线性关系不一定符合实际情况，可能会导致一定的预测误差。

（二）线性回归分析法

　　线性回归分析法是根据企业以往有关资金占用总额与产销量之间关系的资料，用数学上最小平方法原理，计算能代表平均资金水平的直线截距和斜率，建立回归直线方程，并利用其预测资金需求量的方法。

　　其回归方程以及截距和斜率的计算公式如下：

$$Y = a + bX$$
$$a = \frac{\sum X^2 \sum Y - \sum X \sum XY}{n \sum X^2 - (\sum X)^2}$$
$$b = \frac{n \sum XY - \sum X \sum Y}{n \sum X^2 - (\sum X)^2}$$

【学中做 4-4】

　　BH 公司 2020—2025 年产销量和资金变化情况如表 4-3 所示。BH 公司 2020—2025 年资金需求量预测如表 4-4 所示。2026 年预计销售量为 1 500 万件，请预计 2026 年的资金需求量。

表 4-3　产销量与资金变化情况表

年份	产销量 X（万件）	资金占用 Y（万元）
2020 年	1 200	1 000
2021 年	1 100	950
2022 年	1 000	900

(续表)

年份	产销量 X(万件)	资金占用 Y(万元)
2023 年	1 200	1 000
2024 年	1 300	1 050
2025 年	1 400	1 100

表 4-4　资金需求量预测表(按总额预测)

年份	产销量 X(万件)	资金占用 Y(万元)	XY	X²
2020 年	1 200	1 000	1 200 000	1 440 000
2021 年	1 100	950	1 045 000	1 210 000
2022 年	1 000	900	900 000	1 000 000
2023 年	1 200	1 000	1 200 000	1 440 000
2024 年	1 300	1 050	1 365 000	1 690 000
2025 年	1 400	1 100	1 540 000	1 960 000
合计 $n=6$	$\sum X = 7\ 200$	$\sum Y = 6\ 000$	$\sum XY = 7\ 250\ 000$	$\sum X^2 = 8\ 740\ 000$

【解析】

步骤一：根据表 4-3、表 4-4 提供的数据，求出 a、b 的值。

$$a = \frac{\sum X^2 \sum Y - \sum X \sum XY}{n \sum X^2 - \left(\sum X\right)^2} = 400$$

$$b = \frac{n \sum XY - \sum X \sum Y}{n \sum X^2 - \left(\sum X\right)^2} = 0.5$$

解得：$Y = 400 + 0.5X$

步骤二：根据 2026 年的预测销售量，以及 a、b 值，计算 2026 年资金需求量。

将 2026 年预计销售量 1 500 万件代入上式，得出 2026 年资金需求量为：

$$Y = 400 + 0.5 \times 1\ 500 = 1\ 150 (万元)$$

小贴士

运用线性回归法必须注意以下几个问题：①资金需求量与营业业务量之间线性关系的假定应符合实际情况；②确定 a、b 数值，应利用连续若干年的历史资料，一般要有 3 年以上的资料；③应考虑价格等因素的变动情况。

任务分析

根据资金需求量预测方法的知识，结合[任务导入]中 BH 公司提供的相关数据，

不难发现,可采用"因素分析法"计算 BH 公司 2025 年度的资金需求量。计算过程如下:

$$资金需求量＝（基期资金平均占用额－不合理资金占用额）×（1＋预测期销售增长率）$$
$$÷（1＋预测期资金周转速度增长率）$$
$$＝21.875×（1－4\%）×（1＋20\%）÷（1＋5\%）$$
$$＝24（亿元）$$

所以,BH 公司 2025 年度的资金需求量为 24 亿元。

 **总结提升**

本子模块的知识点是因素分析法、销售百分比法和资金习性分析法三种资金预测方法;技能点是利用三种资金预测方法,对企业未来资金需求量进行预测。此外,三种资金预测方法各有利弊,适用对象也不尽相同。因素分析法主要适用于预测品种繁多、规格复杂、资金用量较小公司,计算较为简单;相比之下,销售百分比法和资金习性分析法更适用于资金用量较大的公司,但对资金占用及销售额等数据的精确度要求较高,计算较为复杂。无论采用哪种方法预测,建议采用公司近 3～5 年的相关财务数据进行分析,这样最终预测的资金需求量才会较为准确。

 **子模块二　资本成本**

 **任务导入**

通过前面的资金预测,我们知道 BH 公司 2025 年度资金需求量为 24 亿元。财务部门根据以往筹资的经验,初步决定通过以下三种方式完成筹资任务:①从银行取得 1 年期借款 2 亿元,年利率为 6%,手续费率为 0.2%,到期一次还本付息;②平价发行公司 3 年期债券 6 亿元,年利率为 8%,每年付息一次,手续费率为 0.5%;③发行普通股 6 000 万股,市场价每股 30 元,筹资费率为 1%,共筹资 16 亿元,2024 年每股发放现金股利 0.5 元,假设未来年股利增长率平均为 5%。BH 公司适用的企业所得税税率为 25%。

思考:BH 公司采用了哪几种筹资方式? 每种筹资方式的资本成本率是多少?

必备知识

一、资本成本的含义及作用

(一) 资本成本的含义

资本成本,是指企业为筹集和使用资本而付出的代价,包括筹资费用和占用费用。资本成本是资本所有权与资本使用权分离的结果。筹资者由于取得了资本的使用权,因此必须支付一定代价,资本成本就是为取得资本使用权所付出的代价。资本成本可以用绝对数表示,也可以用相对数表示。用绝对数表示的资本成本,主要由筹资费用和占用费用两个部分构成。

1. 筹资费用

筹资费用,是指企业在资本筹措过程中为获得资本而付出的代价,如向银行支付的借款手续费,因发行股票、公司债券而支付的发行费等。筹资费通常在资本筹集时一次性发生,在资本使用过程中不再发生,因此,视为筹资数额的一项扣除。

2. 占用费用

占用费用,是指企业在资本使用过程中因占用资本而付出的代价,如向银行等债权人支付的利息,向股东支付的股利等。占用费是因为占用了他人资金而必须支付的,是资本成本的主要内容。

(二) 资本成本的作用

1. 资本成本是比较筹资方式、选择筹资方案的依据

在评价各种筹资方式时,一般会考虑的因素包括对投资者吸引力的大小、融资的难易和风险、资本成本的高低等,而资本成本是其中的重要因素。在其他条件相同时,企业筹资应选择资本成本率最低的方式。

2. 平均资本成本是衡量资本结构是否合理的重要依据

企业财务管理目标是企业价值最大化,企业价值是企业资产带来的未来现金流量的贴现值。计算企业价值时,经常采用企业的平均资本成本作为贴现率,当平均资本成本最小时,企业价值最大,此时的资本结构是企业理想的资本结构。

3. 资本成本是评价投资项目可行性的主要标准

任何投资项目,如果它预期的投资收益率超过该项目使用资金的资本成本率,则该项目在经济上就是可行的。因此,资本成本率是企业用以确定项目要求达到的投资收益率的最低标准。

4. 资本成本是评价企业整体业绩的重要依据

企业的生产经营活动,实际上就是所筹集资本经过投放后形成资产的营运,企业的总资产税后收益率应高于其平均资本成本率,这样才能带来剩余收益。

二、个别资本成本

个别资本成本,是指单一融资方式本身的资本成本,包括银行借款资本成本、公司债券资本成本、优先股资本成本、普通股资本成本和留存收益成本等,其中前两类是债务资本成本,后三类是权益资本成本。

(一) 个别资本成本的计算模式

个别资本成本的高低,一般用相对数即资本成本率表示。

为了便于分析比较,资本成本通常用不考虑货币时间价值的通用模型计算。计算时,将初期的筹资费用作为筹资额的一项扣除,扣除筹资费用后的筹资额称为筹资净额,一般模式通用的计算公式为:

$$资本成本率 = \frac{年资金占用费}{筹资总额 - 筹资费用} = \frac{年资金占用费}{筹资总额 \times (1 - 筹资费用率)}$$

 **知识拓展**

资本成本计算的贴现模式

对于金额大、时间超过 1 年的长期资本,更为准确的资本成本计算方式是采用贴现模式,即将债务未来还本付息或股权未来股利分红的贴现值与目前筹资净额相等时的贴现率作为资本成本率。即:

由:筹资净额现值－未来资本清偿额现金流量现值＝0

得:资本成本率＝所采用的贴现率

微视频:4.2
长期借款资本成本的计算

(二) 个别资本成本的计算

1. 银行借款的资本成本率

银行借款成本包括借款利息和借款手续费。手续费是筹资费的具体表现;借款利息允许从税前利润中扣除,从而具有抵减企业所得税的作用。银行借款的资本成本率按一般模式计算为:

$$K_b = \frac{年利率 \times (1 - 企业所得税税率)}{1 - 手续费率}$$

$$= \frac{i(1 - T)}{1 - f}$$

其中:K_b 表示银行借款资本成本率;i 表示银行借款年利率;T 表示企业所得税税率;f 表示银行借款筹资费率。

如果银行借款的筹资费用很低,有时也可以忽略不计。此时银行借款资本成本率的计算公式可简化为:

$$K_b = i(1 - T)$$

【学中做 4-5】

BH 公司因业务发展需要对外筹集资金,从银行取得 5 年期长期借款 200 万元,年利率为 10%,手续费率为 0.2%,每年结息一次,到期一次还本,公司适用的企业所得税税率为 25%。请计算该项长期借款的资本成本率。

【解析】

根据银行借款资本成本率一般模式公式,该项长期借款的资本成本率为:

$$K_b = \frac{10\% \times (1 - 25\%)}{1 - 0.2\%} = 7.52\%$$

2. 公司债券的资本成本率

公司债券资本成本,包括债券利息和发行费用。债券可以平价发行,也可以溢价或折价发行,其资本成本率按一般模式计算为:

$$K_b = \frac{债券面值 \times 票面利率 \times (1 - 企业所得税税率)}{债券筹资总额 \times (1 - 手续费率)}$$

$$= \frac{年利息 \times (1 - 企业所得税税率)}{债券筹资总额 \times (1 - 手续费率)}$$

$$= \frac{I(1-T)}{L(1-f)}$$

式中，K_b 表示公司债券资本成本率；I 表示债券年利息；L 表示债券筹资总额；T 为企业所得税税率；f 为银行借款筹资费率。

【学中做 4-6】

BH 公司发行面值为 1 000 元、期限为 4 年、票面利率为 10％的债券 5 000 张，每年结息一次，到期一次还本。筹资费用为发行价格的 4％。假设公司适用的企业所得税税率为 25％。请分别计算债券发行价格为 1 100 元、1 000 元和 900 元时债券的资本成本率。

【解析】

情形一：如果发行价格为 1 100 元，则债券的资本成本率为：

$$K_b = \frac{1\,000 \times 10\% \times (1 - 25\%)}{1\,100 \times (1 - 4\%)} = 7.10\%$$

情形二：如果发行价格为 1 000 元，则债券的资本成本率为：

$$K_b = \frac{1\,000 \times 10\% \times (1 - 25\%)}{1\,000 \times (1 - 4\%)} = 7.81\%$$

情形三：如果发行价格为 900 元，则债券的资本成本率为：

$$K_b = \frac{1\,000 \times 10\% \times (1 - 25\%)}{900 \times (1 - 4\%)} = 8.68\%$$

3. 优先股的资本成本率

对于采取固定股息率的优先股而言，每期的股利是相等的。但是优先股股利从税后利润中支付，没有抵税作用，这点与债务性资金不同。优先股的资本成本率按一般模式得出的计算公式为：

$$K_p = \frac{D_p}{P_p(1-f)}$$

其中：K_p 表示优先股资金成本率；D_p 表示优先股每年股利；P_p 表示优先股发行价格；f 表示优先股筹资费率。

【学中做 4-7】

假设 BH 公司发行面值 100 元的优先股，规定的年股息率为 9％。该优先股溢价发行，发行价格为 120 元，发行时筹资费用率为发行价的 3％。请计算该优先股的资本成本率。

【解析】

该优先股的资本成本率为：

$$K_P = \frac{100 \times 9\%}{120 \times (1 - 3\%)} = 7.73\%$$

💡 **小贴士**

（1）由本例可见，该优先股票面股息率为9%，但实际资本成本率只有7.73%，主要原因是该优先股按溢价1.2倍发行。

（2）如果是浮动股息率优先股，则优先股的浮动股息率将根据约定的方法计算，并在公司章程中事先明确。由于浮动优先股各期股利是波动的，因此其资本成本率只能按照贴现模式计算，并假定各期股利的变化呈一定的规律性。此类浮动股息率优先股的资本成本率计算，可参考普通股资本成本的股利增长模型法计算方式。

4. 普通股的资本成本率

普通股资本成本主要是向股东支付的各期股利。假设公司发展越来越好，每年发放的股利呈现出递增的规律性，此种情况下按照股利增长模型法计算其资本成本率；如果是上市公司普通股，其资本成本可以根据该公司股票收益率与市场收益率的相关性，按资本资产定价模型法来计算。

1）股利增长模型法

假定资本市场有效，股票市场价格与价值相等，则普通股的资本成本率计算公式为：

$$K_s = \frac{D_0(1+g)}{P_0(1-f)} + g = \frac{D_1}{P_0(1-f)} + g$$

式中：K_s 表示普通股的资本成本率；D_0 表示股票本期支付的股利；g 表示未来各期股利的永续增长速度；P_0 表示当前股票的市场价格；f 表示筹资费用率；D_1 表示股票预测期第 1 年的股利。

【学中做 4-8】

假设 BH 公司当前普通股市价为每股 30 元，筹资费用率为 2%，本年发放现金股利每股 0.6 元，预期股利年增长率为 10%。请计算 BH 公司普通股的资本成本率。

【解析】

BH 公司普通股的资本成本率为：

$$K_s = \frac{0.6 \times (1+10\%)}{30 \times (1-2\%)} + 10\% = 12.24\%$$

2）资本资产定价模型法

假定资本市场有效，股票市场价格与价值相等，则普通股的资本成本率计算公式为：

$$K_s = R_f + \beta(R_m - R_f)$$

式中：K_s 表示普通股的资本成本率；R_f 表示无风险收益率；β 表示股票的贝塔系数；R_m 表示市场平均收益率。

【学中做 4-9】

假定 BH 公司普通股的 β 值为 1.5，无风险收益率为 5%，市场平均收益率为 15%。请计算公司普通股的资本成本率。

【解析】

BH公司普通股的资本成本率为：

$$K_s = 5\% + 1.5 \times (15\% - 5\%) = 20\%$$

5. 留存收益的资本成本率

留存收益是由企业税后利润形成的,从所有权上看属于普通股股东,应将其视为普通股股东对企业的再投资,因此,普通股股东要求留存收益应该与普通股具有相同的收益率。留存收益资本成本率的计算与普通股基本相同,唯一不同的是不考虑筹资费用。

因此留存收益的资本成本率的计算也分为股利增长模型法和资本资产定价模型法。

1) 股利增长模型法

股利增长模型法下留存收益的资本成本率计算公式为：

$$K_s = \frac{D_0(1+g)}{P_0} + g = \frac{D_1}{P_0} + g$$

【学中做 4-10】

BH公司当前普通股市场价格为8元,本年每股分派股利0.4元,以后每年增长6%。请计算公司留存收益的资本成本率。

【解析】

BH公司留存收益的资本成本率为：

$$K_s = \frac{0.4 \times (1+6\%)}{8} + 6\% = 11.3\%$$

2) 资本资产定价模型法

资本资产定价模型法下留存收益的资本成本率计算公式与普通股资本成本率计算公式相同,即：

$$K_s = R_f + \beta(R_m - R_f)$$

三、加权平均资本成本

当企业通过多种方式筹资时,一般用加权平均资本成本来衡量企业筹资的总体代价。加权平均资本成本又称综合资本成本,是企业全部长期资金的总成本,是通过对个别资本成本进行加权平均计算而得。其计算公式为：

$$K_w = \sum_{j=1}^{n} k_j W_j$$

式中：K_w表示加权平均资本成本；k_j表示某类个别资本成本；W_j表示某类个别资本所占的权重。

对于权重的选择,可以选择以账面价值为计算基础,也可以选择以市场价值为计算基础,还可以选择以目标价值为计算基础。如果不特指,本书都以账面价值为计算权重的基础。

【学中做 4-11】

BH 公司共有长期资本 2 000 万元,其中长期借款 200 万元,公司债券 400 万元,优先股 200 万元,普通股 800 万元,留存收益 400 万元,其个别资本成本率分别为 6%、6.5%、12%、15%、14.5%。请计算 BH 公司的加权平均资本成本。

【解析】

根据资本成本计算公式,结合 BH 公司各类长期资本的信息,可得 BH 公司的加权平均资本成本为:

$$\text{加权平均资本成本} = 6\% \times \frac{200}{2\,000} + 6.5\% \times \frac{400}{2\,000} + 12\% \times \frac{200}{2\,000} + 15\% \times \frac{800}{2\,000} + 14.5\% \times \frac{400}{2\,000}$$
$$= 12\%$$

 **任务分析**

(1) 通过对本子模块有关资本成本知识的学习,可知 BH 公司采用了银行借款、发行公司债券和发行普通股三种筹资方式。

(2) 三种筹资方式的资本成本率分别为:

$$\text{银行借款资本成本率} = \frac{6\% \times (1-25\%)}{1-0.2\%} = 4.51\%$$

$$\text{公司债券资本成本率} = \frac{6 \times 8\% \times (1-25\%)}{6 \times (1-0.5\%)} = 6.03\%$$

$$\text{普通股资本成本率} = \frac{0.5 \times (1+5\%)}{30 \times (1-1\%)} + 5\% = 6.77\%$$

 **总结提升**

本子模块的主要知识点包括资本成本的概念及作用,银行借款、公司债券、优先股、普通股和留存收益等个别资本成本的计算方法,以及加权平均资本成本的计算方法;技能点是能够利用上述各类资本成本的计算方法准确计算出企业各类筹资的成本。需要注意的是,如果公司有多种筹资方式可供选择,而且存在多种筹资组合方案时,此时要考虑筹资的加权平均资本成本,一般认为加权平均资本成本最低的筹资组合方案是最佳筹资方案。

子模块三 杠 杆 效 应

 **任务导入**

假定 BH 公司 2024 年 A 型号冰箱销量为 100 万台,单位售价为 5 000 元,冰箱的单位变动成本为 2 000 元,固定成本总额 10 亿元。假设 2025 年 A 型号冰箱销量同比增长 15%。

思考:BH 公司 2024 年、2025 年的息税前利润是多少?息税前利润变动率是多少?因固定成本的存在,会产生杠杆效应,BH 公司 2025 年度的经营杠杆系数是多少?

 **必备知识**

一、经营杠杆效应

(一)经营杠杆效应的概念

经营杠杆效应是指由于企业存在固定性经营成本,而导致的息税前利润变动幅度大于业务量变动幅度的杠杆效应。在一定的经营规模条件下,固定成本总额是一个固定不变的数值,当产销量增加时,单位产品分摊的固定成本会随之下降;反之,当产销量下降时,单位产品分摊的固定成本会随之上升。这都会导致息税前利润以更大的幅度变动,这就是经营杠杆效应。

(二)经营杠杆系数

经营杠杆效应的大小通常用经营杠杆系数来衡量。经营杠杆系数,是指息税前利润变动率与销售量变动率的比值。

息税前利润及经营杠杆系数的计算公式如下:

公式一:

$$息税前利润 = (销售收入 - 变动成本) - 固定成本$$
$$= 销售量 \times (单价 - 单位变动成本) - 固定成本$$
$$= 销售量 \times 单位边际贡献 - 固定成本$$
$$= 总边际贡献 - 固定成本$$

即:

$$EBIT = Q \times (P - V) - F = Q \times MC - F = M - F$$

式中:$EBIT$ 表示息税前利润;Q 表示销售量;P 表示单价;V 表示单位变动成本;F 表示固定经营成本;MC 表示单位贡献边际;M 表示总边际贡献。

公式二:

$$经营杠杆系数 = \frac{息税前利润变动率}{销售量变动率} = \frac{息税前利润变动额 / 基期息税前利润}{销售量变动额 / 基期销售量}$$

即:

$$DOL = \frac{\Delta EBIT / EBIT}{\Delta Q / Q}$$

式中:$\Delta EBIT$ 表示息税前利润变动额;ΔQ 表示销售量变动额。

上式还可简化为:

$$经营杠杆系数(DOL) = \frac{基期边际贡献总额}{基期息税前利润} = \frac{Q_0 \cdot (P - V)}{Q_0 \cdot (P - V) - F} = \frac{M_0}{EBIT_0}$$

【学中做 4-12】

假定 BH 公司 A 产品 2024 年销售量 10 000 件,单位售价为 50 元,产品单位变动成本 30 元,固定成本总额 100 000 元。如果 2025 年产销量上升 10%。请计算 BH 公司 2025 年的息税前利润、息税前利润变动率和经营杠杆系数。

【解析】

(1) 2024 年、2025 年公司息税前利润为:

$$2024 \text{ 年息税前利润} = 10\ 000 \times (50 - 30) - 100\ 000 = 100\ 000(\text{元})$$
$$2025 \text{ 年息税前利润} = 10\ 000 \times (1 + 10\%) \times (50 - 30) - 100\ 000 = 120\ 000(\text{元})$$

（2）2025 年公司息税前利润变动率为：

$$2025 \text{ 年息税前利润变动率} = \frac{120\ 000 - 100\ 000}{100\ 000} \times 100\% = 20\%$$

（3）2025 年公司经营杠杆系数为：

$$2025 \text{ 年经营杠杆系数}(DOL) = \frac{20\%}{10\%} = 2$$

（三）经营杠杆与经营风险

经营风险是指企业由于生产经营方面的原因而导致息税前利润变动的风险。产品的市场需求、价格、成本等因素的不确定性都会影响到息税前利润。经营杠杆系数是衡量经营风险大小的指标，它反映了息税前利润变动率相当于产销量变动率的倍数。

从［学中做 4-12］中可以看出，当产销量上升 10% 时，息税前利润会上升 20%；当产销量下降 10% 时，息税前利润也会下降 20%。由此可见，经营杠杆本身并不是息税前利润不稳定的根源，但它的存在却扩大了市场和生产成本等不确定因素对息税前利润变动的影响，因此，经营杠杆系数越大，经营风险越大。

二、财务杠杆效应

微视频：4.3
财务杠杆效
应分析

（一）财务杠杆效应的概念

财务杠杆效应，是指企业通过借款、发行优先股等方式筹资时，由于固定利息和优先股股利等固定性资本成本的存在而导致的每股收益变动率大于息税前利润变动率的杠杆效应。

在资本结构一定的条件下，企业支付的债务利息、优先股股利等资本成本是相对固定的。因此，当息税前利润增长时，每一元息税前利润所负担的固定资本成本就会减少；当息税前利润减少时，每一元息税前利润所负担的固定资本成本就会相应增加；这都会导致普通股每股收益更大幅度的变动。这种由于筹资成本的固定化而引起的普通股每股收益变动幅度大于息税前利润变动幅度的现象称为财务杠杆效应。

（二）财务杠杆系数

财务杠杆系数，是指普通股每股收益变动率与息税前利润变动率的比值，是衡量财务风险大小的指标。普通股每股收益及财务杠杆系数的计算公式如下：

公式一：

$$\text{普通股每股收益}(EPS) = \frac{(EBIT - I)(1 - T) - D}{N}$$

式中：I 表示负债利息；T 表示所得税税率；D 表示优先股股利；N 表示流通在外的普通股股数。

公式二：

$$财务杠杆系数(DFL) = \frac{普通股每股收益变动率}{息税前利润变动率} = \frac{\Delta EPS/EPS}{\Delta EBIT/EBIT}$$

上式可简化为：

$$财务杠杆系数(DFL) = \frac{基期息税前利润}{基期息税前利润 - 利息 - \dfrac{基期优先股股利}{1-所得税税率}}$$

$$= \frac{EBIT}{EBIT - I - \dfrac{D}{1-T}}$$

【学中做 4-13】

承[学中做 4-12]，假定 BH 公司 2024 年发生利息费用 20 000 元，流通在外普通股股数为 10 000 股，无优先股，公司适用的企业所得税税率为 25%，计算 BH 公司 2025 年的财务杠杆系数。

【解析】

根据[学中做 4-12]得知，BH 公司 2024 年的息税前利润为 100 000 元，即：

$$2025 年公司财务杠杆系数(DFL) = \frac{EBIT}{EBIT - I - \dfrac{D}{1-T}} = \frac{100\,000}{100\,000 - 20\,000} = 1.25$$

（三）财务杠杆与财务风险

财务风险也称融资风险或筹资风险，是指企业由于筹资原因产生的固定资本成本负担而导致普通股收益产生波动的风险。引起财务风险的主要原因是资产收益的不利变化和资本成本的固定负担。由于财务杠杆的作用，当企业息税前利润下降时，企业仍然需要支付固定资本成本，导致普通股收益以更快的速度下降，从而产生了财务风险。

由[学中做 4-13]可知，当息税前利润上升 10% 时，每股收益会上升 12.5%，由此可见，财务杠杆放大了资产收益变化对普通股收益的影响，财务杠杆系数越大，表明普通股收益的波动程度越大，财务风险也就越大。只要有固定性资本成本存在，财务杠杆系数就会大于 1。

三、总杠杆效应

（一）总杠杆的概念

总杠杆也称为复合杠杆、联合杠杆，是指由于固定性经营成本、固定性资本成本的存在，而导致的普通股每股收益变动率大于销售量变动率的杠杆效应。总杠杆是经营杠杆和财务杠杆联合作用的结果。

（二）总杠杆系数

衡量总杠杆作用程度的指标称为总杠杆系数，它是经营杠杆系数与财务杠杆系数的乘积。只要企业同时存在固定经营成本和固定资本成本，就一定会存在总杠杆效应。

总杠杆系数的计算公式如下：

公式一：

$$总杠杆系数(DTL) = \frac{普通股每股收益变动率}{销售量变动率} = \frac{\Delta EPS/EPS}{\Delta Q/Q}$$

公式二：

$$总杠杆系数(DTL) = \cfrac{基期边际贡献}{基期边际贡献 - 固定成本 - 利息 - \cfrac{优先股股利}{1 - 所得税税率}}$$

公式三：

$$总杠杆系数(DTL) = DOL \times DFL$$

【学中做 4-14】

根据［学中做 4-12］［学中做 4-13］中 BH 公司的相关财务信息，计算其总杠杆系数。

【解析】

$$DTL = \frac{普通股每股收益变动率}{销售量变动率} = \frac{25\%}{10\%} = 2.5$$

$$或：DTL = DOL \times DFL = 2 \times 1.25 = 2.5$$

（三）总杠杆与总风险

总风险也称复合风险，是指由于固定性费用的存在而导致的普通股每股收益变动幅度大于销售量变动幅度给企业带来的风险，它是经营风险与财务风险的集合。总杠杆系数是衡量总风险大小的指标，它反映了普通股每股收益变动率相当于产销量变动率的倍数。由［学中做 4-14］可知，当产销量上升 10％时，普通股每股收益会上升 25％，但是当产销量下降 10％时，普通股每股收益则会下降 25％。由此可见，固定性费用在给企业带来总杠杆利益的同时，也加剧了普通股每股收益变动的幅度，甚至会带来破产风险，在其他因素不变的前提下，固定性费用越多，总杠杆系数越大，总风险越大。

 任务分析

根据本子模块学习的"杠杆效应"相关内容，可以计算 2025 年度的相关指标如下：

(1) 2024 年息税前利润 = 100×(5 000 - 2 000) - 100 000 = 200 000（万元）。

(2) 2025 年息税前利润 = 100×(1+15％)×(5 000 - 2 000) - 100 000 = 245 000（万元）。

(3) 息税前利润变动率 = $\dfrac{245\ 000 - 200\ 000}{200\ 000}$ = 22.5％。

(4) 经营杠杆系数 = $\dfrac{22.5\%}{15\%}$ = 1.5。

 总结提升

本子模块的知识点是经营杠杆、财务杠杆及总杠杆的概念及三类杠杆系数的计算方法；技能点是能根据企业的经营数据和融资成本等数据利用三类杠杆系数分析企业不同的杠杆效应。需要注意的是，由于影响公司经营的因素较多，经营杠杆的存在会放大经营风险，因此公司在经营过程中要全面分析，不能只看到杠杆效应有利的一面。此外，公司因存在固定利息和优先股股利等固定性资本成本，还会产生财务杠杆

效应;两种杠杆联合起来就会产生复合杠杆效应。复合杠杆一方面会放大公司的每股净收益,另一方面也会更大程度上放大公司的风险,所以作为经营者务必要谨慎使用各类杠杆。

子模块四　资本结构

 任务导入

根据前述BH公司财务资料可知,BH公司2025年共需对外筹资24亿元,可通过银行借款、发行公司债券和发行普通股三类方式进行筹资,个别筹资成本依次为4.51%、6.03%、6.77%。经财务部门研究,BH公司目前可行的筹资组合方案有三个。

A方案:银行借款、发行公司债券和发行普通股筹资比例依次为40%、20%、40%。

B方案:银行借款、发行公司债券和发行普通股筹资比例依次为30%、15%、55%。

C方案:银行借款、发行公司债券和发行普通股筹资比例依次为20%、20%、60%。

思考: BH公司A、B、C三类筹资组合方案的平均资本成本是多少?哪种方案最佳?

必备知识

资本结构及其管理是企业筹资管理的核心问题。企业应综合考虑有关影响因素,运用适当的方法确定最佳资本结构,提升企业价值。

一、资本结构的含义

资本结构是指企业资本总额中各种资本的构成及其比例关系。资本结构有广义和狭义之分,广义资本结构是指企业全部债务与股东权益的构成比例,狭义的资本结构是指长期负债与股东权益资本的构成比例。本书所指的资本结构是狭义的资本结构。

二、资本结构的影响因素

资本结构是一个产权结构问题,是社会资本在企业经济组织形式中的资源配置结果。资本结构的变化,将直接影响社会资本所有者的利益。资本结构的主要影响因素如下。

1. 企业经营状况的稳定性和成长性

企业产销业务量的稳定程度对资本结构有重要影响:如果产销业务量稳定,企业可较多地负担固定的财务费用;如果产销业务量和盈余有周期性,负担的固定财务费用将使企业承担较大的财务风险;如果产销业务量能够以较高的水平增长,企业可以采用高负债的资本结构,以提升权益资本的收益。

2. 企业的财务状况和信用等级

企业财务状况良好,信用等级高,债权人愿意向企业提供信用,企业容易获得债务资本。相反,如果企业财务情况欠佳,信用等级不高,债权人投资风险大,这样会降低企业获得信用的能力,加大债务资本筹资的资本成本。

3. 企业的资产结构

资产结构是企业筹集资本后进行资源配置和使用后的资金占用结构。资产结构对企业资本结构的影响主要包括:拥有大量固定资产的企业主要通过长期负债和发行股票筹集资金;拥有较多流动资产的企业更多地依赖流动负债筹集资金;资产适用于抵押贷款的企业负债较多;以技术研发为主的企业则负债较少。

4. 企业所有者和管理当局的态度

从企业所有者的角度看,如果企业股权分散,企业可能更多地采用权益资本筹资以分散企业风险。如果企业为少数股东控制,股东通常重视企业控股权问题,为防止控股权稀释,企业一般尽量避免普通股筹资,而是采用优先股或债务资本筹资。从企业管理当局的角度看,高负债资本结构的财务风险高,一旦经营失败或出现财务危机,管理当局将面临市场接管的威胁或者被董事会解聘。因此,稳健的管理当局偏好于选择低负债比例的资本结构。

5. 行业特征和企业发展周期

不同行业资本结构差异很大。产品市场稳定的成熟行业经营风险低,因此可提高债务资本比重,发挥财务杠杆作用。高新技术企业因产品、技术、市场尚不成熟,经营风险高,因此可降低债务资本比重。在同一企业不同发展阶段,资本结构安排不同。企业初创阶段,经营风险高,在资本结构安排上应控制负债比例;企业发展成熟阶段,产品产销业务量稳定和持续增长,经营风险低,可适度增加债务资本比重,发挥财务杠杆效应;企业收缩阶段,产品市场占有率下降,经营风险逐步加大,应逐步降低债务资本比重,保持企业持续经营能力,减少破产风险。

6. 税务政策和货币政策

资本结构决策必然要考虑国家现行的税务政策和货币政策。以企业所得税为例,当企业所得税税率较高时,债务资本的抵税作用大,企业可以适当提高债务融资比例。此外,货币金融政策会影响资本供给,从而影响利率水平的变动,当国家执行紧缩的货币政策时,市场利率较高,企业债务资本成本增大,此时企业可适当降低债务融资比例;反之可适当提高债务融资比例。

三、资本结构优化

微视频:4.4
资本结构优化决策

资本结构优化,要求企业在权衡负债的低成本和高财务风险关系的基础上,确定最优资本结构。最优资本结构是指在一定条件下(适度财务风险),使企业加权平均资金成本最低、企业价值最大的资本结构。从理论上讲,最优资本结构是存在的,但由于企业的内外部条件经常变化,因此寻找最优资本结构非常困难。

资本结构优化决策的方法主要有普通股每股收益分析法和加权平均资本成本比较法两种。

(一)普通股每股收益分析法

普通股每股收益分析法,是通过分析资本结构与普通股每股收益之间的关系,来选择更优筹资方案,从而实现合理的资本结构。一般来说,能提高普通股每股收益的资本结构是合理的;反之则不够合理。普通股每股收益受到经营利润水平、债务资本成本水平等因素的影响,要分析普通股每股收益与资本结构之间的关系,可以利用普通股每股收益无差别点这一指标。普通股每股收益无差别点,是指普通股每股收益不受筹资方式影响的息税前利润水平，或者说，是使不同的资本结构普通股每股收益相等的息税前利润水平。

普通股每股收益（EPS）计算公式为：

$$EPS = \frac{(EBIT - I)(1 - T) - D}{N}$$

企业在增加筹资时，如果仅使用普通股或负债筹资，则两者的息税前利润和普通股每股收益的关系如图 4-1 所示。

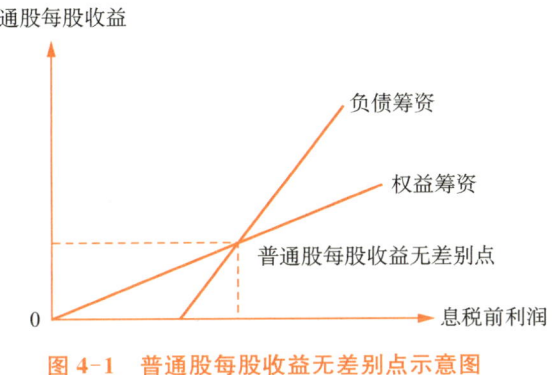

图 4-1　普通股每股收益无差别点示意图

在普通股每股收益无差别点上，无论采取负债筹资，还是采用权益筹资，普通股每股收益都是相等的。若以 EPS_1 代表负债筹资，以 EPS_2 代表权益筹资，则有：

$$EPS_1 = EPS_2$$

能使上式成立的 $EBIT$ 为普通股每股收益无差别点的息税前利润。则普通股每股收益无差别点的计算公式为：

$$\frac{(EBIT - I_1)(1 - T) - D}{N_1} = \frac{(EBIT - I_2)(1 - T) - D}{N_2}$$

式中：$EBIT$ 表示息税前利润平衡点，即普通股每股收益无差别点。I_1、I_2 表示不同融资方案下负债筹资的利息；T 表示所得税税率；D 表示优先股股利；N_1、N_2 表示不同融资方案下流通在外的普通股股数。

解出上式方程中的 $EBIT$，即可求出普通股每股收益无差别点的息税前利润。当预期息税前利润或业务量水平大于普通股每股收益无差别点时，应当选择负债筹资方案；反之，选择权益筹资方案。

【学中做 4-15】

假设 BH 公司目前的资本结构如表 4-5 所示。

表 4-5　BH 公司资本结构表

资金来源	金额（万元）
长期借款（年利率 10%）	200
长期债券（年利率 12%）	300

（续表）

资金来源	金额（万元）
普通股（5 万股，每股发行价 100 元）	500
合计	1 000

本年度该公司考虑增资 200 万元，有两种筹资方案：

甲方案：发行普通股 2 万股，每股发行价 100 元。

乙方案：发行长期债券 200 万元，年利率 13%。

增资后预计计划年度息税前利润可达到 120 万元，企业所得税税率为 25%。

要求：采用普通股每股收益分析法分析该公司应该采用哪种方案。

【解析】

步骤一：分别列出甲、乙方案下普通股每股收益的计算公式。

$$EPS_{甲} = \frac{(EBIT - 200 \times 10\% - 300 \times 12\%) \times (1 - 25\%)}{5 + 2}$$

$$EPS_{乙} = \frac{(EBIT - 200 \times 10\% - 300 \times 12\% - 200 \times 13\%) \times (1 - 25\%)}{5}$$

步骤二：求出两种方案普通股每股收益无差别点的息税前利润。

$$令 EPS_{甲} = EPS_{乙}，解得 EBIT = 147（万元）$$

步骤三：分析选择融资方案。

因为预计计划年度息税前利润 120 万元小于普通股每股收益无差别点 147 万元，当公司实际的息税前利润小于普通股每股收益无差别点对应的息税前利润时，应该采用权益性筹资方案，所以本案例应选择甲方案筹资。

（二）加权平均资本成本比较法

加权平均资本成本比较法，是指通过计算不同筹资方案的加权平均资金成本，并从中选出加权平均资金成本最低的方案为最优筹资方案的方法。

【学中做 4-16】

假设 BH 公司需要筹资 5 000 万元，拟通过银行借款、发行公司债券和发行普通股三种方式筹集，按照不同的比例分别构成 A、B、C 三个筹资方案，其各资本成本率已经分别测定，有关资料如表 4-6 所示。请为 BH 公司选择最优筹资方案。

表 4-6　BH 公司筹资方案一览表

筹资方式	资本结构			个别资本成本率
	A 方案	B 方案	C 方案	
银行借款	40%	30%	20%	6%
发行公司债券	10%	15%	20%	8%
发行普通股	50%	55%	60%	9%
合计	100%	100%	100%	—

【解析】

步骤一:分别计算三个方案的加权平均资本成本。

A方案:$K = 6\% \times 40\% + 8\% \times 10\% + 9\% \times 50\% = 7.7\%$

B方案:$K = 6\% \times 30\% + 8\% \times 15\% + 9\% \times 55\% = 7.95\%$

C方案:$K = 6\% \times 20\% + 8\% \times 20\% + 9\% \times 60\% = 8.2\%$

步骤二:选择最优筹资方案。

通过比较,不难发现,A方案的加权平均资本成本最低,因此A方案是最优筹资方案。

 **知识拓展**

资本结构优化决策方法——公司价值分析法

公司价值分析法,是在考虑市场风险的基础上,以公司市场价值为标准,进行资本结构优化。能够提升公司价值的资本结构,就是合理的资本结构。这种方法主要用于对现有资本结构进行调整,适用于资本规模较大的上市公司资本结构优化分析。同时,在公司价值最大的资本结构下,公司的综合资本成本率也是最低的。

设:V表示公司价值,B表示债务资本价值,S表示权益资本价值。公司价值应该等于资本的市场价值,即:

$$V = B + S$$

为简化分析,假设负债B的市场价值等于其面值,股票S的市场价值可由下式计算得出:

$$S = \frac{(EBIT - I)(1 - T)}{K_s}$$

式中K_s是指权益资本成本率,可通过资本资产定价模型来计算:

$$K_s = 无风险利率 + 股票\beta值 \times (市场平均收益率 - 无风险利率)$$

即,

$$K_s = R_f + \beta \times (R_m - R_f)$$

企业的综合资本成本计算公式如下:

$$综合资本成本 = 税前债务资本成本率 \times (1 - 企业所得税税率) \times 债务占资本成本比重 +$$
$$权益资本成本率 \times 股票占资本成本比重$$

即,

$$K_w = K_b \times (1 - T) \times \frac{B}{V} + K_s \times \frac{S}{V}$$

【学中做4-17】

假设BH公司息税前利润为400万元,资本总账面价值2 000万元。假设无风险报酬率为6%,证券市场平均报酬率为10%,公司适用的企业所得税税率为25%。经测算,不同债务水平下的权益资本成本率和税前债务资本成本率如表 4-7 所示。

表 4-7　税前债务资本成本率和权益资本成本率统计表

债务市场价值 B(万元)	税前债务资本成本率 K_b	股票 β 系数	权益资本成本率 K_s
0	—	1.50	12.00%
200	8.00%	1.55	12.20%
400	8.50%	1.65	12.60%
600	9.00%	1.80	13.20%
800	10.00%	2.00	14.00%

【解析】

根据表 4-7 资料,可计算出不同资本结构下的企业总价值和平均资本成本。

步骤一:计算不同资本结构下的公司总价值。

$$V_1 = B_1 + S_1 = 0 + \frac{(400-0) \times (1-25\%)}{12\%} = 2\,500(万元)$$

$$V_2 = B_2 + S_2 = 200 + \frac{(400 - 200 \times 8.0\%) \times (1-25\%)}{12.2\%} = 2\,561(万元)$$

同理可得 V_3、V_4、V_5 等。

步骤二:计算不同资本结构下的平均资本成本。

$$K_1 = 0 + 12\% \times 100\% = 12\%$$

$$K_2 = 8.0\% \times (1-25\%) \times \frac{200}{2\,561} + 12.2\% \times \frac{2\,361}{2\,561}$$

$$= 0.47\% + 11.25\%$$

$$= 11.72\%$$

同理可得 K_3、K_4、K_5 等。

全部计算结果,如表 4-8 所示。

表 4-8　公司价值和平均资本成本计算表　　　　金额单位:万元

债务市场价值 B_i	股票市场价值 S_i	公司总价值 V_i	税后债务资本成本率 $K_b \cdot (1-T)$	普通股资本成本率 K_s	平均资本成本 K_w
0	2 500	2 500	—	12.00%	12.00%
200	2 361	2 561	6.00%	12.20%	11.72%
400	2 179	2 579	6.38%	12.60%	11.64%
600	1 966	2 566	6.75%	13.20%	11.69%
800	1 714	2 514	7.50%	14.00%	11.93%

小贴士

在没有债务资本的情况下,BH 公司的总价值等于股票的账面价值。当 BH 公司增加一部分债务时,财务杠杆开始发挥作用,股票市场价值大于其账面价值,公司总价值上升,平均资本成本率下降。在债务达到 400 万元时,BH 公司总价值最高,平均资本成本率最低。债务超过 400 万元后,随着利息率的不断上升,财务杠杆作用逐步减弱甚至呈现负作用,BH 公司总价值下降,平均资本成本率上升。因此,债务为 400 万元时的资本结构是该公司的最优资本结构。

思政小课堂

混合融资支持绿色可持续发展

经合组织(OECD)发展援助委员会(DAC)在 2017 年的高级别会议上批准了《为实现可持续发展目标解锁商业融资的混合融资原则》(以下简称混合融资原则)。该原则已被纳入国际发展架构,并被公认为国家、捐助者、组织和参与者在应用混合融资时应遵循的实际做法,并在联合国、欧盟和世界经济论坛、G20 和 G7 中被引用。

混合融资是一种融资结构,是不同金融工具的组合,这些工具包括贷款、股权投资、夹层投资、信贷额度、债券、担保、保险、赠予、技术援助、当地货币融资等。混合融资机制则将这些工具组合起来并撬动商业资金,包括银团贷款、基金、证券化、结合混合工具的 PPP 等。在混合融资的工具和机制里,赠予、技术援助、优惠贷款本身就可以改变融资结构中的风险—收益机制,担保、保险具有增信作用,高级、次级的分层方式则可以通过进一步改变风险—收益结构发挥动员商业融资的作用。根据 2020 年 OECD 混合融资基金和设施调查,政府(包括发展合作机构)是混合融资基金和设施的主要资金来源,占总资金的69%;多边开发银行是第二大资本来源。

混合融资典型案例:老挝南瓯江流域梯级水电开发项目

南瓯江流域梯级水电开发项目是老挝政府授权外国公司开发整条河流水能资源的第一个案例。该项目总装机容量为 127.2 万千瓦。2016 年 4 月,一期项目的全部机组提前投产发电。

在满足有限追索的前提下,为项目融资提供了多层次风险分担机制。国家开发银行根据当地条件和一期、二期项目特点,因地制宜调整了风险缓解措施。一期项目采用BOT(建设—运营—转移)模式,借款人为南瓯江流域水电有限公司。此外,在 2016 年,由国家开发银行牵头的银团承诺为该项目提供中长期外汇贷款,贷款期限为 20 年。这有助于整合不同金融机构的资源,确保为项目建设提供大量长期资金,并分散参与银行贷款风险。

项目采用的多层次风险分担机制允许调整风险缓解措施,使融资结构与项目风险相匹配。项目风险分担机制的第一层级称为"PPA 照付不议"条款。在特许经营协议(CA)和购电协议(PPA)谈判期间,国家开发银行与中国电建就"照付不议"购电条款达成协议;作为风险分担机制的第二层级,老挝政府的承诺函统一就 PPA 售电条款 EDL 的履约提供财政担保;中信保提供的海外投资保险是第三层级。一期、二期项目除投保中信保海外投资险、政治险外,还就 CA、PPA 关键条款(包括电价、电力销售等)投保违约险。股东的支持构成了风险分担机制的最后层级。

(资料来源:新浪财经网)

任务分析

根据本子模块学习的"资本结构"相关内容可知,要解决本项任务提出的问题,我们应当利用"加权平均资本成本比较法"来选择最佳融资方案。首先计算 A、B、C 三类筹资组合方案的平均资本成本:

A 方案:$K = 4.51\% \times 40\% + 6.03\% \times 20\% + 6.77\% \times 40\% = 5.72\%$

B 方案:$K = 4.51\% \times 30\% + 6.03\% \times 15\% + 6.77\% \times 55\% = 5.98\%$

C 方案:$K = 4.51\% \times 20\% + 6.03\% \times 20\% + 6.77\% \times 60\% = 6.17\%$

不难看出,A 方案平均资本成本最低,所以 A 方案是最佳筹资方案。

总结提升

本子模块的主要知识点包括资本结构的概念、影响因素,以及资本结构优化决策的两种方法,即普通股每股收益分析法和加权平均资本成本比较法;技能点是利用普通股每股收益分析法和加权平均资本成本比较法优化企业的资本结构。需要说明的是,加权平均资本成本比较法可以为公司筛选出最佳筹资方案,但前提是必须有现成的筹资组合方案,而对于企业来说,筹资组合方案无法穷尽列举,这也成为该方法的缺陷。因此,我们还要掌握普通股每股收益分析法,甚至是公司价值分析法,这样就可以根据所能获得的财务数据选择相应的方法去筛选最优筹资方案。

知识巩固

一、单项选择题

1. 甲企业上年度资金平均占用额为 5 000 万元,经分析,其中不合理部分为 700 万元,预计本年度销售增长 8%,资金周转加速 3%。则预测本年度资金需求量为(　　)万元。

A. 4 074.68　　　　　B. 4 504.68　　　　　C. 4 783.32　　　　　D. 4 508.74

2. 用资金习性预测法预测资金需求量的理论依据是(　　)。

A. 资金需求量与业务量间的对应关系

B. 资金需求量与投资间的对应关系

C. 资金需求量与筹资方式间的对应关系

D. 长短期资金间的比例关系

3. 下列各项中,属于资本成本中筹资费的是(　　)。

A. 优先股的股利支出　　　　　　　　B. 银行借款的手续费

C. 租赁的资金利息　　　　　　　　　D. 债券的利息费用

4. 某公司向银行借款1 000万元,年利率为6%,不考虑筹资费,该公司适用的企业所得税税率为25%,则该笔借款的资本成本率为(　　)。

A. 6.00%　　　　B. 4.50%　　　　C. 8.00%　　　　D. 6.50%

5. 在计算下列各项资本的成本时,不需要考虑筹资费的是(　　)。

A. 普通股　　　　B. 债券　　　　C. 长期借款　　　　D. 留存收益

6. 公司增发的普通股的市价为12元/股,筹资费率为市价的6%,最近刚刚发放的股利为每股0.6元,假设股利永续增长。已知该股票的资本成本率为11%,则该股票的股利年增长率为(　　)。

A. 5.00%　　　　B. 5.39%　　　　C. 5.68%　　　　D. 10.34%

7. 下列关于经营杠杆系数的说法中,不正确的是(　　)。

A. 在其他因素一定时,产销量越大,经营杠杆系数越小

B. 在其他因素一定时,固定成本越大,经营杠杆系数越大

C. 当固定成本趋近于时,经营杠杆系数趋近于0

D. 经营杠杆系数越大,反映企业的经营风险越大

8. 假设企业不存在优先股,某企业预测期财务杠杆系数为1.5,基期息税前利润为450万元,则基期实际利息费用为(　　)万元。

A. 100　　　　B. 675　　　　C. 300　　　　D. 150

9. 某公司的经营杠杆系数为1.8,财务杠杆系数为1.5,预计销售量将增长20%,在其他条件不变的情况下,普通股每股收益将增长(　　)。

A. 7.41%　　　　B. 30.00%　　　　C. 36.00%　　　　D. 54.00%

10. 通常情况下,适宜采用较高负债比例的企业发展阶段是(　　)。

A. 初创阶段　　　　　　　　　B. 破产清算阶段

C. 收缩阶段　　　　　　　　　D. 发展成熟阶段

二、多项选择题

1. 在计算下列各项资金的筹资成本时,需要考虑筹资费的有(　　)。

A. 普通股　　　　　　　　　B. 债券

C. 长期借款　　　　　　　　D. 留存收益

2. 下列各项中,属于经营性负债的有(　　)。

A. 应付账款　　　　　　　　B. 应付票据

C. 应付债券　　　　　　　　D. 应付销售人员薪酬

3. 下列项目占用的资金属于不变资金的有(　　)。

A. 构成产品实体的原材料　　　B. 厂房、设备

C. 必要的成品储备　　　　　　D. 必要成品储备以外的产成品

4. 下列成本费用中,属于资本成本筹资费的有(　　)。

A. 借款手续费　　　　　　　B. 股票发行费

C. 利息　　　　　　　　　　D. 股利

5. 下列各项中,影响经营杠杆系数计算结果的因素有(　　)。

A. 销售单价　　　　　　　　B. 销售数量

C. 资本成本　　　　　　　　D. 企业所得税税率

6. 下列各项中,影响财务杠杆系数的有(　　)。

A. 固定性经营成本　　B. 普通股股利　　　C. 优先股股利　　　D. 变动成本

7. 下列关于财务杠杆系数的表述中,正确的有(　　)。

A. 债务资本比重越高时,财务杠杆系数越大

B. 息税前利润水平越低,财务杠杆系数越大,财务风险也就越大

C. 固定的资本成本支付额越高,财务杠杆系数越大

D. 财务杠杆系数可以反映普通股每股收益随着产销量的变动而变动的幅度

8. 利用普通股每股收益无差别点进行企业资本结构分析时,下列说法正确的有(　　)。

A. 当预计息税前利润高于普通股每股收益无差别点时,采用低财务杠杆方式比采用高财务杠杆方式有利

B. 当预计息税前利润高于普通股每股收益无差别点时,采用高财务杠杆方式比采用低财务杠杆方式有利

C. 当预计息税前利润低于普通股每股收益无差别点时,采用低财务杠杆方式比采用高财务杠杆方式有利

D. 当预计息税前利润等于普通股每股收益无差别点时,两种筹资方式下的每股收益相同

9. 影响公司加权平均资金成本的直接因素有(　　)。

A. 资金结构　　　　　　　　　　B. 个别资金成本高低

C. 筹集资金总额　　　　　　　　D. 筹资期限长短

10. 某公司2024年销售收入为2 000万元,变动成本率为50%,固定成本总额800万元,负债总额为1 000万元,平均债务利息率为10%,企业所得税税率为20%,则下列说法正确的有(　　)。

A. 2025年该公司经营杠杆系数为5

B. 2025年该公司财务杠杆系数为2

C. 2025年该公司总杠杆系数为10

D. 该公司应该增加销售收入以降低未来经营风险

三、判断题

1. 如果销售具有较强的周期性,则企业在筹集资金时不适宜过多采取负债筹资。(　　)

2. 由于内部筹资一般不产生筹资费,因此留存收益的资本成本最低。(　　)

3. 若债券利息率、筹资费率和企业所得税税率均已确定,则企业的债券资本成本率与发行债券的价格无关。(　　)

4. 在息税前利润大于0的情况下,只要企业存在固定性经营成本,那么经营杠杆系数必大于1。(　　)

5. 最优资本结构是使企业筹资能力最强、财务风险最小的资本结构。(　　)

6. 一个企业的经营杠杆系数和财务杠杆系数都有可能等于1。(　　)

7. 债券利息和优先股股利都作为财务费用在企业所得税前支付。(　　)

8. 在其他因素不变的情况下,固定成本越大,经营杠杆系数也就越大,经营风险则越大。(　　)

9. 企业可以通过扩大销售收入的方式降低经营杠杆系数。 （　　）
10. 在个别资本成本一定的情况下,企业综合资本成本的高低取决于资金总额。

（　　）

技能提升

1. LT 公司 2024 年销售收入为 20 000 万元,销售净利润率为 12%,净利润的 60% 分配给投资者。LT 公司 2024 年 12 月 31 日的资产负债表(简表)如表 4-9 所示。

表 4-9　资产负债表(简表)

2024 年 12 月 31 日　　　　　　　　　　　　　　　　　　单位:万元

资产	期末余额	负债及所有者权益	期末余额
货币资金	1 000	应付账款	1 000
应收账款	3 000	应付票据	2 000
存货	6 000	长期借款	9 000
固定资产	7 000	实收资本	4 000
无形资产	1 000	留存收益	2 000
资产总计	18 000	负债及所有者权益总计	18 000

LT 公司 2025 年计划销售收入比上年增长 30%,为实现这一目标,需新增设备一台,价值 148 万元。据历年财务数据分析,公司流动资产与流动负债随销售额同比率增减。

LT 公司如需对外筹资,可按面值发行票面年利率为 10%、期限为 5 年、每年年末付息的公司债券解决。假定 LT 公司 2025 年的销售净利率和利润分配政策与上年保持一致,公司债券的发行费用忽略不计,适用的企业所得税税率为 25%。

问题:

(1) 计算 2025 年需增加的营运资金。

(2) 预测 2025 年需要对外筹集的资金量。

(3) 计算发行债券的资金成本。

2. 假定 LT 公司只生产和销售甲产品,其总成本习性模型为 $Y = 10\ 000 + 3X$。假定该企业 2024 年度甲产品销售量为 10 000 件,每件售价为 5 元;按市场预测,2025 年甲产品的销售数量将增长 10%。

问题:

(1) 计算 2024 年 LT 公司的边际贡献总额。

(2) 计算 2024 年 LT 公司的息税前利润。

(3) 计算销售量为 10 000 件时的经营杠杆系数。

(4) 计算 2025 年息税前利润增长率。

(5) 假定 LT 公司 2024 年产生负债利息 5 000 元,且无优先股股息,计算 2025 年总杠杆系数。

3. 假定 LT 公司 2024 年 12 月 31 日的长期负债及所有者权益总额为 18 000 万元，其中，发行在外的普通股 8 000 万股（每股面值为 1 元），公司债券 2 000 万元（按面值发行，票面年利率为 8%，每年年末付息，3 年后到期）。资本公积 4 000 万元，其余均为留存收益。2025 年 1 月 1 日，LT 公司拟投资新建一个项目，需追加筹资 2 000 万元。现在有 A、B 两个筹资方案：

A 方案：发行普通股，预计每股发行价格为 5 元。

B 方案：按面值发行票面年利率为 8% 的公司债券（每年年末付息）。

假定该建设项目投产后，2025 年度公司可实现息税前利润 4 000 万元，适用的企业所得税税率为 25%。

问题：

(1) 计算 A 方案的下列指标：①增发普通股的股份数；②2025 年 LT 公司的全年债券利息。

(2) 计算 B 方案下 2025 年 LT 公司的全年债券利息。

(3) 计算 A、B 两方案的普通股每股收益无差别点，并为 LT 公司选出最优筹资方案。

学习指南

本模块内容对应"投资项目决策"这一典型工作任务，"投资项目决策"是财务管理七大典型工作任务中的核心任务，为"存货采购量经济决策、收益分配政策制定"等工作任务的实施奠定了基础。学生通过本模块的学习，需要了解企业投资的意义、分类及投资管理的原则。理解并掌握现金净流量的计算方法、投资决策指标的概念及计算方法等；能够利用投资决策指标对独立投资项目、互斥投资项目进行分析和决策。本模块的重点是各投资指标的计算及投资方法的运用，难点是利用恰当的投资方法进行正确的投资决策。

知识导图

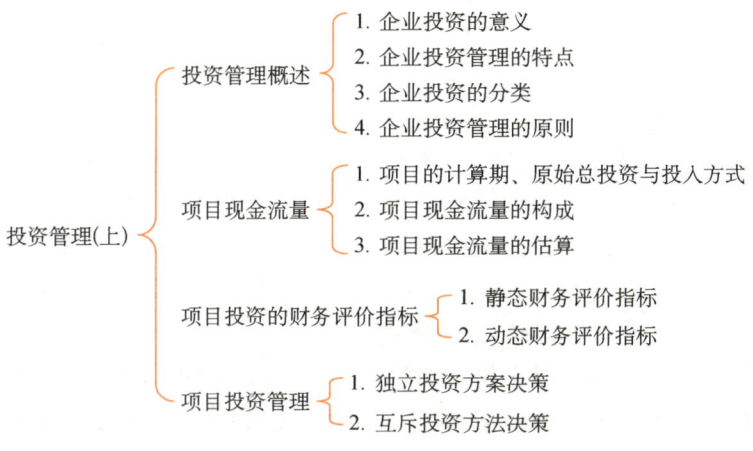

思政导引

1. 投资管理概念

对学生开展创新创业教育，鼓励学生毕业后创新创业；告诉学生"有投入才会有产出，有付出才会有回报"的道理，并提醒学生走的每一步都要脚踏实地，切勿好高骛远，否则"人生这项投资不但不会产生收益，甚至还会带来亏损"。

2. 项目投资决策评价指标

借助项目投资案例培养学生的辩证思维能力，发现问题、分析问题、解决问题的能力；通过案例告诉学生这样一个道理：一个科学的投资项目应该符合高质量发展的要求，该项目不仅产生经济效益,还会产生良好的社会效益和生态效益。

 子模块一　投资管理概述

 任务导入

　　BH 公司生产的新型豆浆机得到消费者的青睐,公司投资部做了一个关于购买一台新型豆浆机生产设备的可行性分析报告,计划投资 100 万元。经董事会研究,同意公司2025 年购买一台新型豆浆机生产设备,以扩充生产能力。

　　思考:该投资是一项什么类型的投资? BH 公司需从哪些方面对该项投资进行可行性研究?

必备知识

　　投资,是指特定经济主体(包括国家、企业和个人)为了在未来可预见的时期内获得收益或使资金增值,在一定时期内向特定领域的标的物投放足够数额的资金或实物等货币等价物的经济行为。本模块所讲的投资特指项目投资。

一、企业投资的意义

(一) 投资是企业生存和发展的前提

　　企业的生产经营,是企业资产的运用和资产形态的转换过程。投资是一种资本性支出行为,企业通过投资支出,购建流动资产和长期资产,形成生产条件和生产能力。企业通过投资,可以确立企业的经营方向,配置企业的各类资产,并将它们有机地结合起来,形成企业的综合生产经营能力。因此,投资决策的正确与否,直接关系到企业的兴衰成败。

(二) 投资是企业获取利润的基本前提

　　企业投资的目的,是要通过支付一定数量的货币或实物形态的资本,购建和配置形成企业的各类资产,从事某类经营活动,获取未来的经济利益。企业通过投资形成生产经营能力,才能开展具体的经营活动,获取经营利润。那些以购买股票、债券等有价证券方式对其他单位进行的投资,可以通过取得股利或利息来获取投资收益,也可以通过转让证券来获取资本利得。除购买股票债券外,企业也可通过购买基金的方式获得基金收益。

(三) 投资是企业风险控制的重要手段

　　企业经营面临着各种风险,有来自市场竞争的风险,也有资金周转的风险,还有原材料涨价、费用居高不下等成本风险。投资是企业风险控制的重要手段。企业通过投资,可以将资金投向企业生产经营的薄弱环节,使企业的生产经营能力配套、平衡、协调。同时,企业通过投资,可以实现多元化经营,将资金投放于经营相关程度较低的不同产品或不同行业,分散风险,稳定收益来源,降低资产的流动性风险、变现风险,从而增强资产的安全性。

二、企业投资管理的特点

企业的投资活动与经营活动是不同的,投资活动对企业经济利益有长期影响。企业投资涉及的资金多、经历的时间长,对企业未来的财务状况和经营活动都有较大的影响。与日常经营活动相比,企业投资的特点主要表现在以下三个方面。

(一) 投资属于企业的战略性决策

企业的投资活动一般涉及企业未来的经营发展方向、生产能力与规模等问题,如厂房设备的新建与更新、新产品的研制与开发、对其他企业的股权控制等。这些投资活动,直接影响本企业未来的经营发展规模和方向,是企业简单再生产得以顺利进行并实现扩大再生产的前提条件。企业的投资活动先于经营活动,这些投资活动往往需要一次性地投入大量的资金,并在一段较长的时期内发挥作用,对企业经营活动的方向产生重大影响。

(二) 投资属于企业的非程序化管理

企业有些经济活动往往不会经常性地重复出现,如新产品开发、设备更新、企业兼并等,称为非例行性活动。非例行性活动只能针对具体问题,按特定的影响因素、相关条件和具体要求来进行审查和抉择。对这类非重复性特定经济活动进行的管理,称为非程序化管理,而企业投资活动往往属于非程序化管理,体现在涉及资金数额较大、投资项目影响的时间较长、涉及企业的未来经营发展方向和规模等方面。

(三) 投资价值的波动性大

由于投资标的物资产的形态不断转换,使得投资活动未来收益的获得具有较强的不确定性,加之外部因素(市场利率、物价等)的变化,使其价值具有较强的波动性。因此,企业在确定投资管理决策时,要充分考虑投资项目的时间价值和风险价值。

三、企业投资的分类

(一) 直接投资和间接投资

按照投资行为的介入程度,企业投资分为直接投资和间接投资。

直接投资,是指投资人直接将资金转移交付给被投资对象使用的投资。在非金融性企业中,直接投资所占比重很大。

间接投资,是指投资人通过购买被投资对象发行的金融工具而将资金间接转移交付给被投资人使用的投资,如企业购买特定对象发行的股票、债券、基金等。

(二) 项目投资和证券投资

按投资对象的存在形态和性质,企业投资分为项目投资和证券投资。

企业可以通过投资,购买具有实质内涵的资产(有形资产和无形资产),形成具体的生产经营能力,开展实质性的生产经营活动,获取经营利润。这类投资称为项目投资。项目投资的目的在于改善生产条件、扩大生产能力,以获取更多的经营利润。项目投资属于直接投资。

企业可以通过投资,购买证券资产,通过证券资产所赋予的权利,间接控制被投资企业的生产经营活动,获取投资收益。这类投资称为证券投资,即购买属于综合生产要素的权益性权利资产的企业投资。证券投资的目的,在于通过持有证券,获取投资收益,或控制其他企业的财务或经营政策,并不直接从事具体生产经营过程。因此,证券投资属于间接投资。

直接投资与间接投资、项目投资与证券投资,两种投资分类方式的内涵和范围是一致的,只是分类角度不同。直接投资与间接投资强调的是投资的方式,项目投资与证券投资强调的是投资的对象。

(三)发展性投资与维持性投资

按投资活动对企业未来生产经营前景的影响,企业投资分为发展性投资和维持性投资。

发展性投资,是指对企业未来的生产经营发展全局有重大影响的企业投资。发展性投资也可以称为战略性投资,如企业间兼并合并的投资、转换新行业和开发新产品投资、大幅度扩大生产规模的投资等。发展性投资项目实施后,往往可以改变企业的经营方向和经营领域,或者明显地扩大企业的生产经营能力,或者实现企业的战略重组。

维持性投资,是指为了维持企业现有的生产经营正常顺利进行,不会改变企业未来生产经营发展全局的企业投资。维持性投资也可以称为战术性投资,如更新替换旧设备的投资、配套流动资金投资等。维持性投资项目所需要的资金不多,对企业生产经营的前景影响不大,投资风险相对也较小。

(四)对内投资与对外投资

按投资活动资金投出的方向,企业投资分为对内投资和对外投资。

对内投资,是指企业将资金投放于企业内部、购置各种生产经营用资产的投资。对外投资,是指企业购买股票、债券、信托、保险等,或以货币资金、实物资产、无形资产向其他企业注入资金而发生的投资。

对内投资都是直接投资;对外投资主要是间接投资,也可能是直接投资。

(五)独立投资与互斥投资

按投资项目之间的相互关联关系,企业投资分为独立投资和互斥投资。

独立投资是相容性投资,各个投资项目之间互不关联、互不影响,可以同时存在。例如,建造一个饮料厂和建造一个纺织厂,它们之间并不冲突,可以同时进行。对于一个独立投资项目而言,其他投资项目是否被采纳,对本项目的决策并无显著影响。因此,独立投资项目决策考虑的是方案本身是否满足某种决策标准。例如,可以规定凡提交决策的投资方案,其预期投资收益率都要求达到 20% 以上才能被采纳。这里,预期投资收益率达到 20% 以上,就是一种预期的决策标准。

互斥投资是非相容性投资,各个投资项目之间相互关联、相互替代,不能同时存在。如对企业现有设备进行更新,购买新设备就必须处置旧设备,它们之间是互斥的。对于一个互斥投资项目而言,其他投资项目是否被采纳或放弃,直接影响本项目的决策,其他项目被采纳,本项目就不能被采纳。因此,互斥投资项目决策考虑的是各方案之间的排斥性,也许每个方案都是可行的,但互斥决策需要从中选择最优方案。

四、企业投资管理的原则

投资管理程序包括投资计划制订、可行性分析、实施过程控制、投资后评价等。企业为了适应投资项目的特点和要求,实现投资管理的目标,做出合理的投资决策,需要制定投资管理的基本原则,据以保证投资活动的顺利进行。

（一）可行性分析原则

可行性是指一项事物可以做到的、现实行得通的、有成功把握的可能性。投资项目的可行性是指对环境和不利影响最小，技术上具有先进性和适应性，产品在市场上能够被容纳或被接受，财务上具有合理性和较强的盈利能力，对国民经济有贡献，能够创造社会效益。

投资项目的金额大，资金占用时间长，一旦投资后具有不可逆转性，对企业的财务状况和经营前景影响重大。因此，在投资决策之时，必须建立严密的投资决策程序，进行科学的可行性分析。投资项目可行性分析是投资管理的重要组成部分，其主要任务是对投资项目实施的可行性进行科学的论证，主要包括环境可行性、技术可行性、市场可行性、财务可行性等方面。通过对项目实施后未来的运行和发展前景进行预测，并进行定性分析和定量分析来比较项目的优劣，为投资决策提供参考。

（二）结构平衡原则

投资往往是一个综合性的项目，不仅涉及固定资产等生产能力和生产条件的构建，还涉及使生产能力和生产条件正常发挥作用所需要的流动资产的配置。同时，由于受资金来源的限制，投资也常常会遇到资金需求超过资金供应的矛盾。如何合理配置资源，使有限的资金发挥最大的效用，是投资管理中资金投放所面临的重要问题。投资项目实施后，资金就较长期地固化在具体项目上，退出和转向都不太容易。只有遵循结构平衡原则，投资项目实施后才能正常顺利地运行，才能避免资源的闲置和浪费。

（三）动态监控原则

投资的动态监控，是指对投资项目实施过程中的进程控制。建设性投资项目应当按工程进度，对分项工程、分步工程、单位工程的完成情况，逐步进行资金拨付和资金结算，控制工程的资金耗费，防止资金浪费。金融资产投资项目则要广泛收集投资对象和资本市场的相关信息，全面了解被投资单位的财务状况和经营成果，动态地估算投资价值，保护自身的投资权益。

 思政小课堂

绿动资本引领绿色投资　推动构建绿色影响力生态体系

【案例背景】

近年来，在国家生态文明建设战略部署的引领下，在有关部门大力倡导发展绿色金融政策的支持下，金融行业在服务绿色、低碳发展中扮演着日益重要的角色。进一步发挥好私募股权基金在中国经济转型升级中的作用，开展科学的绿色投资项目筛选与评价，探索出适合中国国情的绿色投资理念和投资方式，并通过绿色投资引导更多被投企业走上绿色、可持续发展之路，推动绿色金融体系的构建，提升总体经济、环境和社会价值，是私募基金行业义不容辞的使命与责任。

【责任实践】

绿动投资管理有限公司（又称绿动资本）成立于2016年，在中国率先将ESG政策制度化，并且对投资行为进行绿色影响力量化评估。绿动资本自创立以来，秉持造福社会的企业家精神，始终致力于通过资本赋能和技术创新的结合，为企业发展注入绿色新动能，

并与企业家们携手促进产业升级和低碳减排。通过 5 年的不懈努力,绿动资本构建了一套较为完善的绿色影响力评估体系,对管理人自身及其在管资产的碳排放量进行跟踪与评估。绿动资本重点在以下三方面持续深耕。

1. 研究创立绿色影响力评估体系

绿动资本为给项目提供技术评估支持,专门成立了绿色技术研究院,自主研发了绿色影响力评估体系(CNGIAS),并得到国际权威机构认证。该评估通过对被投企业和行业进行大数据采集、对被投企业碳中和及绿色影响力模型搭建、将基金层级碳中和及绿色影响力数据标准化,准确地量化每一个被投企业及在管基金整体对碳中和及绿色影响力的贡献;同时,该评估还着重关注资本在推动碳中和及其他正面环境影响的效率,即以单位投资强度撬动的碳减排及单位投资所节约的碳减排及环境综合治理成本,实时地监控资本对绿色影响力的放大效果。

2. 将绿色影响力评估融入募投管理全流程

在投前评估方面,绿动资本将绿色影响评估视为投资尽职调查的一部分,首先考虑目标公司创始人或首席执行官在绿色影响力方面的愿望,确保双方的愿景一致。投前阶段,绿色技术研究院协助投资团队针对拟投项目的技术能力、市场前景、商业化运作水平等方面提供技术评估支持,同时通过模型测算,量化每一个投资组合公司以及基金层面的绿色影响。

在投资决策环节,绿色影响力是除经济收益指标外最重要的一个评估因素。每个投资项目均需要在投资决策报告中,详细描述拟投资标的环境影响传导机制及投资时点的环境影响情况。对于没有正面环境影响效果的投资标的,无论项目预期收益如何,投委会均不会通过投资审批。

在投后管理方面,绿动资本整合国内外先进的绿色技术和产品,为被投企业设计绿色化、智能化的两大整体应用解决方案:一是充分利用绿色技术研究院拥有的专家库与先进技术、产品资源,向被投企业提供节能技术整合方案以及智能管理优化服务。二是在投后继续通过建立评估渠道并追踪关键运营绩效指标,为被投企业提供绿色影响力量化评估服务,以及联合多家权威机构为被投企业提供第三方认证的、可量化的碳中和及环境贡献评估服务。

3. 搭建绿色影响力投资生态圈

绿动资本深刻认识到将环境效益的考量纳入募投管理全流程是开展绿色影响力投资的关键。投资机构需通过投前与投资方达成共同愿景、对绿色影响力开展量化评估、与第三方权威机构合作保障数据权威性等方式,将绿色影响力刻入被投企业的 DNA。绿动资本从被投企业入手,联合国际权委评估及审计机构、第三方环境大数据公司,将被投企业的绿色影响力跟踪量化,展示给投资人和社会公众,搭建了一个特有的绿色影响力生态圈。

绿动资本在募集每一只基金时,都明确地向出资人(LP)申明所募集的私募股权基金将追求财务回报和绿色影响力双目标,向出资人披露绿色影响力的量化评估体系,定期向出资人量化、汇报在管资产的绿色影响力及未来绿色发展战略,同时积极地连接出资人和被投企业,通过产业链、市场、研发等各方面实现协同,促进绿色发展。

绿动资本通过定期与公众沟通在管资产的"碳中和"贡献,践行作为负责任投资机构对社会的绿色承诺,同时通过分享绿色投资理念、技术革新、帮助被投企业实施全生命周期的绿色项目管理等,增进公众对碳中和及绿色发展的关注,引导绿色消费行为。

【取得效益】

2021 年 4 月,绿动资本正式发布了《绿动资本 2020 年碳中和及绿色影响力报告》,成为亚洲首家公布其被投企业和基金整体碳中和绿色影响力的私募股权投资机构,为私募股权基金行业践行绿色投资迈出了里程碑的一步。报告显示,2020 年度绿动资本在管资产实现碳减排 263.9 万吨二氧化碳当量,并且实现除二氧化碳的大气污染、水污染、危废等减排总量合计近 170 万吨。通过资本的带动作用,绿动资本每亿元人民币投资撬动碳减排 17.3 万吨,每元投资在 2020 年助力社会碳减排和环境综合治理成本下降约 0.36 元,实现了投资的正向环境回报。

(资料来源:中国证券投资基金业协会网站)

任务分析

(1) BH 公司计划出资 100 万元购买一台新型豆浆机生产设备属于直接投资、项目投资、维持性投资和对内投资等投资类型。

(2) BH 公司需要从环境可行性、技术可行性、市场可行性、财务可行性等方面进行投资项目的可行性分析。

总结提升

本子模块的知识点包括企业投资的意义、企业投资管理的特点、企业投资的分类、企业投资管理的原则;技能点是能够区分企业投资的类别。需要说明的是,新上一个投资项目必须做好充分的可行性分析,并对该项目的实施进行动态监控,发现问题及时协商解决。

子模块二　项目现金流量

任务导入

BH 公司董事会批准购买的新型豆浆机生产设备需投入 1 000 万元,预计使用寿命 5 年,预计净残值为零,采用直线法计提折旧。5 年中每年营业收入为 600 万元,付现成本 200 万元。假设公司适用的企业所得税税率为 25%。

思考:分析并确定该项目各年的现金净流量。

 **必备知识**

一、项目计算期、原始总投资与投入方式

（一）项目计算期

项目计算期，是指投资项目从投资建设开始到最终清理结束整个过程的全部时间，包括投资期和营业期。投资期，是指项目资金正式投入开始到项目建成投产为止所需要的时间。投资期的第一年年初称为建设起点（记作第 0 年），投资期的最后一年年末称为投产日（记作第 s 年）。项目计算期的最后一年年末称为终结点（记作第 n 年），假定项目最终报废或清理所产生的现金流量均发生在终结点（但更新改造除外），从投产日到终结点之间的时间间隔称为营业期。营业期一般应根据项目主要设备的经济使用寿命期确定。

项目计算期、投资期和营业期之间存在以下关系：

$$项目计算期 = 投资期 + 营业期$$

（二）原始总投资

从项目投资的角度看，原始总投资等于企业为使该项目完全达到设计生产能力、开展正常经营而投入的全部现实资金，包括建设投资（含固定资产投资、无形资产投资和开办费投资）和流动资金投资两项内容。

（三）投入方式

项目投资包括一次投入和分次投入两种方式。一次投入方式是指投资行为集中一次发生在项目计算期第一个年度的年初或年末；如果投资行为涉及两个或两个以上年度，或虽然只涉及一个年度但同时在该年的年初和年末发生，则属于分次投入方式。

二、项目现金流量的构成

项目现金流量，是指由一项长期投资方案所引起的在未来一定期间所发生的现金收支，包括现金流出量、现金流入量和现金净流量。这里，所谓的现金是一个广义的概念，既包括库存现金、银行存款等货币性资产，又包括相关非货币性资产（如厂房、机器、原材料等）的变现价值。现金流量是进行项目投资决策的重要依据。

投资项目中的现金流量，从时间特征上看包括以下三个组成部分。

1. 投资期现金流量

投资期现金流量，是指开始投资时发生的现金流量，一般包括固定资产投资、无形资产投资、其他资产投资、流动资金投资和原有固定资产的变价收入等。

2. 营业期现金流量

营业期现金流量，是指投资项目投入使用后，在其寿命期内由生产经营所带来的现金流入和现金流出的数量。

3. 终结期现金流量

终结期现金流量，是指投资项目完成时所发生的现金流量，主要包括固定资产的残值收入和变价收入、收回垫支的流动资金等。

微视频：5.1
项目现金流
量的估算

三、项目现金流量的估算

投资项目现金流量估算可以按照投资期现金流量、营业期现金流量、终结期现金流量分别进行。

(一)投资期现金流量的估算

投资阶段的现金流量主要是现金流出量,即指在投资项目建设过程中发生的现金流量,主要包括:

(1)固定资产、无形资产的投资支出,如厂房设备的建造费、购置费、工程安装费、土地使用费、技术转让费等。

(2)营运资金的垫支,主要是指投资项目形成了生产能力,需要在流动资产上追加的投资。

(3)固定资产变价收入,是指在固定资产更新改造过程中,出售旧设备所发生的净现金流量。

(二)营业期现金流量的估算

营业阶段是投资项目的主要阶段,该阶段既有现金流入量又有现金流出量。现金流入量主要是营运各年的营业收入,现金流出量主要是营运各年的付现营运成本。

在正常营业阶段,由于营运各年的营业收入和付现营运成本数额比较稳定,如不考虑所得税因素,营业阶段各年现金净流量的计算公式如下:

$$营业现金净流量(NCF) = 营业收入 - 付现成本$$
$$= 营业利润 + 非付现成本$$

式中,非付现成本主要是固定资产年折旧费用、长期资产摊销费用、资产减值损失等。其中,长期资产摊销费用主要有跨年的大修理摊销费用、改良工程折旧摊销费用,筹建费摊销费用等。

企业所得税是投资项目的现金支出,即现金流出量。考虑企业所得税对投资项目现金流量的影响,投资项目正常营运阶段所获得的营业现金净流量,可按下列公式进行测算:

$$营业现金净流量(NCF) = 营业收入 - 付现成本 - 企业所得税$$
$$= 税后营业利润 + 非付现成本$$
$$= 收入 \times (1 - 企业所得税税率) - 付现成本 \times (1 - 企业所得税税率)$$
$$+ 非付现成本 \times 企业所得税税率$$

(三)终结期现金流量的估算

终结阶段的现金流量主要是现金流入量,包括固定资产变价净收入、固定资产变现净损益和垫支营运资金的收回。

1. 固定资产变价净收入

投资项目在终结阶段,原有固定资产将退出生产经营,企业对固定资产进行清理处置。固定资产变价净收入,是指固定资产出售或报废时的出售价款或残值收入扣除清理费用后的净额。

2. 固定资产变现净损益

固定资产变现净损益对现金净流量的影响用公式表示如下：

固定资产变现净损益对现金净流量的影响 = （账面价值 - 变价净收入）× 企业所得税税率

如果（账面价值 - 变价净收入）> 0，则意味着发生了变现净损失，可以抵税，减少现金流出，增加现金净流量。如果（账面价值 - 变价净收入）< 0，则意味着实现了变现净收益，应该纳税，增加现金流出，减少现金净流量。

变现时固定资产账面价值是指固定资产账面原值与变现时按照税法规定计提的累计折旧的差额。如果变现时，按照税法的规定，折旧已经全部计提，则变现时固定资产账面价值等于税法规定的净残值；如果变现时，按照税法的规定，折旧没有全部计提，则变现时固定资产账面价值等于税法规定的净残值与剩余的未计提折旧之和。

3. 垫支营运资金的收回

伴随着固定资产的出售或报废，投资项目的经济寿命结束，企业将与该项目相关的存货出售，应收账款收回，应付账款也随之偿付。营运资金恢复到原有水平，项目开始垫支的营运资金在项目结束时得到回收。

在实务中，对某一投资项目在不同时点上现金流量数额的测算，通常通过编制投资项目现金流量表进行。通过该表，能测算出投资项目相关现金流量的时间和数额，以便进一步进行投资项目的可行性分析。

【学中做 5-1】

BH 公司 2025 年计划购买一台设备以扩充生产能力。需投入购置资金 12 000 000 元，需垫支营运资金 3 000 000 元，预计使用寿命 5 年，采用直线法计提折旧，预计净残值 2 000 000 元。每年营业收入 8 000 000 元，第一年付现成本 3 000 000 元，以后每年增加修理费和维护费 400 000 元。假设公司适用的企业所得税税率为 25%。

要求：计算各年的现金净流量。

【解析】

步骤一：计算投资期现金流量。

$$NCF_0 = 固定资产投资 + 营运资金垫支$$
$$= -12\ 000\ 000 + (-3\ 000\ 000)$$
$$= -15\ 000\ 000（元）$$

步骤二：计算营业期各年的现金流量。

每年折旧额 = （12 000 000 - 2 000 000）÷ 5 = 2 000 000（元）

$NCF_1 = 8\ 000\ 000 \times (1-25\%) - 3\ 000\ 000 \times (1-25\%) + 2\ 000\ 000 \times 25\% = 4\ 250\ 000（元）$

$NCF_2 = 8\ 000\ 000 \times (1-25\%) - 3\ 400\ 000 \times (1-25\%) + 2\ 000\ 000 \times 25\% = 3\ 950\ 000（元）$

$NCF_3 = 8\ 000\ 000 \times (1-25\%) - 3\ 800\ 000 \times (1-25\%) + 2\ 000\ 000 \times 25\% = 3\ 650\ 000（元）$

$NCF_4 = 8\ 000\ 000 \times (1-25\%) - 4\ 200\ 000 \times (1-25\%) + 2\ 000\ 000 \times 25\% = 3\ 350\ 000（元）$

$NCF_5 = 8\ 000\ 000 \times (1-25\%) - 4\ 600\ 000 \times (1-25\%) + 2\ 000\ 000 \times 25\% = 3\ 050\ 000（元）$

步骤三：计算终结期现金流量

$$终结期现金流量＝固定资产残值＋营运资金收回$$
$$＝2\,000\,000＋3\,000\,000$$
$$＝5\,000\,000(元)$$

投资项目的现金流量,如表 5-1 所示。

表 5-1　投资项目现金流量表　　　　　　　　　　单位:元

t	0	1	2	3	4	5
投资期现金流量	−15 000 000					
营业期现金流量		4 250 000	3 950 000	3 650 000	3 350 000	3 050 000
终结期现金流量						5 000 000
现金净流量合计	−15 000 000	4 250 000	3 950 000	3 650 000	3 350 000	8 050 000

表中,$t＝0$ 代表第一年年初;$t＝1$ 代表第一年年末;$t＝2$ 代表第二年年末,以此类推(本模块中的 t 含义同此)。

在计算现金流量时,为了简便起见,一般都假定各年投资在年初一次进行,各年营业现金流量在年末一次发生,终结现金流量在最后一年年末发生。

任务分析

投资期现金流量＝固定资产投资＝10 000 000(元)

每年折旧额＝10 000 000÷5＝2 000 000(元)

每年营业现金流量＝6 000 000×(1−25%)−2 000 000×(1−25%)＋2 000 000×25%
　　　　　　　　＝3 500 000(元)

终结期现金流量＝0

总结提升

本子模块的知识点包括项目的计算期、原始总投资与投入方式,项目现金流量的构成,项目现金流量的估算;技能点是能够计算项目的现金流量。

子模块三　项目投资的财务评价指标

任务导入

BH 公司现有甲、乙两个投资方案,甲方案的投资额为 10 000 万元,乙方案的投资额为 15 000 万元。两个方案的年度经营现金净流量如表 5-2 所示。

表 5-2　两个方案的年度经营现金净流量　　　　　　　　单位:万元

t	每年现金净流量		年末尚未收回的投资额	
	甲方案	乙方案	甲方案	乙方案
1	3 200	3 800	6 800	11 200
2	3 200	3 560	3 600	7 640
3	3 200	3 320	400	4 320
4	3 200	3 080	—	1 240
5	3 200	7 840	—	—

假定企业设定的贴现率为 10%。

思考: BH 公司可以采用哪些财务评价指标对甲、乙两个投资方案进行比较? 哪个方案更好?

 必备知识

项目投资的财务评价指标主要有静态投资回收期、投资利润率、净现值、净现值率、现值指数、内部收益率等。按是否考虑资金时间价值分类,财务评价指标可分为非贴现财务评价指标和贴现财务评价指标两大类。非贴现财务评价指标是指在计算过程中不考虑资金时间价值因素的指标,又称为静态财务评价指标。与非贴现财务评价指标相反,贴现财务评价指标在计算过程中充分考虑和利用资金时间价值,因此贴现财务评价指标又称为动态财务评价指标。

一、静态财务评价指标

(一) 静态投资回收期

微视频:5.2 静态评价指标的计算与分析

回收期(payback period, PP)是指投资项目的未来现金净流量与原始投资额相等时所经历的时间。回收期分为静态投资回收期和动态投资回收期,本书仅介绍静态投资回收期。

静态投资回收期,是指在不考虑资金时间价值的情况下,收回原始投资额所需要的时间。该指标一般以年为单位表示。投资回收期越短,则说明投资所承担的风险越小。企业为了避免出现意外情况,就要考虑选择能在短期内收回投资的方案。

如果每年的经营现金净流量相等,则投资回收期的计算公式如下:

$$静态投资回收期 = \frac{原始投资额}{每年的经营现金净流量}$$

如果每年的经营现金净流量不相等,则投资回收期要根据每年年末尚未收回的投资额加以确定,计算公式如下:

$$静态投资回收期 = n + \frac{第 n 年年末尚未收回的投资额}{第 n+1 年的现金净流量}$$

只有静态投资回收期指标小于或等于基准投资回收期的投资项目才具有财务可行性。

【学中做 5-2】

利用静态投资回收期指标，对[任务导入]中的甲、乙两个方案进行比较分析。

【解析】

由于甲方案每年经营现金净流量相等，因此，静态投资回收期为：

$$甲方案的静态投资回收期 = \frac{10\ 000}{3\ 200} = 3.125（年）$$

由于乙方案经营现金净流量不相等，则投资回收期要根据每年年末尚未收回的投资额加以确定：

$$乙方案的静态投资回收期 = 4 + \frac{1\ 240}{7\ 840} = 4.16（年）$$

静态投资回收期指标的优点：能够直观地反映原始投资的返本期限，选择标准直观，便于理解，计算简便，是应用较广泛的传统评价指标。

静态投资回收期指标的缺点：没有考虑资金时间价值因素，也没有考虑回收期满后继续发生的现金流量的变化情况，故存在一定弊端，单纯应用投资回收期作为投资项目的评价方法，很可能会形成错误决策。

（二）投资利润率

投资利润率又称投资报酬率或投资收益率（return on investment，ROI），是指投资项目投产期间的平均利润额与投资项目的投资额之间的比率，一般以百分比表示。

投资利润率的计算公式如下：

$$ROI = \frac{P}{I} \times 100\%$$

式中：P 表示年平均净利润；I 表示投资总额。

运用投资利润率指标进行项目决策时，通常需要先设定一个必要的投资收益率。对于单项方案决策时，如果该方案的投资利润率高于必要的投资收益率，则方案是可行的；在多个备选方案的互斥决策中，投资利润率越高的项目越好。

投资利润率指标的优点：投资利润率指标与投资回收期指标一样具有简明、易于计算的优点，同时又克服了投资回收期指标在投资期没有考虑全部现金净流量的缺点。

投资利润率指标的缺点：没有考虑资金时间价值，也不能说明投资项目的可能风险。该指标一般也只适用于方案的初选，或者投资后各项目间经济效益的比较。

【学中做 5-3】

BH 公司拟建一条生产线，现有甲、乙两个投资方案，如表 5-3 所示。假设无风险投资收益率为 6%，BH 公司应该选择哪个方案？

表 5-3　甲、乙投资方案资料　　　　　　　　　　单位：万元

t	甲方案		乙方案	
	投资额	净利润	投资额	净利润
1	500	30	1 000	70

（续表）

t	甲方案		乙方案	
	投资额	净利润	投资额	净利润
2		50		100
3		80		120
4		100		80

【解析】

甲方案年平均净利润＝（30＋50＋80＋100）÷4＝65（万元）

乙方案年平均净利润＝（70＋100＋120＋80）÷4＝92.5（万元）

$ROI_甲＝65÷500×100\%＝13\%$

$ROI_乙＝92.5÷1\,000×100\%＝9.25\%$

通过计算可知，甲、乙两个方案的投资利润率都大于6%，甲方案的投资利润率大于乙方案的投资利润率。采用投资利润率指标进行决策时，应选择甲方案。

二、动态财务评价指标

（一）净现值

净现值（net present value，NPV）是指在项目计算期内，按行业基准收益率或企业设定的贴现率计算的各年现金净流量现值的代数和。

净现值的计算有多种方法，基本的计算方法是公式法。其计算公式如下：

$$NPV = \sum_{t=0}^{n} \frac{NCF_t}{(1+i)^t} = \sum_{t=0}^{n} NCF_t \times (P/F, i, t)$$

式中：NCF_t 表示第 t 年的现金净流量；i 表示贴现率。

只有净现值指标大于或等于零的投资项目才具有财务可行性。

【学中做5-4】

BH公司现有甲、乙两个投资方案，甲方案的投资额为10 000万元，乙方案的投资额为15 000万元，两个方案的年度经营现金净流量，如表5-4所示。

表5-4　两个方案的年度经营现金净流量　　　　　　　　　单位：万元

t	每年现金净流量		年末尚未收回的投资额	
	甲方案	乙方案	甲方案	乙方案
1	3 200	3 800	6 800	11 200
2	3 200	3 560	3 600	7 640
3	3 200	3 320	400	4 320
4	3 200	3 080	—	1 240
5	3 200	7 840	—	—

假定企业设定的贴现率为10%。请计算甲、乙两个投资方案的净现值，并判断其可

行性。

【解析】

甲方案每年的 NCF 都相等,可运用年金的方法计算 NPV,即:

$$NPV_{甲} = -10\ 000 + 3\ 200 \times (P/A,10\%,5)$$
$$= -10\ 000 + 3\ 200 \times 3.790\ 8$$
$$= 2\ 130.56(万元)$$

乙方案每年的 NCF 不相等,应逐年计算各年现金净流量的现值并求和:

$$NPV_{乙} = -15\ 000 + 3\ 800 \times (P/F,10\%,1) + 3\ 560 \times (P/F,10\%,2)$$
$$+ 3\ 320 \times (P/F,10\%,3) + 3\ 080 \times (P/F,10\%,4) + 7\ 840 \times (P/F,10\%,5)$$
$$= -15\ 000 + 3\ 800 \times 0.909\ 1 + 3\ 560 \times 0.826\ 4 + 3\ 320 \times 0.751\ 3$$
$$+ 3\ 080 \times 0.683\ 0 + 7\ 840 \times 0.620\ 9$$
$$= 862.38(万元)$$

从计算结果可以看出,甲、乙两个方案的净现值都大于0,因此两个方案都可行。

净现值指标的优点:①考虑了资金时间价值,增强了投资评价的经济实用性;②运用了项目计算期的全部现金净流量,体现了流动性和收益性的统一;③考虑了投资风险,项目投资风险可以通过提高贴现率加以控制。

净现值指标的缺点:不能揭示各个投资方案本身可能达到的实际报酬率。当多个备选方案的投资额不相等时,如果只根据各个投资方案净现值的大小进行决策,往往难以准确判断。

(二) 净现值率

净现值率(net present value rate,NPVR)是指投资项目的净现值占原始投资现值总和的百分比,也可理解为单位原始投资的现值所创造的净现值。

净现值率的计算公式如下:

$$NPVR = \frac{净现值}{初始投资现值总和} \times 100\%$$

只有净现值率指标大于或等于零的投资项目才具有财务可行性。

【学中做 5-5】

以[学中做 5-4]中 BH 公司甲、乙两个投资方案每年现金流量数据为例,计算甲、乙两个投资方案的净现值率,并从中选择最优方案。假定企业设定的贴现率为 10%。

【解析】

由[学中做 5-4]解析已知,甲方案的净现值为 2 130.56 万元,乙方案的净现值为 862.38 万元,则甲、乙方案的净现值率分别为:

$$NPVR_{甲} = \frac{2\ 130.56}{10\ 000} \times 100\% = 21.31\%$$

$$NPVR_{乙} = \frac{862.38}{15\ 000} \times 100\% = 5.75\%$$

甲、乙方案的净现值率都大于0,两个方案都可行。但甲方案的净现值率大于乙方案的净现值率,甲方案优于乙方案,企业应选择甲方案。

净现值率指标的优点：①考虑了资金时间价值；②可以动态反映项目投资的资金投入和净产出之间的关系。

净现值率指标的缺点：不能直接反映投资项目的实际收益率，且必须以已知净现值为前提。

(三) 现值指数

现值指数又称获利指数（profitability index，PI），是指投产后按基准收益率或设定贴现率计算的各年净现金流量的现值合计与原始投资的现值合计之比。

现值指数的计算公式如下：

$$PI = \frac{投产后各年净现金流量现值合计}{原始投资的现值合计}$$

由净现值率和现值指数的含义可知，两者之间存在以下关系：

$$现值指数 = 1 + 净现值率$$

只有现值指数指标大于或等于1的投资项目才具有财务可行性。

【学中做 5-6】

仍以［学中做 5-4］中 BH 公司甲、乙两个投资方案每年现金流量数据为例，计算甲、乙两个投资方案的现值指数，并从中选择最优方案。假定企业设定的贴现率为10%。

【解析】

甲方案投产后各年净现金流量的现值合计 $= 3\,200 \times 3.790\,8 = 12\,130.56$（万元）

乙方案投产后各年净现金流量的现值合计

$= 3\,800 \times (P/F, 10\%, 1) + 3\,560 \times (P/F, 10\%, 2) + 3\,320 \times (P/F, 10\%, 3) + 3\,080 \times (P/F, 10\%, 4) + 7\,840 \times (P/F, 10\%, 5)$

$= 3\,800 \times 0.909\,1 + 3\,560 \times 0.826\,4 + 3\,320 \times 0.751\,3 + 3\,080 \times 0.683\,0 + 7\,840 \times 0.620\,9$

$= 15\,862.38$（万元）

$$PI_甲 = \frac{12\,130.56}{10\,000} = 1.213\,1$$

$$PI_乙 = \frac{15\,862.38}{15\,000} = 1.057\,5$$

甲、乙方案的现值指数都大于1，两个方案都可行。但甲方案的现值指数大于乙方案的现值指数，甲方案优于乙方案，企业应选择甲方案。

现值指数指标的优点：①考虑了资金时间价值，可从动态的角度反映项目投资的资金投入与总产出之间的关系；②因其是相对量指标，可用于投资水平不同的多个方案间的比较。

现值指数指标的缺点：不能直接反映投资项目的实际收益率，其计算过程比净现值率指标复杂，计算口径也不一致。

在实务中通常并不要求直接计算现值指数，如果需要考核这个指标，可在求得净现值率的基础上推算出来。

(四) 内部收益率

内部收益率(internal rate of return,IRR)又称内含报酬率,是指使投资项目的净现值等于零时的折现率。

根据内部收益率的含义,IRR 满足下列等式:

$$NPV = \sum_{t=0}^{n} \frac{NCF_t}{(1+IRR)^t} = 0$$

内部收益率的计算分两种情况:

(1) 建设期为零,全部投资于建设起点一次投入,项目投产后每年的 NCF 相等,这时可采用年金现值系数计算内部收益率。具体步骤如下:

第一,计算年金现值系数,计算公式如:

$$年金现值系数(P/A,IRR,n) = \frac{原始投资额}{每年的净现金流量}$$

第二,查年金现值系数表,在相同的期数内,找对应的年金现值系数;如果没有正好对应的系数,则找出与上述年金现值系数相邻的较大和较小的两个贴现率。

第三,根据上述两个相邻的贴现率和已求得的年金现值系数,采用内插法计算出该投资方案的内含报酬率。

(2) 各年现金净流量不相等时,采用逐步测试法计算内部收益率。具体步骤如下:

第一,先估计一个贴现率,并按此贴现率计算净现值。如果计算出的净现值为正数,则表明估计的贴现率小于该项目的内含报酬率,应提高贴现率,再进行测算;如果计算出的净现值为负数,则表明估计的贴现率大于该项目的内含报酬率,应降低贴现率,再进行测算。经过如此反复测算,找到净现值由正到负并且比较接近于零的两个贴现率。

第二,根据上述两个相邻的贴现率再采用内插法,计算出该方案的内部收益率。

只有内部收益率指标大于或等于基准收益率的投资项目才具有财务可行性。

【学中做 5-7】

仍以[学中做 5-4]中 BH 公司甲、乙两个投资方案每年现金流量数据为例,计算甲、乙两个投资方案的内部收益率,并从中选择最优方案。假定企业设定的贴现率为 10%。

【解析】

甲方案每年的 NCF 相等,可采用如下方法计算内部收益率:

$$年金现值系数 = \frac{原始投资额}{每年的 NCF} = \frac{10\ 000}{3\ 200} = 3.125\ 0$$

查年金现值系数表可知,期数是 5,与 3.125 0 相邻的年金现值系数为 3.127 2 和 3.057 6,相应的贴现率为 18% 和 19%,利用内插法计算甲方案的内部收益率:

$$\frac{IRR_甲 - 18\%}{19\% - 18\%} = \frac{3.125\ 0 - 3.127\ 2}{3.057\ 6 - 3.127\ 2}$$

得甲方案的内部收益率:

$$IRR_甲 = 18.03\%$$

乙方案每年的 NCF 不相等,必须逐次进行测算。具体计算过程如表 5-5 所示。

表 5-5　净现值计算表　　　　　　金额单位：万元

t	每年的 NCF	测算（10%）		测算（12%）	
		复利现值系数	现值	复利现值系数	现值
0	−15 000	1.000 0	−15 000.00	1.000 0	−15 000.00
1	3 800	0.909 1	3 454.58	0.892 9	3 393.02
2	3 560	0.826 4	2 941.98	0.797 2	2 838.03
3	3 320	0.751 3	2 494.32	0.711 8	2 363.18
4	3 080	0.683 0	2 103.64	0.635 5	1 957.34
5	7 840	0.620 9	4 867.86	0.567 4	4 448.42
净现值	—	—	862.38	—	−0.02

通过以上两次测算，可知乙方案的内部收益率介于 10%～12%，用内插法计算得乙方案的内部收益率等于 12%。

计算过程如下：

$$\frac{IRR_{\text{乙}} - 10\%}{12\% - 10\%} = \frac{0 - 862.38}{-0.02 - 862.38}$$

得乙方案的内部收益率：

$$IRR_{\text{乙}} = 11.999\ 9\%，四舍五入得 12\%。$$

甲、乙方案的内部收益率都大于企业设定的贴现率 10%，两个方案都可行。但甲方案的内部收益率大于乙方案的内部收益率，所以应当选择甲方案。

内部收益率指标的优点是考虑了资金时间价值，能从动态的角度直接反映投资项目的实际收益率，不受行业基准收益率或企业设定的贴现率高低的影响，比较客观。其缺点是计算过程比较复杂。

任务分析

通过学习本子模块的内容，我们知道，BH 公司可以采用静态投资回收期、投资利润率、净现值、净现值率、现值指数、内部收益率等财务评价指标进行评价。

从［学中做 5-2］静态财务评价指标解析及［学中做 5-4］到［学中做 5-7］的动态财务评价指标解析中，不难看出甲、乙两个方案相比，甲方案更好，因此 BH 公司应选择甲方案。

总结提升

本子模块的知识点包括静态投资回收期和投资收益率两个静态财务评价指标，以及净现值、净现值率、现值指数和内部收益率等四个动态财务评价指标；技能点是能够利用各评价指标对不同投资方案进行分析评价，从而选出最佳投资方案。

子模块四　项目投资管理

 **任务导入**

BH公司拟投资一个新项目，现有A、B两个方案可供选择：A方案的原始投资额为2 000万元，项目计算期为5年，净现值为1 200万元；B方案的原始投资额为1 500万元，项目计算期为6年，净现值为1 300万元。假设该公司的资本成本率为10%。

问题：请采用年等额净回收额法，帮助BH公司选择一个最佳投资方案。

必备知识

项目投资，是指将资金直接投放于生产经营实体性资产，以形成生产能力，如购置设备、建造工厂、修建设施等。项目投资一般是企业的对内投资，也包括以实物性资产投资于其他企业的对外投资。

一、独立投资方案决策

独立投资方案，是指两个或两个以上项目互不依赖，可以同时存在，各方案的决策也是独立的。独立投资方案的决策属于筛分决策，评价各方案本身是否可行，即方案本身是否达到某种要求的可行性标准。独立投资方案之间比较时，决策要解决的问题是如何确定各种可行方案的投资顺序，即各独立方案之间的优先次序。排序分析时，以各独立投资方案的获利程度作为评价标准，一般采用内部收益率指标进行比较决策。

【学中做5-8】

已知BH公司有足够的资金投资于三个独立投资项目。A项目原始投资额为1 000万元，期限5年；B项目原始投资额为1 800万元，期限5年；C项目原始投资额为1 800万元，期限8年。假设三个项目的贴现率均为10%，其他有关资料如表5-6、表5-7所示。

问题：三个项目应如何安排投资顺序？

【解析】

表5-6　A、B、C项目可行性指标计算一览表　　　　　　　　　　单位：万元

项目	A项目	B项目	C项目
原始投资额	−1 000	−1 800	−1 800
每年NCF	400	650	500
期限（年）	5	5	8
净现值（NPV）	516.32	664.02	867.45

（续表）

项目	A 项目	B 项目	C 项目
现值指数（PI）	1.52	1.37	1.48
内部收益率（IRR）	28.65%	23.59%	22.19%

表 5-7　A、B、C 独立投资项目比较决策一览表

净现值（NPV）	C>B>A
现值指数（PI）	A>C>B
内部收益率（IRR）	A>B>C

综上所述，在对独立投资方案比较性决策时，内部收益率指标综合反映了各方案的获利程度，在各种情况下的决策结论都是正确的。本例中，投资顺序应该按 A、B、C 顺序实施投资。

二、互斥投资方案决策

互斥投资方案是指方案之间互相排斥，不能并存，因此决策的实质在于选择最优方案，属于选择决策。互斥投资方案决策过程就是在每一个入选方案已具备财务可行性的前提下，利用具体决策方法比较各个方案的优劣，利用评价指标从各个备选方案中选出一个最优方案的过程。互斥投资方案决策的方法主要包括净现值法、净现值率法、差额投资内部收益率法、年等额净回收额法等。

（一）净现值法和净现值率法

1. 净现值法

净现值法，是指通过比较所有投资方案的净现值指标的大小来选择最优方案的方法。该方法适用于原始投资相同且项目计算期相等的多个互斥方案比较决策。在此方法下，净现值最大的方案为最优方案。

【学中做 5-9】

BH 公司某一固定资产投资项目需要原始投资 1 200 万元，有 A、B、C 三个互相排斥的备选方案可供选择，各方案的净现值指标分别为 2 380 万元、2 100 万元和 1 650 万元，三个方案的项目计算期相同。评价每一方案的财务可行性，并按净现值法进行比较决策。

【解析】

A、B、C 三个备选方案的 NPV 都大于零，均具有财务可行性。

根据净现值法，由 $NPV_A > NPV_B > NPV_C$ 可知，A 方案最优，B 方案次之，C 方案最差。

2. 净现值率法

净现值率法，是指通过比较所有投资方案的净现值率指标的大小来选择最优方案的方法。该方法适用于原始投资相同且项目计算期相等的多个互斥方案的比较决策。在此方法下，净现值率最大的方案为最优方案。

在原始投资相同且项目计算期相等的多个互斥方案比较决策中,采用净现值率法和净现值法得出的结论完全相同。

(二)差额投资内部收益率法

差额投资内部收益率法,是指在两个原始投资额不同方案的差量现金净流量(ΔNCF)的基础上,计算出差额内部收益率(ΔIRR),并根据行业基准折现率进行比较,进而判断方案优劣的方法。该方法适用于原始投资不相同的多个互斥投资方案的比较决策。

当该项目的差额内部收益率指标大于或等于基准折现率或设定折现率时,原始投资额大的项目较优;反之,则投资额少的为优。差额投资内部收益率(ΔIRR)的计算过程同内部收益率(IRR)的计算过程是一样的,只是所依据的是差额现金净流量(ΔNCF)。

【学中做 5-10】

BH 公司现有 A 项目与 B 项目为互斥方案,A 项目原始投资的现值为 1 500 万元,1~10 年的净现金流量均为 299.7 万元;B 项目原始投资的现值为 1 000 万元,1~10 年的净现金流量均为 201.8 万元。行业基准折现率为 10%。请采用差额投资内部收益率法做出投资决策。

【解析】

步骤一:计算差量净现金流量 ΔNCF。

$$\Delta NCF_0 = -1\ 500 - (-1\ 000) = -500(万元)$$
$$\Delta NCF_{1-10} = 299.7 - 201.8 = 97.9(万元)$$

步骤二:计算差额内部收益率 ΔIRR。

$$(P/A, \Delta IRR, 10) = 500/97.9 = 5.107\ 3$$

由 $(P/A, 14\%, 10) = 5.216\ 1 > 5.107\ 3$,$(P/A, 15\%, 10) = 5.018\ 8 < 5.107\ 3$。可知 ΔIRR 介于 14% 和 15% 之间。因此,可以采用内插法计算 ΔIRR,即:

$$\Delta IRR = 14\% + \frac{5.107\ 3 - 5.216\ 1}{5.018\ 8 - 5.216\ 1} \times (15\% - 14\%) = 14.54\%$$

步骤三:用差额投资内部收益率法进行决策。

因为 $\Delta IRR = 14.54\% > 10\%$,所以应当选择投资 A 项目。

(三)年等额净回收额法

年等额净回收额法,是通过比较所有投资方案的年等额净回收额(记作 ANCF)指标的大小来选择最优方案的决策方法。该方法适用于原始投资不相同、项目计算期不同的多方案比较决策。在此方法下,年等额净回收额最大的方案为最优方案。

若某方案的净现值为 NPV,设定折现率或行业基准折现率为 i,项目计算期为 n,则年等额净回收额的计算公式如下:

$$ANCF = \frac{净现值}{年金现值系数}$$
$$= \frac{NPV}{(P/A, i, n)}$$

【学中做 5-11】

BH 公司拟投资建设一条新生产线。现有三个方案可供选择：A 方案的原始投资为 1 250 万元，项目计算期为 11 年，净现值为 958.70 万元；B 方案的原始投资为 1 100 万元，项目计算期为 10 年，净现值为 920 万元；C 方案的净现值为－12.50 万元。行业基准折现率为 10%。请判断每个方案的财务可行性，并用年等额净回收额法做出最终的投资决策（计算结果保留两位小数）。

【解析】

步骤一：判断每个方案的财务可行性。

A 方案和 B 方案的净现值均大于零，所以这两个方案具有财务可行性。C 方案的净现值小于零，所以该方案不具有财务可行性。

步骤二：比较决策。

$$A 方案的年等额净回收额 = A 方案的净现值 \times \frac{1}{(P/A, 10\%, 11)}$$
$$= 958.70 \times \frac{1}{6.495\ 1}$$
$$= 147.60（万元）$$

$$B 方案的年等额净回收额 = B 方案的净现值 \times \frac{1}{(P/A, 10\%, 10)}$$
$$= 920 \times \frac{1}{6.144\ 6}$$
$$= 149.73（万元）$$

因为 149.73＞147.60，所以 B 方案优于 A 方案。

 **任务分析**

通过上面所学知识可知，A 方案和 B 方案的净现值均大于零，这两个方案均具有财务可行性。原始投资额和项目计算期均不同时，可采用年等额净回收额法进行决策。

$$A 方案年等额净回收额 = \frac{1\ 200}{(P/A, 10\%, 5)} = \frac{1\ 200}{3.790\ 8}$$
$$= 316.56（万元）$$

$$B 方案年等额净回收额 = \frac{1\ 300}{(P/A, 10\%, 6)}$$
$$= \frac{1\ 300}{4.355\ 3}$$
$$= 298.49（万元）$$

A 方案的年等额净回收额比 B 方案的年等额净回收额大，所以 A 方案比 B 方案更佳。

 **总结提升**

本子模块的知识点是用于独立投资方案决策的内部收益率法和用于互斥投资方案决

策的净现值法、净现值率法、差额投资内部收益率法、年等额净回收额法等。技能点是能够利用各类决策方法对不同投资方案进行计算分析并做出最终决策。需要说明的,不同类型的互斥方案需要选择不同的决策方法来进行计算分析,不能随意选择决策方法。

 **知识巩固**

一、单项选择题

1. 下列投资活动中,属于间接投资的是( )。

A. 建设新的生产线   B. 开办新的子公司

C. 吸收合并其他企业   D. 购买公司债券

2. LT 公司计划投资一条新的生产线,项目开始时一次性总投资 900 万元,项目建设期为 3 年,使用期为 10 年,无残值,营业期每年可产生税后营业利润 160 万元。若资本成本率为 9%,则该项目的净现值为( )万元。[已知:$(P/A, 9\%, 13) = 7.4869$, $(P/A, 9\%, 10) = 6.4177$, $(P/A, 9\%, 3) = 2.5313$]

A. 93.00   B. 338.90   C. 676.10   D. 1 239.90

3. 内部报酬率是指能使项目的净现值( )时的贴现率。

A. 大于 0   B. 等于 0   C. 小于 0   D. 不确定

4. 下列各项中,不属于净现值指标的优点的是( )。

A. 能够揭示项目本身的报酬率

B. 考虑了资金的时间价值

C. 计算比较简单

D. 考虑了项目在整个计算期内的现金净流量

5. 某企业投资方案 A 的年销售收入为 200 万元,付现成本为 100 万元,年折旧为 10 万元,无形资产年摊销额为 10 万元,适用的企业所得税率为 25%,则该项目经营现金净流量为( )。

A. 80 万元   B. 92 万元   C. 60 万元   D. 50 万元

6. 已知某投资项目的原始投资额现值为 100 万元,净现值为 25 万元,则该项目的现值指数为( )。

A. 0.25   B. 0.75   C. 1.05   D. 1.25

7. ( )属于项目评价中的辅助指标。

A. 静态投资回收期   B. 投资利润率

C. 内部收益率   D. 获利指数

8. 已知甲项目的原始投资额为 800 万元,建设期为 1 年,投产后第 1 至第 5 年的每年净现金流量为 100 万元,第 6 至第 10 年的每年净现金流量为 80 万元,则该项目不包括建设期的静态投资回收期为( )年。

A. 7.50   B. 9.75   C. 8.75   D. 7.65

9. 某投资项目在折现率为 10% 时,净值为 100 万元;折现率为 14% 时,净值为 −150 万元。则该项目的内含收益率为( )。

A. 12.40%   B. 11.33%   C. 11.60%   D. 12.67%

10. 净现值、净现值率和获利指数指标共同的缺点是(   )。

A. 不能直接反映投资项目的实际收益率 B. 不能反映投入与产出之间的关系

C. 没有考虑资金的时间价值 D. 无法利用全部净现金流量的信息

二、多选题

1. 按照企业投资的分类,下列各项中,属于发展性投资的有(   )。

A. 企业间兼并收购的投资 B. 更新替换旧设备的投资

C. 大幅度扩大生产规模的投资 D. 开发新产品的投资

2. 采用净现值法评价投资项目可行性时,贴现率选择的依据通常有(   )。

A. 市场利率 B. 期望最低投资收益率

C. 企业平均资本成本率 D. 投资项目的内含收益率

3. LT 公司决定从甲、乙两个设备中选购一个,已知甲设备购价为 150 万元,预计投入使用后每年可产生现金净流量 40 万元;乙设备购价 250 万元,预计投入使用后每年可产生现金净流量 55 万元。下列关于两个方案的说法中,正确的有(   )。

A. 甲设备的静态回收期为 3.75 年 B. 乙设备的静态回收期为 4.75 年

C. 应该选择甲设备 D. 应该选择乙设备

4. 在考虑企业所得税影响的情况下,下列可用于计算营业现金净流量的算式中,正确的有(   )。

A. 税后营业利润+非付现成本

B. 营业收入-付现成本-企业所得税

C. (营业收入-付现成本)×(1-企业所得税税率)

D. 营业收入×(1-企业所得税税率)+非付现成本×企业所得税税率

5. 下列说法正确的有(   )。

A. 项目计算期包括投资期和营业期

B. 项目投资包括一次投入和分次投资

C. 项目现金流量包括现金流出量、现金流入量和现金净流量

D. 原始总投资包括建设投资和流动资金投资

6. 下列评价指标中,属于贴现法下评价指标的有(   )。

A. 净现值率 B. 获利指数

C. 投资利润率 D. 静态投资回收期

7. 静态投资回收期和投资利润率指标共同的缺点包括(   )。

A. 没有考虑资金的时间价值

B. 不能正确反映投资方式的不同对项目的影响

C. 不能直接利用净现金流量信息

D. 不能反映原始投资的返本期限

8. 内含报酬率是指(   )。

A. 投资报酬与总投资的比率

B. 能使未来现金流入量现值与未来现金流出量现值相等的贴现率

C. 现值指数为 1 时的贴现率

D. 使投资方案的 $NPV=0$ 的贴现率

9. 某项目需要在第一年年初投资 760 万元,寿命期为 6 年,每年末产生现金净流量 200 万元。已知 $(P/A,14\%,6)=3.8887$,$(P/A,15\%,6)=3.7845$。若公司根据内部收益率法认定该项目具有可行性,则该项目的必要投资收益率不可能为(　　)。

A. 16%　　　　　　B. 13%　　　　　　C. 4%　　　　　　D. 15%

10. 下列说法正确的有(　　)。

A. 在其他条件不变的情况下提高折现率会使得净现值变小

B. 在利用动态财务指标对同一个投资项目进行评价和决策时,会得出一致的结论

C. 项目寿命期、营业现金净流量、原始投资额均会影响其计算结果

D. 两个互斥方案的差额内部收益率大于基准收益率则原始投资额大的方案为较优方案

三、判断题

1. 企业的投资活动涉及企业的未来经营发展方向和规模等重大问题,投资管理属于企业的程序化管理。　　　　　　　　　　　　　　　　　　　　　　　　　(　　)

2. 某投资者进行间接投资,与其交易的筹资者是在进行直接筹资;某投资者进行直接投资,与其交易的筹资者是在进行间接筹资。　　　　　　　　　　　　　(　　)

3. 在投资项目可行性研究中,项目具备财务可行性和技术可行性,就可以做出该项目应当投资的决策。　　　　　　　　　　　　　　　　　　　　　　　　　(　　)

4. 投资项目是否具有财务可行性,完全取决于该项目在整个寿命周期内获得的利润总额是否超过整个项目投资成本。　　　　　　　　　　　　　　　　　　　(　　)

5. 在进行独立投资方案比较决策时,净现值指标综合反映了各方案的获利程度,在各种情况下的决策结论都是正确的。　　　　　　　　　　　　　　　　　　(　　)

6. 某投资项目需要在第一年年初投资 2 000 万元,寿命期为 10 年,每年可带来现金净流量 600 万元,已知投资人要求的必要收益率为 10%,则该投资项目的年金净流量计算公式为 $(6\,000-2\,000)/(P/A,10\%,10)$。　　　　　　　　　　　(　　)

7. 净现值率是项目累计现金净流量现值与原始投资总现值的比率。　　　(　　)

8. 对单个投资项目进行财务可行性评价时,利用净现值法和现值指数法所得出的结论是一致的。　　　　　　　　　　　　　　　　　　　　　　　　　　　(　　)

9. 如果投资项目 A 的动态回收期小于投资项目 B,那么项目 A 的收益率高于项目 B。　　　　　　　　　　　　　　　　　　　　　　　　　　　　　　　　(　　)

10. 净现值法可直接用于对寿命期不同的互斥投资方案进行决策。　　　(　　)

技能提升

LT 公司的某项目需要原始投资 130 万元,其中固定资产投资 100 万元(全部为贷款,年利率 10%,贷款期限为 6 年),开办费投资 10 万元,流动资金投资 20 万元。建设期为 2 年,建设期资本化利息 20 万元。固定资产投资和开办费投资在建设期内均匀投入,流动资金于第二年年末投入。该项目寿命期 10 年,固定资产按直线法计提折旧,期满有 10 万元净残值;开办费自投产年份起分 5 年摊销完毕。预计投产后第一年获 10 万元利润,以后每年递增 5 万元;流动资金于终结点一次收回。

问题：

（1）计算项目的投资总额。

（2）计算项目计算期各年的净现金流量。

（3）计算项目包括建设期的静态投资回收期。

模块六

投资管理（下）

 学习指南

本模块内容对应"投资项目决策"这一典型工作任务，是投资管理中关于证券投资管理的内容，"投资项目决策"是财务管理七大典型工作任务中的核心任务，为"存货采购量经济决策、收益分配政策制定"等任务的实施奠定了基础。学生通过本模块学习，需要了解证券投资的含义、种类，证券投资的特点与风险，证券投资基金的分类；掌握期权到期日价值与净损益的计算、证券价值估算的方法等。本模块的重点是债券价值的计算与分析、债券到期收益率的计算、基金投资的价值与回报、基金持有期间收益率，难点是债券到期收益率的计算、基金持有期间收益率的计算。

 **知识导图**

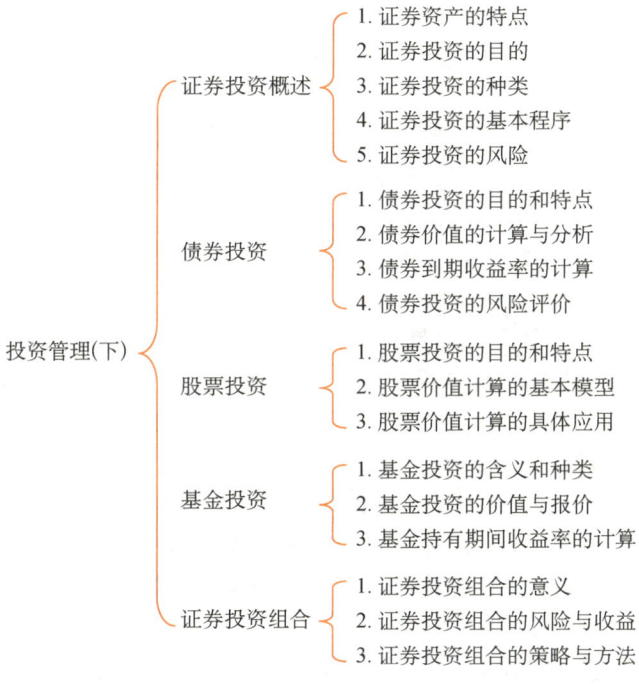

 **思政导引**

1. 证券投资收益及风险

通过案例分析各类证券的投资收益及风险，引导学生正确看待风险与收益的关系，着重培养学生的风险意识,让学生认识到"欲壑难填"的危害性,告诫他们千万不可盲目追求高收益。

2. 证券投资组合

让学生掌握"鸡蛋不要全部放到一个篮子里"的投资理念,学会通过组合投资降低投资风险的技能。

 **子模块一　证券投资概述**

 **任务导入**

假设 BH 公司账户上有一笔闲置资金 5 000 万元,闲置期限约 9 个月。

思考: 如果你是 BH 公司投资部负责人,该如何运用这笔闲置资金?

必备知识

证券投资的对象是金融资产。金融资产是一种以凭证、票据或者合同合约形式存在的权利性资产,如股票、债券、基金及其衍生证券等。证券投资形成了企业的证券资产。

一、证券资产的特点

(一)价值虚拟性

证券资产的价值取决于契约性权利所能带来的未来现金流量,是一种未来现金流量折现的资本化价值。如债券投资代表的是未来按合同规定收取债息和收回本金的权利,股票投资代表的是对发行股票企业的经营控制权、财务控制权、收益分配权、剩余财产追索权等股东权利,基金投资则代表一种信托关系,是一种收益权。

(二)可分割性

实体项目投资的经营资产一般具有整体性要求,如购建新的生产能力,往往是厂房、设备、配套流动资产的结合。证券资产可以分割为一个最小的投资单位,如一股股票、一份债券、一份基金等。

(三)持有目的多元性

实体项目投资的经营资产往往是为消耗而持有,为流动资产的加工提供生产条件。证券资产的持有目的是多元的,既可能是为未来变现而持有,也可能是为谋取资本利得即为销售而持有,还有可能是为取得对其他企业的控制权而持有。

(四)强流动性

证券资产具有很强的流动性,其流动性表现在:①变现能力强。证券资产往往都是上市证券,一般都有活跃的交易市场可供及时转让。②持有目的可以相互转换。企业在急需现金时,可以立即通过证券市场变现。

(五)高风险性

证券资产是一种虚拟资产,会受到公司风险和市场风险的双重影响,不仅发行证券资产的公司业绩影响着它的投资收益率,资本市场的变化也会给证券资产带来直接的市场风险。一般来说,股票投资相比债券投资具有更高的风险,而证券投资基金作为对股票或债券的组合投资方式,其风险水平视构成资产的具体情况而定。

二、证券投资的目的

(一)分散资金投向,降低投资风险

当某个项目经营不景气而利润下降甚至导致亏损时,其他项目可能会获得较高的收益。将资金投资于多个相关程度较低的项目,实行多元化经营,能够有效地分散投资风险。证券投资是企业多元化投资的主要方式。

(二)利用闲置资金,增加企业收益

企业在生产经营过程中,由于各种原因有时会出现资金闲置、现金结余较多的情况。这些闲置的资金可以投资于股票、债券、基金等有价证券,获取股利、股息、证券买卖差价、基金收益等投资收益。

(三)稳定客户关系,保证生产经营

企业生产经营环节中,材料供应和产品销售是企业通过市场活动实现的。为了与供应商、客户建立良好而稳定的业务关系,可以对产业链上的供应商和客户进行投资,购买其发行的债券或股票。这样就能够通过债权或股权关系对关联企业的生产经营活动施加影响,甚至是达到控制目的,稳定本企业的原材料供应和产品销售渠道,为本企业生产经营活动提供有力保障。

(四)提高资产的流动性,增强偿债能力

有价证券是企业除现金等货币资产外流动性最强的资产,在企业需要支付大量资金而资金储备不足时,可以通过变卖有价证券及时获取资金,保证企业正常的支付能力,增强企业的偿债能力。

三、证券投资的种类

在证券市场上,可供企业投资的证券主要有国债、短期融资券、公司股票、公司债券、投资基金、期权、期货等。根据证券投资对象的不同,证券投资可以分为债券投资、股票投资、基金投资、期货投资、期权投资及证券组合投资。

(一)债券投资

债券投资,是指投资者以购买债券的形式进行投资,到期向债券发行人收取固定的利息以及收回本金的一种投资方式。例如,企业购买国债、短期融资券和公司债券等都属于债券投资。

(二)股票投资

股票投资,是指投资者用持有的货币资金购买其他公司发行的股票以获得收益的行为。企业投资股票要承担较大的风险,但通常也会取得较高收益。

(三)基金投资

基金投资,是指投资者通过购买投资基金股份或收益凭证,资金交给专业投资机构经营运作以规避风险、获取收益的投资方式。与股票投资相比,基金投资有利于分散风险,提高收益水平。

（四）期货投资

期货投资是相对于现货交易的一种交易方式，是指投资者通过在期货交易所买卖标准化的期货合约而进行的一种有组织的交易方式。期货交易的对象并不是商品本身，而是商品的标准化合约，即标准化的远期合同。

（五）期权投资

期权投资是一种金融衍生品投资，它允许投资者按一定的价格购买或出售某种资产的权利，但不一定要求投资者执行买卖行为。期权投资可以帮助投资者更有效地分散风险，以获取更高的收益。

（六）证券组合投资

证券组合投资，是指投资者为了保证证券投资的盈利性、流动性和安全性而对各种证券投资进行的合理搭配，是企业等法人单位进行证券投资时常用的投资方式。

四、证券投资的基本程序

（一）证券开户

投资者要进行证券交易，就要开设证券账户和资金账户。证券账户用来记载投资者所持有的证券种类、数量和相应的变动情况，资金账户则用来记载和反映投资者买卖证券的货币收付和结存数额。

（二）委托买卖

在证券交易市场，投资者买卖证券是不能直接进入交易所办理的，而必须通过证券交易所的会员（证券经纪商）的代理才能在证券交易所买卖证券。证券开户后，投资者就可以在证券营业部办理证券委托买卖业务。

（三）清算交割

清算交割，是指证券买卖双方在证券交易所进行证券买卖成交以后，通过证券交易所将券商之间的证券买卖数量和金额分别予以轧抵，其差额由证券商确认后，在事先约定的时间内进行证券和价款的收付了结的行为。我们一般所说的清算交割分为两部分：一部分指证券商与交易所之间的清算交割，证券商一般都必须在证交所所属的清算公司或其委托银行处开设专门清算账户，由清算公司集中清算，并以内部划账、转账等方式交割净余额股票或价额。另一部分是委托人与证券商之间的清算交割，即买者支付现金而获得股票，卖者交付股票而取得现金。

（四）证券过户

证券过户，是指证券的所有者向新所有者转移有关证券全部权利的记录行为。在二级证券市场上，证券过户一般由证券交易所发给投资者的成交过户交割凭单确认完成，投资者只需缴一定的过户费用，即可由交易所自动完成股权转换的过程。

五、证券投资的风险

证券投资的风险，是指投资者无法获得预期投资收益的可能性。由于证券资产的市价波动频繁，证券投资的风险往往较大。按风险性质划分，证券投资的风险分为系统性风险和非系统性风险两大类别。

（一）系统性风险

证券投资的系统性风险,是指由于外部经济环境因素变化引起整个资本市场不确定性加强,从而对所有证券都产生影响的共同性风险。系统性风险影响到资本市场上的所有证券,无法通过投资多元化的组合而加以避免,也称为不可分散风险。系统性风险包括价格风险、再投资风险及购买力风险。

1. 价格风险

价格风险,是指由于市场利率上升,而使证券资产价格具有普遍下跌的可能性。价格风险来自资本市场买卖双方资本供求关系的不平衡,资本需求量增加,市场利率上升,也意味着证券资产发行量的增加,引起整个资本市场所有证券资产价格的普遍下降。反之,资本供应量增加,市场利率下降,资本市场所有证券资产的价格会普遍上涨。

2. 再投资风险

再投资风险,是由于市场利率下降所造成的无法通过再投资而实现预期收益的可能性。期限越长,不确定性就越强。为了避免市场利率上升的价格风险,投资者可能会投资于短期证券资产,但短期证券资产又会面临市场利率下降的再投资风险,即无法按预定收益率进行再投资而实现所要求的预期收益。

3. 购买力风险

购买力风险,是指由于通货膨胀而使货币购买力下降的可能性。在持续而剧烈的物价波动环境下,货币性资产会产生购买力损益。当物价持续上涨时,货币性资产会遭受购买力损失;当物价持续下跌时,货币性资产会带来购买力收益。证券资产是一种货币性资产,通货膨胀会使证券资产投资的本金和收益贬值,名义收益率不变而实际收益率降低。

小贴士

系统性风险波及所有证券资产,最终会反映在资本市场平均利率的提高上,所有的系统性风险几乎都可以归结为利率风险。利率风险是由于市场利率变动引起证券资产价值变化的可能性。市场利率反映了社会平均收益率,投资者对证券资产投资收益率的预期总是在市场利率基础上进行的,只有当证券资产投资收益率大于市场利率时,证券资产的价值才会高于其市场价格。一旦市场利率提高,就会引起证券资产价值的下降,投资者就不易得到超过社会平均收益率的超额收益。市场利率的变动会造成证券资产价格的普遍波动,两者呈反向变化:市场利率上升,证券资产价格下跌;市场利率下降,证券资产价格上升。

（二）非系统性风险

证券资产的非系统性风险,是指由特定经营环境或特定事件变化引起的不确定性,从而对个别证券资产产生影响的特有风险。非系统性风险是公司特有风险,源于每个公司自身特有的营业活动和财务活动,与某个具体的证券资产相关联,同整个证券资产市场无关。从公司内部管理的角度看,公司特有风险的主要表现形式是公司经营风险和财务风险。从投资者的角度看,公司经营风险和财务风险的特征无法明确区分,公司特有风险是以违约风险、变现风险、破产风险等形式表现出来的。

任务分析

通过所学知识可知,BH 公司的 1 000 万元闲置资金因为闲置时间不是很长,所以可以考虑进行证券投资,如购买国债、短期融资券、公司股票、公司债券、基金、期权、期货等。就单个证券产品来说,国债、短期融资券、公司债券、基金的投资风险较低,投资收益也低;股票、期货、期权投资风险相对较高,投资收益也高一些。BH 公司可以考虑投资多种证券产品,也就是以证券投资组合的方式来利用这笔闲置资金,既可以降低高风险又可以适当提高投资收益。

总结提升

本子模块的知识点包括证券资产的特点、证券投资的目的、证券投资的种类、证券投资的基本程序、证券投资的风险等;技能点是能够按规定程序进行证券投资,并有效防范风险。

子模块二　债 券 投 资

任务导入

BH 公司计划购买 LT 公司发行的债券 10 000 份,该债券单位面值为 100 元,票面利率为 6%,期限 3 年,当前市场利率为 5%。

思考: 为保证 BH 公司的投资收益,当 LT 公司发行的债券价格为多少时才可以进行投资?

必备知识

债券是发行人按照法定程序发行,并向债权人承诺于指定日期还本付息的有价证券。债券按发行人不同可分为政府债券、公司债券和金融债券。政府债券通常称为国库券或称为国债,而公司发行的债券通常称为公司债券。

债券投资,是指债券购买人以购买债券的形式投放资本,到期向债券发行人收取固定的利息以及收回本金的一种投资方式。

一、债券投资的目的和特点

(一)债券投资的目的

企业进行短期债券投资的主要目的是调节现金余缺,获取比银行存款利息高的收益。当企业现金余额过多时,可拿出一部分现金投资于债券,以便使现金余额降低;当现金余额过少时,可出售部分投资的债券,收回现金,从而使现金余额提高。企业进行长期债券投资的目的主要是获得稳定的收益。

(二) 债券投资的特点

债券投资作为公司常用的投资工具,具有安全性高、收益高于银行存款、流动性强等特点。

1. 安全性高

由于债券发行时就约定了到期后可以支付本金和利息,故其收益稳定、安全性高。特别是对于国债来说,其本金及利息的给付是由政府作担保的,几乎没有什么风险,是具有较高安全性的一种投资方式。

2. 收益高于银行存款

在我国,债券的利率一般高于银行存款的利率。投资于债券,投资者一方面可以获得稳定的、高于银行存款的利息收入;另一方面可以利用债券价格的变动适时买卖债券,赚取差价。

3. 流动性强

债券发行后可以在市场上交易,具有流动性强的特点。债券持有人在急需资金时,可以在证券市场随时卖出债券收回投资。

二、债券价值的计算与分析

债券的价值又称债券的内在价值,是投资者进行债券投资时预期可获得的利息和本金等现金流入的现值。债券的内在价值也称为债券的理论价格,只有在债券价值大于其购买价格时,该债券才值得投资。影响债券价值的因素主要有债券的面值、期限、票面利率和所采用的贴现率等因素。

债券价值计算的基本模型如下:

$$V_b = \sum_{t=1}^{n} \frac{I_t}{(1+R)^t} + \frac{M}{(1+R)^n}$$

式中:V_b 表示债券的价值;I_t 表示债券第 t 年的利息;M 表示债券的面值;R 表示贴现率,是所期望的最低投资收益率。一般采用市场利率作为评估债券价值时所期望的最低投资收益率。

【学中做 6-1】

2025 年 7 月 1 日,BH 公司拟购买 LT 公司当天发行的债券,面值为 100 元,票面利率为 8%,每年 7 月 1 日计算并支付一次利息,该债券于 5 年后的 6 月 30 日到期。目前的市场利率为 6%,债券的发行价格为 107.5 元。BH 公司是否应该购买该债券?

【解析】

$$该债券价值 V = 100 \times 8\% \times (P/A, 6\%, 5) + 100 \times (P/F, 6\%, 5)$$
$$= 8 \times 4.2124 + 100 \times 0.7473$$
$$= 108.43(元)$$

因为该债券的价值大于其发行价格,所以 BH 公司可以购买 LT 公司发行的债券。

> **小贴士**
>
> 市场利率的上升会导致债券价值的下降,市场利率的下降会导致债券价值的上升。
>
> 长期债券对市场利率的敏感性会大于短期债券,在市场利率较低时,长期债券的价值远高于短期债券,在市场利率较高时,长期债券的价值远低于短期债券。
>
> 市场利率低于票面利率时,债券价值对市场利率的变化较为敏感,市场利率稍有变动,债券价值就会发生剧烈的波动;市场利率超过票面利率后,债券价值对市场利率变化的敏感性减弱,市场利率的提高不会使债券价值过分降低。

三、债券到期收益率的计算

债券投资的收益主要来源于以下三个方面:

(1)名义利息收益。债券各期的名义利息收益是其面值与票面利率的乘积。

(2)利息再投资收益。债券投资评价时,有两个重要的假定:①债券本金是到期收回的,而债券利息是分期收取的;②将分期收到的利息重新投资于同一项目,并取得与本金同等的利息收益率。

(3)价差收益。价差收益是指债券尚未到期时投资者中途转让债券,在卖价和买价之间的价差上所获得的收益,也称为资本利得收益。

在实务中,一般使用债券收益率来衡量债券投资的收益。债券收益率,是指按当前市场价格购买债券并持有至到期日或转让日所产生的预期收益率,也就是债券投资项目的内部收益率。在债券价值估价基本模型中,如果用债券的购买价格 P_0 代替内在价值 V_b,就能求出债券的内部收益率。也就是说,用该内部收益率贴现所决定的债券内在价值,刚好等于债券的目前购买价格。

【学中做 6-2】

2025 年 7 月 15 日,BH 公司以 108.5 万元的价格购了 10 000 份面值为 100 元的 5 年期公司债券,每年付息一次、到期归还本金、票面利率为 12%。BH 公司打算将该债券持有至到期,请计算该项债券投资的收益率。

【解析】

根据债券内部收益率的计算原理,有以下关系式:

$$108.5 = 100 \times 12\% \times (P/A, R, 5) + 100 \times (P/F, R, 5)$$

由于 R 无法直接计算,下面我们先用测试法确定债券收益率的范围:

当 R 为 9% 时:$100 \times 12\% \times 3.889\,7 + 100 \times 0.649\,9 = 111.67$(元)

当 R 为 10% 时:$100 \times 12\% \times 3.790\,8 + 100 \times 0.620\,9 = 107.58$(元)

从计算结果可以看出,债券收益率介于 9% 和 10% 之间。

然后可以采用插值法计算出结果,

$$R = 9\% + \frac{(108.5 - 111.67)}{(107.58 - 111.67)} \times (10\% - 9\%)$$

得出：$R = 9.78\%$。

为方便计算,债券到期收益率也可用简便算法求得近似结果：

$$R = \frac{I + (B - P) \div N}{(B + P) \div 2} \times 100\%$$

式中：I 表示每年的利息；B 表示债券面值；P 表示债券的当前购买价格；N 表示债券持有期限。

公式中分母是平均资金占用,分子是平均收益率。

将[学中做 6-2]数据代入：

$$R = \frac{100 \times 12\% + (1\,000 - 1\,085) \div 5}{(1\,000 + 1\,085) \div 2} \times 100\% = 9.88\%$$

从计算结果可以看出,两种方法计算的债券到期收益率基本相同。

债券到期收益率是指导选购债券的标准,它可以反映债券投资按复利计算的真实收益率。如果高于投资人要求的报酬率,则应该买进该债券,否则就放弃。其跟计算债券价值所得出的结论是一致的。

四、债券投资的风险评价

债券投资的风险主要包括违约风险、利率风险、购买力风险、流动性风险和期限性风险。

(一)违约风险

违约风险,是指债券的发行人不能按时支付债券利息或偿还本金,而给债券投资者带来损失的风险。违约风险的大小与证券发行者的经营环境、经营能力、理财能力、管理水平和道德水准有着密切的关系。一般来说,如果市场认为一种债券的违约风险相对较高,那么就会要求债券的收益率要较高,从而弥补可能承受的损失。

(二)利率风险

债券的利率风险,是指由于利率变动而使投资者遭受损失的风险。利率是影响债券价格的重要因素之一,当利率提高时,债券的价格就降低；当利率降低时,债券的价格就会上升。由于债券价格会随利率变动,所以即便是没有违约风险的国债也会存在利率风险。

(三)购买力风险

购买力风险,是指由于通货膨胀而使货币购买力下降的风险。在通货膨胀期间,投资者实际利率应该为票面利率扣除通货膨胀率后的利率。若债券利率为 10%,通货膨胀率为 8%,则实际的收益率只有 2%,购买力风险是债券投资中最常出现的一种风险。

(四)流动性风险

流动性风险也称变现力风险,是指债券资产持有者无法在市场上以正常的价格平仓出货的可能性。流动性风险的大小和发行者的实力、信誉及经营状况密切相关。一般而言,政府债券的流动性风险最小；规模大、实力雄厚、信誉卓越的公司,其债券的流动性风险较小；而规模小、实力薄弱及信誉差的公司,其债券的流动性风险较大。

(五)期限性风险

期限性风险又称再投资风险,是指和投资期限有关的风险,投资期越长,投资过程中的不确定因素就越多,承担的风险也越大。债券投资人在持有期得到的利息收入、到期时得到的本息和出售时得到的资本收益等,进行再投资所能实现的报酬可能会低于当初购买该债券的收益率。在利率走低时,债券价格会上升,但再投资收益率就会降低,再投资的风险加大。当利率上升时,债券价格会下降,但是利息的再投资收益会上升。

思政小课堂

绿 色 债 券

绿色债券,是指将所得资金专门用于资助符合规定条件的绿色项目或为这些项目进行再融资的债券工具。

相比于普通债券,绿色债券主要在四个方面具有特殊性:债券募集资金的用途、绿色项目的评估与选择程序、募集资金的跟踪管理以及要求出具相关年度报告等。

绿色债券的发展历程如下:

2016年,苹果公司发行了15亿美元的绿色债券,也是第一笔由美国科技公司发行的绿色债券。

2017年6月,苹果公司发行了第二笔绿色债券,金额为10亿美元。

2018年,中国共发行绿色债券超过2 800亿元,绿色债券存量规模接近6 000亿元,居全球前列。

2019年11月8日,苹果公司发行了22亿美元的绿色债券,并以47亿美元的总发行额,成为美国最大的绿色债券公司发行人。

2020年12月8日,国家开发银行在北京面向全球投资人发行"长江大保护"专题"债券通"绿色金融债券,发行规模近50亿元。

2022年6月9日,新加坡总理公署部长兼财政部和国家发展部第二部长英兰妮在可持续投资与金融大会演讲时宣布,政府推出了新加坡绿色债券框架,并将在数月内根据框架发行第一个政府绿色债券。

2023年4月20日,总部位于上海的金砖国家新开发银行宣布,将首次发行以美元计价的绿色债券。

任务分析

通过所学债券价值计算的相关知识,计算债券的价值:

$$V_b = I \times (P/A, R, n) + M \times (P/F, R, n)$$
$$= 100 \times 6\% \times (P/A, 5\%, 3) + 100 \times (P/F, 5\%, 3)$$
$$= 6 \times 2.723\ 2 + 100 \times 0.863\ 8 = 102.72(元)$$

所以,当LT公司发行的债券单位价格小于等于102.72元时,BH公司才可以购买。

总结提升

本子模块的知识点包括债券投资的目的和特点、债券价值的计算与分析、债券到期收益率的计算、债券投资的风险评价等;技能点是能够准确计算债券的价值并对其进行分析。

子模块三　股 票 投 资

任务导入

BH 公司 2025 年 7 月账户上有闲置资金 5 000 万元,闲置时间约 6 个月,鉴于当前股票市场行情较好,拟购买 LT 公司股票作为短期投资。LT 公司股票本年度每股发放现金股利 1 元,预计年增长率为 10%,当前每股价格为 25 元。BH 公司期望的最低报酬率为 14%。

思考: BH 公司此时能否购买 LT 公司的股票?

必备知识

一、股票投资的目的和特点

(一) 股票投资的目的

股票是股份公司为筹集资金而发行给各个股东作为持股凭证并借以取得股息和红利的一种有价证券。投资者持有某公司股票后就成为该公司的股东,依法享有公司重大决策参与权、公司资产收益权和剩余资产分配权。企业进行股票投资的目的主要有两种:一是获利,即作为一般的证券投资,获取股利收入和股票买卖价差;二是控股,即通过购买某一企业的大量股票达到控制该企业的目的。

(二) 股票投资的特点

1. 不可偿还性

股票是一种无偿还期限的有价证券,投资者认购了股票后,就不能再要求退股,只能到二级市场卖给第三者。

2. 参与性

参与性即股票投资者按其持股比例具有参与股份有限公司经营、盈利分配和承担有限责任等的权利和义务。股东参与公司决策的权力大小,取决于其所持有股份的多少。资金实力雄厚的公司大量买进一个公司的股票就可以成为该公司的最大股东,将该公司置于自己的控制之下。

3. 收益性

股东凭其持有的股票,有权从公司领取股息或红利,获取投资的收益。股息或红利的大小,主要取决于公司的盈利水平和公司的盈利分配政策。股票的收益性,还表现在股票投资者可以获得价差收入或实现资产保值增值。通过低价买入和高价卖出股票,投资者可以赚取价差利润。

4. 流通性

股票的流通性,是指股票在不同投资者之间的可交易性。股票的流通,使投资者可以在市场上卖出所持有的股票,取得现金。那些在流通市场上吸引大量投资者、股价不断上涨的行业和公司,可以通过增发股票,不断吸收大量资本进入生产经营活动,从而实现优化资源配置的效果。

5. 价格波动性和风险性

由于股票价格要受到诸如公司经营状况、供求关系、银行利率、大众心理等多种因素的影响,其波动有很大的不确定性。正是这种不确定性,有可能使股票投资者遭受损失。价格波动的不确定性越大,投资风险也越大。因此,股票是一种高风险的金融产品。

二、股票价值计算的基本模型

股票是一种权利凭证,它之所以有价值,是因为它能给持有者带来未来的收益,这种未来的收益包括各期获得的股利、转让股票获得的价差收益等。股票价值是指股票预期的未来现金流入的现值,也称股票的内在价值、理论价格。股票给持有者带来未来的收益一般是以股利形式出现的,因此可以通过股利计算确定股票价值。

股票价值计算的基本模型如下:

$$V = \frac{D_1}{(1+R_s)^1} + \frac{D_2}{(1+R_s)^2} + \cdots + \frac{D_n}{(1+R_s)^n} + \cdots = \sum_{t=1}^{\infty} \frac{D_t}{(1+R_s)^t}$$

式中:V 表示股票的价值;D_t 表示第 t 年的股利;R_s 表示贴现率,即股票必要的报酬率;t 表示年份。

若投资者不打算永久地持有该股票,而在一段时间后出售,其未来现金流入是 n 次股利和出售时的股价之和。则计算模型如下:

$$V = \sum_{t=1}^{n} \frac{D_t}{(1+R_s)^t} + \frac{P_n}{(1+R_s)^n}$$

式中:V 表示股票的价值;D_t 表示第 t 年的股息;R_s 表示股票最低或必要的报酬率;t 表示年份;P_n 为第 n 年的市场价格,即投资者出售时的市场价格。

三、股票价值计算的具体应用

(一) 固定成长股票的价值

一般来说,公司并没有把每年的盈余全部作为股利分配出去,积累的留存收益扩大了公司的资本额,不断增长的资本会创造更多的盈余,从而引起下期股利的增长。如果公司本期的股利为 D_0,未来各期的股利按上期股利的 g 速度呈几何级数增长,则固定成长股票价值的计算公式如下:

$$V = \sum_{t=1}^{\infty} \frac{D_0(1+g)^t}{(1+R_s)^t}$$

因为 g 是一个固定的常数,当 R_s 大于 g 时,上式可以简化为:

$$V = \frac{D_0(1+g)}{R_s - g} = \frac{D_1}{R_s - g}$$

【学中做 6-3】

BH 公司计划投资甲公司股票,并且准备长期持有。甲公司今年每股已经发放股利为 0.8 元,预计年增长率为 9%,BH 公司期望的最低报酬率为 12%,请计算该股票的内在价值。

【解析】

甲公司股票的内在价值为:

$$V = \frac{D_0(1+g)}{R_s - g} = \frac{0.8 \times (1+9\%)}{12\% - 9\%} = 29.07(元)$$

如果甲公司股票目前的价格低于 29.07 元,BH 公司可以购入。

(二)零成长股票的价值

如果公司未来各期发放的股利都相等,并且投资者准备永久持有,则股利支付过程是一个永续年金。或者说当固定增长模式中 $g=0$ 时,股票价值的计算公式如下:

$$V = \frac{D_0}{R_s}$$

【学中做 6-4】

BH 公司计划投资乙公司股票,并且准备长期持有。乙公司每年股利保持不变,每股发放股利为 0.8 元,BH 公司期望的最低报酬率为 12%,请计算该股票的内在价值。

【解析】

乙公司股票的内在价值为:

$V = D_0 \div R_s = 0.8 \div 12\% = 6.67(元)$

因此,当乙公司股票市价等于或低于 6.67 元时,BH 公司可以购入。

(三)非固定成长股票的价值

在实务中,任何一个公司的现金股利都不可能是一成不变的。许多公司的股利在某一段时间有一个超常的增长率,而之后公司的股利固定不变或正常增长。在这种情况下,需要分段计算确定股票的价值。

【学中做 6-5】

BH 公司计划投资 LT 公司股票,并且准备长期持有,要求达到 12% 的投资收益率。LT 公司最近支付的股利为每股 0.6 元,预计 LT 公司在未来 3 年内股利以 15% 的速度高速增长,而后以 9% 的速度转为正常增长。请计算 LT 公司股票目前的市场价值。

【解析】

(1)计算高速增长期股利的现值,如表 6-1 所示。

表 6-1 股利现值计算一览表

t	股利(元)	现值系数(12%)	现值=股利×现值系数
1	$0.6 \times (1+15\%) = 0.69$	0.892 9	0.616 1
2	$0.69 \times (1+15\%)^2 = 0.793 5$	0.797 2	0.632 6
3	$0.793 5 \times (1+15\%)^3 = 0.912 5$	0.711 8	0.649 5
合计	—	—	1.898 2

（2）计算该股票第三年年末的价值：

$$V_3 = \frac{D_4}{R_s - g} = 0.912\,5 \times (1 + 9\%) \div (12\% - 9\%) = 33.154\,2(元)$$

（3）计算该股票目前的市场价值：

$$V_0 = 1.898\,2 + 33.154\,2 \times 0.711\,8 = 25.50(元)$$

（四）市盈率法分析股票价值

市盈率是用来评估股价水平是否合理的最常见指标之一，一般由股票市场价格除以每股收益计算得出。市盈率法可以通过股票的市盈率和每股收益的乘积来确定股票的价值。其计算公式如下：

$$股票价值 = 行业平均市盈率 \times 该股票每股收益$$

【学中做 6-6】

假设 LT 公司股票的价格为 27 元，每股收益为 1.35 元，行业同类企业股票的平均市盈率为 24，请计算该股票的价值。

【解析】

股票价值 = 24 × 1.35 = 32.40(元)

从计算结果可以得出，股票的市场价格低于其价值，市场对该股票的估值略低，有一定的吸引力。

任务分析

LT 公司股票的内在价值为：

$$V = \frac{D_0(1 + g)}{R_s - g} = \frac{1 \times (1 + 10\%)}{14\% - 10\%} = 27.50(元)$$

由上述计算结果可知，LT 公司股票价格如果低于 27.50 元就可以购买。目前 LT 公司股票价格为 25 元，BH 公司此时可以购入。

总结提升

本子模块的知识点包括股票投资的目的和特点、股票价值计算的基本模型；技能点是能够利用股票价值模型准确计算股票的价值，从而为投资者决策提供有价值的参考。

子模块四　基金投资

任务导入

BH 公司有一笔闲置资金 2 000 万元，闲置期约 6 个月。BH 公司投资部经过对金融市场分析,发现股票市场风险较大,计划用于相对稳健的基金投资。

思考:BH公司应该对拟投资基金如何进行分析,以便做出投资决策。

 **必备知识**

一、基金投资的含义和种类

(一)基金投资的含义

基金投资是一种集合投资方式,投资者通过购买基金份额,将众多资金集中起来,由专业的投资者即基金管理人进行管理,通过投资组合的方式进行投资,实现利益共享、风险共担。投资基金按照投资对象的不同可以分为证券投资基金和另类投资基金。证券投资基金主要投资于证券交易所或银行间市场上公开交易的有价证券,如股票、债券等;另类投资基金包括私募股权基金、风险投资基金、对冲基金以及投资于实物资产如房地产、大宗商品、基础设施等的基金。本书主要介绍基金投资中的证券投资基金。

(二)证券投资基金的分类

证券投资基金的分类方式较多,在此主要介绍以下六种主要的分类方式。

1. 依据法律形式的不同,证券投资基金分为契约型基金与公司型基金

契约型基金依据基金管理人、基金托管人之间签署的基金合同设立,合同规定了参与基金运作各方的权利与义务。基金投资者通过购买基金份额成为基金合同当事人,享受合同规定的权利,也须承担相应的义务。

公司型基金则为独立法人,依据基金公司章程设立,基金投资者是基金公司的股东按持有股份比例承担有限责任,分享投资收益。

2. 依据运作方式的不同,证券投资基金分为封闭式基金与开放式基金

封闭式基金的基金份额持有人不得在基金约定的运作期内赎回基金,即基金份额在合同期限内固定不变。开放式基金则可以在合同约定的时间和场所对基金进行申购或赎回,即基金份额不固定。封闭式基金适合资金可进行长期投资的投资者,开放式基金则更适合强调流动资金管理的投资者。

3. 依据投资对象不同,证券投资基金分为股票基金、债券基金、货币市场基金和混合基金

根据中国证监会对基金类别的分类标准,股票基金为基金资产80%以上投资于股票的基金;债券基金为基金资产80%以上投资于债券的基金;仅投资于货币市场工具的为货币市场基金;混合基金是指投资于股票、债券和货币市场工具,但股票投资和债券投资的比例不符合股票基金、债券基金规定的基金。

4. 依据投资目标不同,证券投资基金分为增长型基金、收入型基金和平衡型基金

增长型基金主要投资于具有较好增长潜力的股票,投资目标为获得资本增值,较少考虑当期收入。收入型基金则更加关注能否取得稳定的经常性收入,投资对象集中于风险较低的蓝筹股、公司及政府债券等。平衡型基金则集合了上述两种基金投资的目标,既关注是否能够获得资本增值,也关注收入问题。三者在风险与收益的关系上往往表现为:增长型基金风险>平衡型基金风险>收入型基金风险;增长型基金收益>平衡型基金收益

>收入型基金收益。

5. 依据投资理念不同,证券投资基金分为主动型基金与被动型基金

主动型基金是指由基金经理主动操盘寻找超越基准组合表现的投资组合进行投资；被动型基金则期望通过复制指数的表现,选取特定的指数成分股作为投资对象,不期望能够超越基准组合,只求能够与所复制的指数表现同步。

6. 依据募集方式不同,证券投资基金分为私募证券投资基金和公募证券投资基金

私募证券投资基金采取非公开方式发售,面向特定的投资者,他们风险承受能力往往较高,单个投资者涉及的资金量较大。公募证券投资基金可以面向社会公众公开发售,募集对象不确定,投资金额较低,适合中小投资者,由于公募基金涉及的投资者数量较多,因此受到更加严格的监管并要求更高的信息透明度。

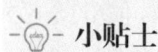 小贴士

基 金 的 特 点

1. 集合理财实现专业化管理

基金将投资者资金集合起来,通过基金管理人进行投资,实现了集合理财。基金管理人具有更加专业的投资技能与丰富的投资经验,将集中起来的资金交由基金管理人进行管理,对于中小投资者来说可以获得更加专业化的投资服务。

2. 通过组合投资实现分散风险的目的

资金量较小时无法通过购买多种证券实现分散投资风险的目的,而基于基金投资集合理财的特点可以同时购买多种证券,投资者可以通过购买基金份额从而用较少的资金购买"一揽子"证券,实现分散风险的目的。

3. 投资者利益共享且风险共担

基金投资者可以获取的收益等于基金投资收益减去基金应当承担的相关费用,各投资者依据所持有的份额比例进行分配,当收益上升或下降时,各基金投资者获取的收益也按照其持有比例上升或下降相应的金额。参与基金运作的基金管理人和基金托管人仅按照约定的比例收取管理费用和托管费用,无权参与基金收益的分配。

4. 权力隔离的运作机制

参与基金运作的包括基金投资者、托管人、管理人,基金管理人只负责基金的投资工作,而基金财产则交予基金托管人,基金操作权力与资金管理权力相互隔离,形成了互相监督、互相制约的机制,从而有效地保障基金投资者的利益。

5. 严格的监管制度

我国的基金业监管采取法定监管机构与自律性组织相结合的监管模式。中国证监会是政府的基金监管机构,采取检查、调查取证、限制交易、行政处罚等措施对基金市场进行监管;基金业协会为行业自律性组织,负责制定行业标准、业务规范、从业人员教育、业内交流等工作;证券交易所是证券市场的自律管理者,依据《证券投资基金监管职责分工协作指引》的规定,负责对在交易所进行的基金投资行为进行监管,同时负责基金的信息披露工作。

二、基金投资的价值与报价

（一）基金单位净值

基金单位净值即每份基金单位的净资产价值，是指当前的基金总净资产除以基金总份额。其计算公式为：

$$基金单位净值 = 基金净资产价值总额 ÷ 基金单位总份额$$

（二）基金的报价

封闭式基金发行期满后一般都会上市，它的报价分为开盘价、收盘价、最高价、最低价、成交价等。这一价格的变动主要受六个因素的影响，即基金资产净值、市场供求关系、宏观经济状况、证券市场状况、基金管理人水平以及政府有关基金的政策。其中，确定基金价格最根本的依据是，每基金单位资产净值及其变动情况。

开放式基金可以随时进行申购或者赎回。报价通常包括卖出价和买入价两种。卖出价又称认购价，是投资者认购基金单位的价格。买入价又称赎回价，是投资者向基金公司卖出基金单位的价格。认购价和赎回价可以在基金单位净值的基础上加减一定手续费计算出来的，计算公式如下：

$$基金认购价 = 基金单位净值 + 首次认购费$$
$$基金赎回价 = 基金单位净值 - 基金赎回费$$

【学中做 6-7】

BH 公司发行的某开放式基金目前的基金净资产市场价值 50 000 万元，基金单位数为 10 000 万股，假设公司仅收取认购费，认购费率为基金资产净值的 1.5%，不再收取赎回费。请计算该基金的下列指标：①基金单位净值；②基金认购价；③基金赎回价。

【解析】

（1）基金单位净值 = 50 000 ÷ 10 000 = 5（元）。

（2）基金认购价 = 基金单位净值 + 首次认购费 = 5 + 5 × 1.5% = 5.075（元）。

（3）基金赎回价 = 基金单位净值 - 基金赎回费 = 5（元）。

三、基金持有期间收益率的计算

基金持有期间收益率是基金投资实际收益与投资成本的比率，用以反映基金增值的情况。基金持有期间所获得的收益来源于所投资证券的资产回报和收入两部分。资产回报是指基金所持有的股票、债券等资产价格的增加，收入回报为所持有股票或债券的分红和利息等。需要注意的是，如果基金的赎回涉及缴纳手续费，计算时应考虑手续费因素。具体计算公式如下：

$$持有期间收益率 = （期末基金资产价格 - 期初基金资产价格 + 持有期间红利收入）$$
$$÷ 期初基金资产价格$$

【学中做 6-8】

2025 年 1 月 3 日，BH 公司购买 LT 基金 2 万份，基金单位净值为 2 元；2025 年 12 月 31 日，BH 公司将该基金卖出，此时基金单位净值为 3 元，赎回手续费率为 0，持有期间该基金没有分红。要求计算 BH 公司的基金持有期间收益率。

【解析】

BH 公司基金持有期间收益率计算如下：

$$持有期间收益率 = (20\,000 \times 3 - 20\,000 \times 2) \div (20\,000 \times 2) = 50\%$$

任务分析

通过基金投资相关知识的学习,BH 公司应当考察拟投资基金的净资产价值总额、基金单位净值、基金认购价、基金赎回价以及持有期间收益率等指标,结合公司对投资风险和收益的要求,做出相应的投资决策。

总结提升

本子模块的知识点包括基金投资的含义和种类、基金投资的价值与报价、基金单位净值、基金认购价、基金赎回价及持有期间收益率等;技能点是能够通过计算基金单位净值、基金认购价、基金赎回价及持有期间收益率等,为企业进行基金投资给出参考。

子模块五　证券投资组合

任务导入

BH 公司当前账户上有 3 000 万元的闲置资金,闲置期限约 9 个月。BH 公司投资部通过对股票市场分析,发现股票市场风险相对较低,并从新能源汽车、人工智能、绿色环保、疫苗生产及白酒 5 个板块各筛选了 1 只估值较低的股票。BH 公司可以用所有资金购买 5 只股票中的 1 只,也可以购买多只。

思考:如果你是 BH 公司投资部负责人,为公司如何购买股票给出建议,以便提报董事会研究。

必备知识

一、证券投资组合的意义

证券投资组合又称证券组合,是指在进行证券投资时有选择地投向一组证券资产,而不是将资金单一投向某种证券。

证券市场上有句至理名言:不要把全部鸡蛋放在同一个篮子里。证券投资者可以选择多种证券作为投资对象,通过证券投资组合以达到在一定预期收益的前提下投资风险最小化或在控制风险的前提下投资收益最大化的目标,避免投资过程的随意性。证券投资组合可以帮助投资者全面捕捉获利机会,降低投资风险。

二、证券投资组合的风险与收益

(一)证券投资组合的风险

证券投资的风险按其是否可以通过证券投资组合分散分为两种:一种是非系统风险,另一种是系统性风险。

1. 非系统风险

非系统风险又称可分散风险或公司特有风险,是指某些因素的变化造成单个证券的价格下跌,从而给有价证券持有人带来损失的可能性。产生非系统风险的原因主要是一些直接影响企业经营的因素,如公司管理能力的降低、产品产量、质量的下滑、市场份额的减少、技术装备和工艺水平的老化、原材料价格的提高以及个别上市公司发生了不可测的天灾人祸等。这些事件的发生,导致公司经营利润的下降甚至发生亏损,从而引起股价的向下调整。不同证券之间的发展变化的趋势是不一样的,有些证券是正相关的关系,即它们的收益具有相同的变化趋势;有些证券是负相关的关系,即它们的收益呈现相反的变化趋势。非系统风险可以通过证券投资组合,多持有几家公司的证券,当其中某些公司的证券收益下降时,可能另外一些公司的收益上升,从而将风险抵消。

在实务中,大部分上市公司的股票是正相关的,相关系数一般将介于 0.5 和 0.7 之间。在这种情况下,把两种股票组合成证券投资组合能降低风险,但不能全部消除风险。不过如果股票种类较多,则能分散掉大部分风险,而当股票种类足够多时,几乎能把所有的非系统风险分散掉。

2. 系统风险

系统风险又称为市场风险或不可分散风险,是指影响所有资产的、不能通过资产组合而消除的风险。这部分风险是由那些影响整个市场的风险因素所引起的,主要包括宏观经济形势的变动、国家经济政策的变化、税制改革、企业会计准则改革、世界能源状况、政治因素等。一般来讲,随着证券资产组合中资产个数的增加,证券资产组合的风险会逐渐降低,当资产的个数增加到一定程度时,证券资产组合的风险程度将趋于平稳,这时组合风险的降低将非常缓慢直到不再降低。

系统风险的大小用 β 系数来衡量。单项资产的 β 系数表示单项资产收益率的变动受市场平均收益率变动的影响程度。由市场上所有资产组成的组合称为市场组合,由于其包含了所有的资产,因此市场组合中非系统风险已经被消除,市场组合的风险就是市场风险或系统风险,其 β 系数等于 1。如果某种股票的风险情况与整个证券市场的风险情况一致,则这种股票的 β 系数等于 1;如果某种股票的 β 系数大于 1,说明其风险大于整个市场的风险;如果某种股票的 β 系数小于 1,说明其风险小于整个市场的风险。

投资组合的 β 系数是所有单项资产 β 系数的加权平均数,权数为各种资产在投资组合中所占的比重。其计算公式为:

$$\beta_p = \sum_{i=1}^{n} w_i \times \beta_i$$

式中：β_i 表示证券投资组合的 β 系数；w_i 表示证券投资组合中第 i 种股票所占比重；β_i 表示第 i 种股票的系数；n 表示证券组合中股票的数量。

（二）证券投资组合的风险收益

证券投资组合与进行单项投资一样，都要求对承担的风险进行补偿。投资的风险越大，要求的收益就越高。证券投资组合的风险收益是指投资者因承担不可分散风险而要求的、超过资金时间价值的那部分额外收益，其计算公式为：

$$R_P = \beta_P \times (K_m - R_f)$$

式中：R_p 表示证券投资组合的风险收益率；β_p 表示证券投资组合的 β 系数；K_m 表示证券市场的平均收益率；R_f 表示无风险收益率，一般用政府债券的利息率来衡量。

【学中做 6-9】

BH 公司持有 A、B、C 三种股票构成的证券组合，各股票的 β 系数分别是 2、1 和 0.5，它们在证券投资组合中所占的比重分别是 50%、30% 和 20%，股票的市场收益率为 10%，无风险收益率为 5%。请确定该证券投资组合的风险收益率。

【解析】

该证券投资组合的风险收益率可通过如下步骤计算：

（1）确定证券投资组合的 β 系数。

$$\beta_p = \sum_{t=1}^{n} w_i \times \beta_i = 50\% \times 2 + 30\% \times 1 + 20\% \times 0.5 = 1.4$$

（2）计算该证券投资组合的风险收益率。

$$R_p = \beta_p \times (K_m - R_f) = 1.40 \times (10\% - 5\%) = 7\%$$

小贴士

在其他因素不变的情况下，风险收益取决于证券投资组合的 β 系数。β 系数越大，风险收益就越大；β 系数越小，风险收益就越小。

（三）证券投资组合风险与收益的关系

证券投资组合的收益由无风险收益和风险收益两部分构成。证券投资组合的期望收益率的计算公式为：

$$R = R_f + \beta_p \cdot (K_m - R_f)$$

式中：R 表示证券投资组合的期望收益率，其他符号含义同上。

【学中做 6-10】

BH 公司股票的 β 系数为 2，无风险收益率为 6%，市场上所有股票的平均收益率为 11%，请计算该公司的股票收益率。

【解析】

BH 公司的股票收益率：

$$R = R_f + \beta_i \times (K_m - R_f) = 6\% + 2 \times (11\% - 6\%) = 16\%$$

即 BH 公司的股票收益率达到或超过 16% 时，投资者才可以进行投资。

三、证券投资组合的策略与方法

（一）证券投资组合的策略

证券组合的策略与投资者对风险的态度有关。我们把投资者分为风险厌恶型、风险中立型和风险爱好型。不同类型的投资者往往采取不同的组合策略。

1. 保守型策略

保守型策略认为，最佳证券投资组合要尽量模拟市场现状，将尽可能多的证券包括进来，这样就可以分散掉所有的非系统风险，获得相当于市场平均水平的收益率。这种策略常常为风险厌恶型的投资者所采用。这种组合操作简单，不需要专业的证券投资知识，但这种组合获得的收益不会高于证券市场的平均收益。因此，这种策略属于收益不高、风险不大的策略。

2. 冒险型策略

冒险型策略认为，只要投资组合做得好，就能击败市场和超越市场，取得远远高于平均水平的收益。这种策略往往会选择高风险高收益的成长型证券进行组合，且组合的随意性较强，变动频繁，更注重眼前的收益，一般不愿意做长期的投资。因此，这种策略常常为风险爱好型的投资者所采用。

3. 适中型策略

适中型策略认为，证券的价格特别是股票的价格，主要是由企业的经营业绩来决定的。证券价格的变动，虽然短期内可能暂时背离其内在价值，但从长期看，证券价格终究会体现其内在价值的。适中型策略常为风险中立型投资者所采用，他们一般善于对证券进行分析，如行业分析、企业业绩分析、财务分析等，善于寻找被市场低估的证券构成投资组合。如果这种策略运用恰当的话，既可以获得较好的投资收益又不会冒太大的风险，是一种常见的投资组合策略。

（二）证券投资组合的方法

进行证券投资组合的方法有很多，但最常见的方法有以下三种。

1. 选择足够数量的证券进行组合

选择足够数量的证券进行组合，即随机选择证券进行组合，随着证券数量的增加，可分散风险会逐步减少。当数量足够时，大部分可分散风险都能分散掉。

2. 按"三分法"进行证券投资组合

按"三分法"进行证券投资组合，即把全部资金分为三份，三分之一投资于风险大的证券，三分之一投资于风险中等的证券，三分之一投资于风险小的证券。一般而言，风险大的证券对经济形势的变化比较敏感，当经济处于繁荣时期，风险大的证券获得高额收益；但当经济衰退时，风险大的证券却会遭受巨额损失，风险小的证券对经济形势的变化则不十分敏感，一般都能获得稳定收益，而不致遭受损失。"三分法"是一种进可攻、退可守的组合法,虽不会获得太高的收益,但也不会承担巨大风险,是一种常见的组合方法。

3. 长线、中线、短线划分的比例组合法

长线投资,是指选择目前财务良好又有发展前景公司股票买进,并持有较长一段时间以享受优厚的股本权益。中线投资,是指把自己几个月内暂时不用的资金用来买进估计几个月内可能提供良好收益的股票。短线投资,是指那些股价波动甚大,几天内就可以有大涨大落的股票投资。一个投资者可把自己的资金分成较长期内不用、几个月内不用和随时可能动用这三部分,以分别用于长线、中线和短线投资。

任务分析

通过本子模块的学习可知,证券投资风险通常分为系统性风险和非系统风险。系统性风险为不可分散风险;而非系统风险则可以通过证券投资组合,即持有多家公司的证券,尤其是持有不同行业或板块的证券,实现降低风险提高收益的目的。这就是俗话说的"不要把全部鸡蛋放在同一个篮子里"。因此,建议 BH 公司不要将闲置的 3 000 万元资金购买筛选出的 5 只股票中 1 只,而是购买多只股票,以实现降低投资风险同时保住投资收益的目的。

总结提升

本子模块的知识点包括证券投资组合的含义与意义、证券投资组合的风险与收益、证券投资组合的策略与方法;技能点是能够准确计算证券投资组合的风险收益,并能够做出科学的证券投资组合决策。

知识巩固

一、单项选择题

1. 一般认为,企业利用闲置资金进行证券投资的主要目的是(   )。

A. 控制被投资企业 　　　　　　B. 谋取投资收益

C. 降低投资风险 　　　　　　　D. 提高资产流动性

2. 下列关于证券投资风险的说法中,错误的是(   )。

A. 价格风险属于系统风险 　　　B. 购买力风险属于系统风险

C. 违约风险属于系统风险 　　　D. 破产风险属于非系统风险

3. 某公司预期未来市场利率会上升,从而将闲置资金全部用于短期证券投资,而到期时市场利率却大幅度下降,这意味着公司的证券投资出现(   )。

A. 再投资风险 　　B. 购买力风险 　　C. 汇率风险 　　D. 变现风险

4. 某基金资产的 25% 投资于股票,70% 投资于债券,5% 投资于货币市场工具,则该基金为(   )。

A. 股票基金 　　　B. 债券基金 　　　C. 货币市场基金 　　D. 混合基金

5. 下列各项中,属于系统风险的是(   )。

A. 变现风险   B. 违约风险   C. 破产风险   D. 购买力风险

6. 某 ST 公司在 2025 年 3 月 5 日宣布其发行的公司债券本期利息总额 8 980 万元将无法于原定付息日 2025 年 3 月 9 日全额支付,仅能够支付 500 万元,则该公司债券的投资者面临的风险是(　　)。

A. 价格风险   B. 购买力风险   C. 变现风险   D. 违约风险

7. 下列各项中,属于债券内在价值计算公式中不包含的因素是(　　)。

A. 债券市场价格   B. 债券面值   C. 债券期限   D. 债券票面利率

8. 根据债券估价基本模型,不考虑其他因素的影响,当市场利率上升时,固定利率债券价值的变化方向是(　　)。

A. 不变   B. 不确定   C. 下降   D. 上升

9. 下列各项中,属于债券内部收益率的计算公式中不包含的因素是(　　)。

A. 票面利率   B. 债券面值   C. 市场利率   D. 债券期限

10. 某投资者年初以 100 元的价格购买 A 债券,当年获得利息收入 5 元,当年年末以 103 元的价格出售该债券,假设不考虑资金时间价值,则该债券的持有期间收益率为(　　)。

A. 8%   B. 7.77%   C. 3%   D. 5%

二、多项选择题

1. 下列情形中,债券的实际利率与票面利率不一致的有(　　)。

A. 债券溢价发行,每年年末付息一次,到期一次偿还本金

B. 债券折价发行,按年复利计息,到期一次还本付息

C. 债券按面值发行,每年年末付息一次,到期一次偿还本金

D. 债券按面值发行,按年复利计息,到期一次还本付息

2. 在债券票面利率大于市场利率的情形下,基于债券估价基本模型,若不考虑其他因素的影响,下列说法正确的有(　　)。

A. 付款频率提高,债券价值下降   B. 票面利率上升,债券价值上升

C. 市场利率上升,债券价值下降   D. 债券期限延长,债券价值下降

3. 符合条件的企业可以通过发行债券进行筹资,常见的债券发行方式有(　　)。

A. 公开发行   B. 平价发行   C. 折价发行   D. 溢价发行

4. 根据证券投资的对象,可将证券分为(　　)。

A. 债券投资   B. 组合投资   C. 基金投资   D. 股票投资

5. 由于外部经济环境因素变化引起整个资本市场不确定性加强,从而对所有证券都产生影响的共同性风险,称为(　　)。

A. 可分散风险   B. 非系统风险   C. 不可分散风险   D. 系统风险

6. 按基金变现方式的不同,可分为(　　)

A. 封闭式基金   B. 契约型基金

C. 开放式基金   D. 公司型基金

7. 下列属于企业证券投资目的的有(　　)。

A. 分散资金投向,降低投资风险   B. 利用闲置资金,增加企业收益

C. 稳定客户关系,保障生产经营   D. 提高资产流动性,增强偿债能力

8. 证券投资主要风险有(　　)。

A. 违约风险　　　　B. 利率风险　　　　C. 购买力风险　　　　D. 流动性风险

9. 单项资产或者投资组合的必要收益率受(　　)的影响。

A. 无风险收益率　　　　　　　　　　B. 市场组合的平均收益率

C. β 系数　　　　　　　　　　　　　D. 某种资产的特有风险

10. 契约型基金又称单位信托基金,其当事人包括(　　)。

A. 受益人　　　　　　B. 管理人　　　　　C. 托管人　　　　　D. 投资人

三、判断题

1. 企业投资于某公司证券可能因该公司破产而引发无法收回其本金的风险,这种风险属于非系统风险。　　　　　　　　　　　　　　　　　　　　　　　　　　　(　　)

2. 不考虑其他因素的影响,如果债券的票面利率大于市场利率,则该债券的期限越长,其价值就越低。　　　　　　　　　　　　　　　　　　　　　　　　　　　　(　　)

3. 当投资者要求的最低收益率高于债券(分期付息债券)票面利率时,债券的市场价值会低于债券面值。　　　　　　　　　　　　　　　　　　　　　　　　　　　(　　)

4. 由于债券的面值、期限和票面利息通常是固定的,因此债券给持有者所带来的未来收益仅仅为利息收益。　　　　　　　　　　　　　　　　　　　　　　　　　(　　)

5. 溢价债券的内部收益率高于票面利率,折价债券的内部收益率低于票面利率。
　　　　　　　　　　　　　　　　　　　　　　　　　　　　　　　　　　(　　)

6. 一般说来,企业进行股票投资的风险要小于债券投资的风险。　　　　(　　)

7. 在票面利率大于市场利率情况下,债券发行时的价格一定大于债券面值。(　　)

8. 对于期限性风险来说,长期债券投资的要大于短期债券投资的。　　　(　　)

9. 一般情况下,股票的市场价格会随着市场利率的上升而下降,随着市场利率的下降而上升。　　　　　　　　　　　　　　　　　　　　　　　　　　　　　　　(　　)

10. 把投资收益呈完全正相关的证券放在一起进行组合,可以降低风险。　(　　)

技能提升

1. 某投资者准备购买甲公司的股票,并打算长期持有。甲公司股票当前的市场价格为 32 元/股,预计未来 3 年每年股利均为 2 元/股,随后股利年增长率为 10%。甲公司股票的 β 系数为 2,当前无风险收益率为 5%,市场平均收益率为 10%。有关货币时间价值系数如下:

$(P/F,10\%,3)=0.7513$;$(P/A,10\%,3)=2.4869$;

$(P/F,15\%,3)=0.6575$;$(P/A,15\%,3)=2.2832$。

问题:

(1) 采用资本资产定价模型计算甲公司股票的必要收益率。

(2) 以(1)的计算结果作为投资者要求的收益率,采用股票估价模型计算甲公司股票的价值。

(3) 根据(2)的计算结果,判断甲公司股票是否值得购买,并说明理由。

2. 甲公司拟购买由 A、B、C 三种股票构成的投资组合,资金权重分别为 20%、30%、

50%。A、B、C 三种股票的 β 系数分别为 0.8、2 和 1.5,无风险收益率为 4%,市场平均收益率为 10%。购买日 C 股票价格为 11 元/股,当年已发放股利 D_0 为每股 0.9 元,预期股利按 3% 的固定比率逐年增长,投资者要求达到的收益率为 13%。

问题:

(1) 计算该投资组合的 β 系数。

(2) 使用资本资产定价模型,计算该投资组合必要收益率。

(3) 使用股票估价模型计算 C 股票价值,并据此判断 C 股票是否值得单独购买。

3. 某公司在 2025 年 1 月 1 日平价发行新债券,每张面值为 100 元,票面利率为 10%,5 年到期,每年 12 月 31 日付息。

问题:

(1) 2025 年 1 月 1 日购买该债券并持有债券至到期日的内部收益率是多少?

(2) 假定 2026 年 1 月 1 日的市场利率下降到 8%,那么此时债券的价值是多少?

(3) 假定 2026 年 1 月 1 日的市价为 104 元,计算此时购买该债券并持有至到期日的内部收益率,并用简便算法计算投资收益率。

模块七

营运资金管理

 学习指南

　　本模块对应的典型工作任务是"存货采购量经济决策"和"信用条件决策",是本书中的重要模块,为后续模块的学习打下了基础。学生通过本模块学习,需要了解营运资金的特点、管理原则,持有现金的动机;理解目标现金余额的确定、现金收支日常管理和应收账款日常管理的要求、流动负债管理要求;掌握信用政策决策和现金折扣决策的方法、最优存货量的确定。本模块的重点是应收账款管理和存货管理,难点是应收账款信用政策和存货管理最优存货量的确定。

 **知识导图**

```
营运资金管理 ┬ 营运资金管理      ┬ 1. 营运资金的概念
            │ 概述             ├ 2. 营运资金的特点
            │                 └ 3. 营运资金的管理原则
            │
            ├ 现金管理         ┬ 1. 持有现金的动机
            │                 ├ 2. 目标现金余额的确定
            │                 ├ 3. 现金管理模式
            │                 └ 4. 现金收支的日常管理
            │
            ├ 应收账款管理      ┬ 1. 应收账款的功能
            │                 ├ 2. 应收账款的成本
            │                 ├ 3. 信用政策
            │                 ├ 4. 应收账款的监控
            │                 └ 5. 应收账款的日常管理
            │
            ├ 存货管理         ┬ 1. 存货管理的目标
            │                 ├ 2. 存货的成本
            │                 ├ 3. 最优存货量的确定
            │                 └ 4. 存货的控制系统
            │
            └ 流动负债管理      ┬ 1. 短期借款
                              ├ 2. 短期融资券
                              ├ 3. 商业信用
                              └ 4. 流动负债的利弊
```

 **思政导引**

1. 现金管理

借助挪用公款等相关违法案例,加强对学生财务素养的培养,告诫学生要洁身自好,不贪不占、遵纪守法、清正廉洁。

2. 应收账款管理

通过应收账款相关内容的介绍,引导学生践行诚实守信的社会主义核心价值观;让学生认识到,企业在催收欠款时要合法合规,不可采取违法手段强制催款。

3. 存货保险储备

通过介绍相关内容,让学生认识到在工作、生活中要有忧患意识,提前做好准备,做到未雨绸缪。

子模块一　**营运资金管理概述**

 **任务导入**

BH 公司以零库存、零距离、零营运资本作为营运资金的管理目标,主要通过以下具体措施实现这三个目标。

1. 零库存

(1) JIT 采购,即需要多少,采购多少;通过国际化分供方,采购到完成订单最需要的零部件和原材料。

(2) JIT 送料,即仓库只是一个配送站。公司规定,在仓库存放的所有物料从采购进来到车间的制造系统不能超过 7 天。

(3) JIT 配送,即公司在全国建立物流中心系统,无论任何地方,公司都可以送货。

2. 零距离

零距离,即根据用户的需求拿到订单,再以最快的速度满足需求。这与商流有关,商流是以空间消灭时间。用户在网上订货,公司根据订单送货,流程便结束。如果没有零距离,不知道用户的需求,那么企业所有的工作都是徒劳。

企业在给分供方的付款期到来之前,会先把用户的货款拿来,因为企业是根据用户的订单来制造的。这就使企业进入良性运作的过程。

3. 零营运资金

为实现零营运资本的管理目标,公司着重从以下三方面入手。

(1) 现金管理方面。公司有一个观念:"现金流第一,利润第二"。

(2) 存货管理方面。原材料的占用天数,中国家电企业一般为 10 天,而公司可以缩短到 7 天。公司成品库存的天数,约为 20 天,也低于中国家电一般企业。

(3) 应收账款管理方面。公司的做法是先有订单后有生产,现款现货,但给供应商的付款按惯例有一个账期,到期就在网上支付。

思考: BH 公司为何如此重视现金、存货、应收账款的管理?

微视频：7.1 认知营运资金

一、营运资金的概念

营运资金，是指在企业生产经营过程中占用在流动资产上的资金。营运资金有广义和狭义之分。广义的营运资金又称毛营运资金，是指一个企业流动资产的总额；狭义的营运资金是指企业流动资产减流动负债后的余额。我们日常说的营运资金指的就是狭义的营运资金，用公式表示如下：

$$营运资金 = 流动资产 - 流动负债$$

（一）流动资产

流动资产，是指在 1 年或者超过 1 年的一个营业周期内变现或运用的资产，主要包括现金、短期有价证券、应收账款和存货等。流动资产具有占用时间短、周转快、易变现等特点。企业拥有较多的流动资产，可在一定程度上降低财务风险。

（二）流动负债

流动负债又称短期负债，是指在 1 年或者超过 1 年的一个营业周期内必须清偿的债务，主要包括短期借款、短期融资券、应付账款、应付票据、预收账款等。流动负债具有成本低、偿还期短的特点。

二、营运资金的特点

（一）营运资金的来源具有多样性

与筹集长期资金的方式相比，企业筹集营运资金的方式较为灵活多样，通常有银行短期借款、短期融资券、商业信用、应交税费、应付股利、应付职工薪酬、票据贴现等多种在内外部融资方式。

（二）营运资金的数量具有波动性

流动资产的数量会随企业内外条件的变化而变化，时高时低，波动很大。季节性企业如此，非季节性企业也如此。随着流动资产数量的变动，流动负债的数量也会相应发生变动。

（三）营运资金的周转具有短期性

企业占用在流动资产上的资金，通常会在 1 年或超过 1 年的一个营业周期内收回。根据这一特点，营运资金可以用商业信用、银行短期借款等短期筹资方式来加以解决。

（四）营运资金的实物形态具有变动性和易变现性

企业营运资金的实物形态是经常变化的，一般按照现金、材料、在产品、产成品、应收账款、现金的顺序转化。为此，在进行流动资产管理时，必须在各项流动资产上合理配置资金数额，做到结构合理，以促进资金周转顺利进行。

三、营运资金的管理原则

(一) 满足正常资金需求

企业营运资金的需求数量与企业生产经营活动有直接关系。一般情况下,当企业产销两旺时,流动资产会不断增加,流动负债也会相应增加;而当企业产销量不断减少时,流动资产和流动负债也会相应减少。因此,营运资金的管理必须把满足正常合理的资金需求作为首要任务。

(二) 提高资金使用效率

加速资金周转是提高资金使用效率的主要手段之一。提高营运资金使用效率的关键就是采取得力措施,缩短营业周期,加速变现过程,加快营运资金周转。

(三) 节约资金使用成本

在营运资金管理中,必须正确处理保证生产经营需要和节约资金使用成本两者之间的关系。要在保证生产经营需要的前提下,遵守勤俭节约的原则,尽力降低资金使用成本。一方面,要挖掘资金潜力,盘活全部资金,精打细算地使用资金;另一方面,积极拓展融资渠道,合理配置资源,筹措低成本资金,服务于生产经营。

(四) 维持短期偿债能力

偿债能力的高低是衡量企业财务风险高低的标志之一。合理安排流动资产与流动负债的比例关系,保持流动资产结构与流动负债结构的适配性,保证企业有足够的短期偿债能力是营运资金管理的重要原则之一。因此,如果一个企业的流动资产比较多,流动负债比较少,说明企业的短期偿债能力较强;反之,则说明短期偿债能力较弱。但如果企业的流动资产太多,流动负债太少,也不是正常现象,这可能是流动资产闲置或流动负债利用不足所致。

 **任务分析**

营运资金管理的核心是加速周转。BH 公司正是抓住了这一核心,采取各种有效的措施缩短营业周期,降低货币资金占用量,加速存货和应收账款的周转,向提高营运资金周转速度要效率、要效益。这也充分体现了营运资金管理的重要性。

 **总结提升**

本子模块的知识点包括营运资金的概念、特点和管理原则;技能点是能够认识营运资金管理的相关要求。营运资金管理在财务管理活动中具有非常重要的作用,对营运资金有效的管理可以最大限度地提高企业资金的使用效率,提高企业资产的收益率,最大限度地降低企业资金的风险。

子模块二　现金管理

 任务导入

假如你是 BH 公司的财务负责人,为了更好地做好该公司的现金管理,有四种现金持有方案可供选择。

A 方案:当现金持有量为 25 000 元时,机会成本为 3 000 元,管理成本为 20 000 元,短缺成本为 12 000 元。

B 方案:当现金持有量为 50 000 元时,机会成本为 6 000 元,管理成本为 20 000 元,短缺成本为 6 750 元。

C 方案:当现金持有量为 75 000 元时,机会成本为 9 000 元,管理成本为 20 000 元,短缺成本为 2 500 元。

D 方案:当现金持有量为 100 000 元时,机会成本为 12 000 元,管理成本为 20 000 元,短缺成本为 0。

思考:对 BH 公司来说哪种现金持有方案最佳?

 必备知识

一、持有现金的动机

企业持有现金主要是出于三种动机:交易动机、预防动机和投机动机。

(一)交易动机

交易动机又称交易性需求,是指企业为了维持日常周转及正常商业活动所需持有的现金,如用于支付职工工资、购买原材料、缴纳税款、支付股利、偿还到期债务等。企业在日常经营活动中,每天发生的现金流入量与现金流出量通常都存在一定的差额,因此,企业必须持有一定数量的现金才能满足企业日常交易活动的正常进行。

一般说来,企业为满足交易动机所持有的现金额主要取决于企业销售水平。

(二)预防动机

预防动机又称预防性需求,是指出于应对突发事件的目的而持有现金,如为了应对自然灾害、生产事故、客户违约导致的突发性偿付等原因而持有的现金。持有一定数量的预防性现金,可以减少企业的财务风险。

预防性现金持有量的多少主要取决于三方面:一是企业愿意承担风险的程度;二是企业临时举债能力的强弱;三是企业预测现金收支的可靠程度。

(三)投机动机

投机动机又称投机性需求,是指出于投机获利的目的而持有现金,如在证券市场价格剧烈波动时进行证券投机所需要的现金、为了能随时购买到偶然出现的廉价原材料或资产而准备的现金等。投机是为了获利,同时也会承担较大的风险,所以企业应当在正常的

现金需要量基础上追加一定数量的投机性现金,不能用企业正常的交易活动所需的现金进行投机活动。

投机性现金的持有量主要取决于企业对待投机的态度以及企业在金融市场上的投机机会的大小。

除了上述三种基本的动机以外,还有补偿动机。许多企业是将现金作为补偿性余额来持有的,如银行为企业提供服务时,往往需要企业在银行中保留存款余额来补偿服务费用。这种出于银行要求而保留在企业银行账户中的存款就是补偿动机要求的现金持有量。

二、目标现金余额的确定

(一) 成本模型

成本模型强调的是,持有现金是有成本的,最优的现金持有量是使得现金持有成本最小化的持有量。成本模型考虑的现金持有成本包括机会成本、管理成本和短缺成本。

1. 机会成本

现金的机会成本,是指企业因持有一定现金余额丧失的再投资收益。再投资收益是企业不能同时用该现金进行有价证券投资所产生的机会成本,这种成本在数额上等于资金成本。

例如,某企业的投资收益率为10%,年均持有现金50万元,则该企业每年的现金机会成本为5万元(50×10%)。放弃的再投资收益即机会成本与现金持有量的多少密切相关,即现金持有量越大,机会成本越大,反之就越小。

2. 管理成本

现金的管理成本,是指企业因持有一定数量的现金而发生的管理费用。例如,管理人员工资、安全措施费用等。一般认为,这是一种固定成本,这种固定成本在一定范围内和现金持有量之间没有明显的比例关系。

微视频:7.2 现金管理成本分析

3. 短缺成本

现金的短缺成本是指在现金持有量不足,又无法及时通过有价证券变现加以补充所给企业造成的损失,包括直接损失与间接损失。现金的短缺成本随现金持有量的增加而下降,随现金持有量的减少而上升,即与现金持有量负相关。

成本模式是根据现金有关成本,分析预测其总成本最低时现金持有量的一种方法。其计算公式为:

$$最佳现金持有量下的现金持有总成本 = \min(管理成本 + 机会成本 + 短缺成本)$$

其中,管理成本属于固定成本,机会成本是正相关成本,短缺成本是负相关成本。因此,成本模式是要找到机会成本、管理成本和短缺成本所组成的总成本曲线中最低点所对应的现金持有量,把它作为最佳现金持有量。成本模型的现金持有总成本如图7-1所示。

从图7-1中可以看出:机会成本线向右上方倾斜,短缺成本线向右下方倾斜,

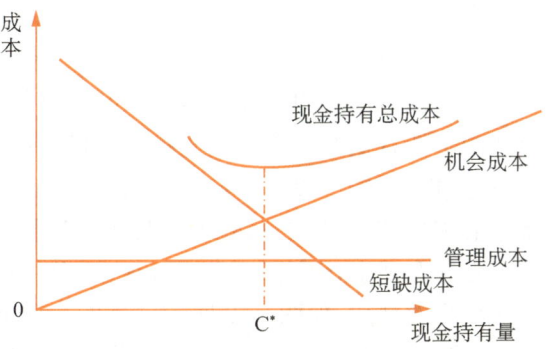

图7-1 成本模型的现金持有总成本

管理成本线为平行于横轴的平行线,相关总成本线便是一条抛物线,该抛物线的最低点即为持有现金的最低总成本,这一点横轴上的量 C* 即是最佳现金持有量。

 小贴士

在实际工作中运用成本模型确定最佳现金持有量的具体步骤为:
(1) 根据不同现金持有量测算并确定有关成本数值。
(2) 按照不同现金持有量及其有关成本资料编制最佳现金持有量测算表。
(3) 在测算表中找出总成本最低时的现金持有量,即最佳现金持有量。

【学中做 7-1】

BH 公司根据现金管理的现状预计其每年的现金管理成本约为 5 000 元,又知该企业投资的短期有价证券的年利率为 12%。根据对未来情况的预计,当现金持有量为 20 000 元时,短缺成本为 4 000 元;当现金持有量为 40 000 元时,短缺成本为 2 000 元;当现金持有量为 60 000 元时,短缺成本为 1 000 元;当现金持有量在 80 000 元及其以上时,短缺成本将不再发生,试确定该企业的最佳现金持有量。

【解析】

根据以上资料,我们将用测试比较的办法确定最佳现金持有量。其测试比较过程如表 7-1 所示。

表 7-1　最佳现金持有量测算表　　　　　　　金额单位:元

现金持有量	机会成本		管理成本	短缺成本	相关总成本
	证券利率	金额			
20 000	12%	2 400	5 000	4 000	11 400
40 000	12%	4 800	5 000	2 000	11 800
60 000	12%	7 200	5 000	1 000	13 200
80 000	12%	9 600	5 000	0	14 600
100 000	12%	12 000	5 000	0	17 000

从表 7-1 不难发现,当现金持有量为 20 000 元时总成本最低,故该企业的最佳现金持有量应为 20 000 元。

(二) 存货模型

存货模型也称鲍莫模型,是 1952 年由美国经济学家威廉·鲍莫首次提出的。他认为企业现金持有量在许多方面与存货批量类似,因此,可用存货批量模型来确定企业最佳现金持有量。该模型假定一定时期内企业的现金总需求量可以预测出来,并且企业每天的现金需求量(即现金流入量减去现金流出量)稳定不变,当现金余额为零时,可通过出售有价证券获取现金,使现金余额重新达到应有的水平。在此假定条件下,现金余额随时间推移所呈现的规律,如图 7-2 所示。在期初现金余额为 C 元,此后现金余额逐渐减少,当现金余额降至零时,通过出售有价证券使现金余额重新回升至 C 元,并不断重复上述过程。

微视频:7.3 现金管理的 存货模型

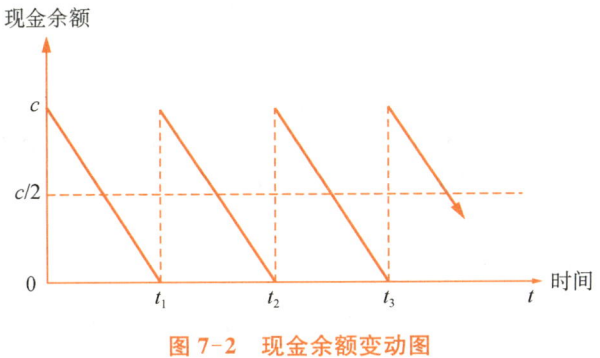

图 7-2 现金余额变动图

图中，C 表示企业最初现金余额或现金持有量；T 表示现金从最高持有量变为零需要的时间。

存货模型是将现金持有量和有价证券联系起来权衡，即将现金的持有成本同转换有价证券的成本进行权衡，以求得两者相加总成本最低时的现金余额从而得出目标现金余额。其着眼点也是相关成本之和最低。但存货模式下相关成本仅仅考虑持有成本（机会成本）和交易成本，而不考虑短缺成本（假设短缺现象不发生）。这时与现金持有量相关的成本主要包括：

（1）持有现金的机会成本，即持有现金所放弃的报酬（机会成本），通常按有价证券的利息率计算，它与现金持有量同方向变化。

（2）现金与有价证券的转换成本，即将有价证券转换为现金的交易成本，如买卖佣金、手续费、证券过户费、印花税、实物交割费。这种交易成本与交易次数有关，交易次数越多，成本就越高，且与现金持有量反方向变化，如图 7-3 所示。

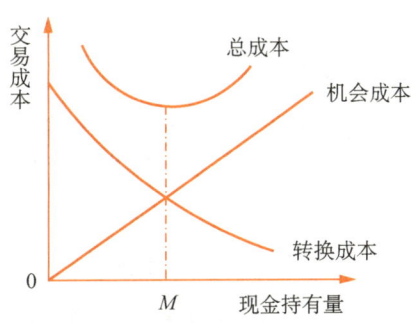

图 7-3 存货模型的现金持有总成本

其中，最佳现金持有量就是使得以上两种成本之和最小的现金持有量，即：

$$现金持有相关总成本(TC) = 持有机会成本 + 固定性转换成本$$
$$= (C/2) \times K + (T/C) \times F$$

式中：TC 表示现金管理总成本；C 表示现金持有量（每次证券变现的数量）；K 表示持有现金的机会成本（短期有价证券利息率）；T 表示一个周期内现金总需求量；F 表示每次转换有价证券的固定成本。

根据存货模式，企业的最佳现金持有量应当是使上面两种相关总成本之和最低时的现金持有量。

根据函数求极小值的方法，对 C 求导，令 $TC' = \dfrac{K}{2} - \dfrac{T}{C^2}F = 0$，则：

$$最佳现金持有量(C^*) = \sqrt{\frac{2TF}{K}}$$

$$最佳现金持有量下的相关总成本(TC) = \sqrt{2TFK}$$

【学中做 7-2】

BH 公司预计每年的现金需求总额为 10 000 000 元,现金与有价证券的转换成本每次固定为 60 元,有价证券的年利率为 1.4%。则该企业最佳的现金持有量为多少?每年有价证券最佳转换次数?最低现金管理总成本为多少?

【解析】

(1)计算最佳现金持有量。

$$C^* = \sqrt{\frac{2 \times 10\,000\,000 \times 60}{0.014}} = 272\,770(元)$$

(2)计算最佳转换次数。

$$最佳转换次数 = \frac{10\,000\,000}{272\,770} = 34(次)$$

(3)计算出最低现金管理总成本。

$$TC = \sqrt{2 \times 10\,000\,000 \times 60 \times 1.4\%} = 4\,098.8(元)$$

$$或\ TC = \frac{292\,770}{2} \times 1.4\% + \frac{10\,000\,000}{292\,770} \times 60 = 4\,098.8(元)$$

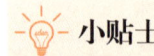 **小贴士**

存货模型是以有价证券的转换为现金唯一来源的假设而建立起来的,而且要求现金均匀支出,因此,在实践中真正能够满足上述条件的企业并不多见。

三、现金管理模式

(一)"收支两条线"的管理模式

"收支两条线"是政府为了加强财政管理和整顿财政秩序而对财政资金采取的一种管理模式,具体是指具有收费和罚款没收职能的部门和单位,根据国家法律、法规和规章应收取的行政事业性收费(基金、附加)和罚没收入,按规定委托指定代收银行代收代缴或由执收执罚单位直接收取并全额上缴国库或预算外资金财政专户;部门和单位的人员经费、公用经费和办公所需的特殊经费等,由财政部门根据实际情况纳入本级综合财政预算统筹安排。当前,企业特别是大型集团企业,也纷纷采用"收支两条线"资金管理模式。

1. 企业实行"收支两条线"管理模式的目的

企业作为追求价值最大化的营利组织,实施"收支两条线"主要出于两个目的:第一,对企业范围内的现金进行集中管理,减少现金持有成本,加速资金周转,提高资金使用效率;第二,以实施"收支两条线"为切入点,通过高效的价值化管理来提高企业效益。

2."收支两条线"资金管理模式的构建

构建企业"收支两条线"资金管理模式,可从规范资金的流向、流量和流程三个方面入手。

1) 资金的流向方面

企业"收支两条线"要求各部门或分支机构在内部银行或当地银行设立两个账户（收入户和支出户），并规定所有收入的现金都必须进入收入户，收入户资金由企业资金管理部门（内部银行或财务结算中心）统一管理，而所有的货币性支出都必须从支出户里支付，支出户里的资金只能根据一定的程序由收入户划拨而来，严禁现金坐支。

2) 资金的流量方面

在收入环节上要确保所有收入的资金都进入收入户，不允许有私设的"账外小金库"。另外，还要加快资金的结算速度，尽量压缩资金在结算环节的沉淀量；在调节环节上通过动态的现金流量预算和资金收支计划实现对资金的精确调度；在支出环节上，根据"以支定收"和"最低限额资金占用"的原则从收入户按照支出预算安排将资金定期划拨到支出户，支出户平均资金占用额应压缩到最低限度。有效的资金流量管理将有助于确保及时、足额地收入资金，合理控制各项费用支出和有效调剂内部资金。

3) 资金的流程方面

资金流程，是指与资金流动有关的程序和规定，它是"收支两条线"内部控制体系的重要组成部分，主要包括以下几个部分：①关于账户管理、货币资金安全性等规定；②收入资金管理与控制；③支出资金管理与控制；④资金内部结算与信贷管理与控制；⑤"收支两条线"的组织保障等。

（二）集团企业资金集中管理模式

资金集中管理也称司库制度，是指集团企业借助商业银行网上银行功能及其他信息技术手段，将分散在集团各所属企业的资金集中到总部，由总部统一调度、统一管理和统一运用。其在各个集团的具体运用可能会有所差异，但一般都包括以下主要内容：资金集中、内部结算、融资管理、外汇管理、支付管理等。目前，资金集中管理管理模式逐渐被我国企业集团所采用。

资金集中管理模式的选择实质上是集团管理是集权还是分权管理体制的体现，也就是说，在企业集团内部所属各子企业或分部是否有货币资金使用的决策权、经营权，这是由行业特点和本集团资金运行规律决定的。现行的资金集中管理模式大致上可以分为以下五种。

1. 统收统支模式

在统收统支模式下，企业的一切资金收入都集中在集团总部的财务部门，各分支机构或子企业不单独设立账号，一切现金支出都通过集团总部财务部门付出，现金收支的批准权高度集中。统收统支模式有利于企业集团实现全面收支平衡，提高资金的周转效率，减少资金沉淀，监控现金收支，降低资金成本。但是该模式可能会不利于调动成员企业开源节流的积极性，影响成员企业经营的灵活性，以至降低整个集团经营活动和财务活动的效率。

2. 拨付备用金模式

拨付备用金模式，是指集团按照一定的期限统拨给所有分支机构或子公司备用的一定数额的现金。各分支机构或子企业发生现金支出后，持有关凭证到集团财务部门报销以补足备用金。

3. 结算中心模式

结算中心是企业集团发展到一定阶段，应企业内部资金管理需求而生的一个内部资金管理机构,通常设于财务部门。该机构通过为成员企业办理现金收付和往来结算业务,降低了企业成本,提高了资金使用效率。结算中心帮助企业集中管理各分子公司的现金收入和支出。分、子公司收到现金后就直接转账存入结算中心在银行开立的账户。当需要资金的时候,再进行统一的拨付,有助于企业监控资金的流向。

4. 内部银行模式

内部银行是将社会银行的基本职能与管理方式引入企业内部管理机制而建立起来的一种内部资金管理机构,它将"企业管理""金融信贷""财务管理"三者融为一体,一般是将企业的自有资金和商业银行的信贷资金统筹运作,在内部银行统一调剂、融通运用。

5. 财务公司模式

财务公司是一种经营部分银行业务的非银行金融机构,它一般是集团公司发展到一定水平后,经过中国人民银行审核批准设立的主要职责是开展集团内部资金集中结算,同时为集团成员企业提供包括存贷款、融资租赁、担保、信用鉴证、债券承销、财务顾问等在内的全方位金融服务。集团设立财务公司是把一种市场化的企业关系或银企关系引入集团资金管理中,使得集团各子公司具有完全独立的财权,可以自行经营自身的现金,对现金的使用行使决策权。另外集团对各子公司的现金控制是通过财务公司进行的,财务公司对集团各子公司进行专门约束,而且这种约束是建立在各自具有独立的经济利益基础上的。

四、现金收支的日常管理

(一) 现金周转期

企业的经营周期,是指从取得存货开始到销售存货并收回现金为止的时期。其中,从收到原材料,加工原材料,形成产成品,到将产成品卖出的这一时期,称为存货周转期;产品卖出后到收到顾客支付的货款的这一时期,称为应收账款周转期或收账期。

但是企业购买原材料并不用立即付款,这一延迟的付款时间段就是应付账款周转期或收账期。现金周转期是指介于企业支付现金与收到现金之间的时间段。它等于经营周期减去应付账款周转期。现金周转示意图,如图 7-4 所示。

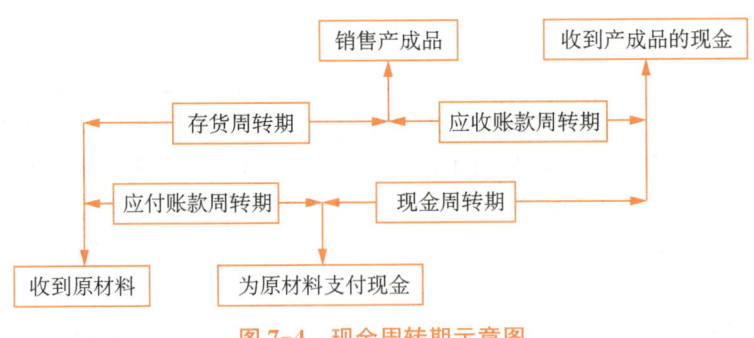

图 7-4 现金周转期示意图

【学中做 7-3】

BH 公司的存货周转期为 45 天,应收账款周转期为 60 天,应付账款周转期为 40 天,则公司现金周转期是多少天?

【解析】

经营周期＝存货周转期＋应收账款周转期＝45＋60＝105(天)

现金周转期＝经营周期－应付账款周转期＝105－40＝65(天)

(二)收款管理

1. 收账系统

一个高效率的收款系统能够使收款成本和收款浮动期降到最小,同时能够保证与客户汇款及其他现金流入来源相关的信息的质量。

1)收款成本

收款成本包括浮动期成本、管理收款系统的相关费用(如银行手续费)及第三方处理费用或清算相关费用。在获得资金之前,收款在途项目使企业无法利用这些资金,也会产生机会成本。信息的质量包括收款方得到的付款人的姓名,付款的内容和付款时间。信息要求及时、准确地到达收款人一方,以便收款人及时处理资金,做出发货的安排。

2)收款浮动期

收款浮动期是指从支付开始到企业收到资金的时间间隔。收款浮动期主要是由纸基支付工具导致的,包括邮寄浮动期、处理浮动期和结算浮动期三种类型。

(1)邮寄浮动期,即从付款人寄出支票到收款人或收款人的处理系统收到支票的时间间隔。

(2)处理浮动期,即支票的接受方处理支票和将支票存入银行以收回现金所花的时间。

(3)结算浮动期,即通过银行系统进行支票结算所需的时间。

2. 收款方式的改善

电子支付方式对比纸基(或称纸质)支付方式是一种改进。电子支付方式提供了如下好处:

(1)结算时间和资金可用性可以预计。

(2)向任何一个账户或任何金融机构的支付具有灵活性,不受人工干扰。

(3)客户的汇款信息可与支付同时传送,更容易更新应收账款。

(4)客户的汇款从纸基方式转向电子方式,减少或消除了收款浮动期,降低了收款成本,收款过程更容易控制,并且提高了预测精度。

(三)付款管理

现金支出管理的主要任务是尽可能延缓现金的支出时间。当然,这种延缓必须是合理合法的。

1. 使用现金浮游量

现金浮游量,是指由于企业提高收款效率和延长付款时间所产生的企业账户上的现金余额和银行账户上的企业存款余额之间的差额。

2. 推迟应付款的支付

推迟应付款的支付,是指企业在不影响自己的信誉的前提下,充分运用供货方所提供的信用优惠,尽可能地推迟应付款的支付期。

3. 汇票代替支票

汇票分为商业承兑汇票和银行承兑汇票,与支票不同的是,承兑汇票并不是见票即付。这一方式的优点是推迟了企业调入资金支付汇票的实际所需时间,这样企业就只需在银行中保持较少的现金余额;缺点是某些供应商可能并不喜欢用汇票付款,银行也不喜欢处理汇票,它们通常需要耗费更多的人力。同支票相比,汇票的手续费会更高。

4. 改进员工工资支付模式

企业可以为支付工资专门设立一个工资账户,通过银行向职工支付工资。为了最大限度地减少工资账户的存款余额,企业要合理预测开出支付工资的支票到职工去银行兑现的具体时间。

5. 透支

企业开出支票的金额大于活期存款余额。透支实际上是银行向企业提供的信用,透支的限额,由银行和企业共同商定。

6. 争取现金流出与现金流入同步

企业应尽量使现金流出与流入同步,这样就可以降低交易性现金余额,同时可以减少有价证券转换为现金的次数,提高现金的利用效率,节约转换成本。

7. 使用零余额账户

使用零余额账户,即企业与银行合作,保持一个主账户和一系列子账户,企业只在主账户保持一定的安全储备,而在一系列子账户不需要保持安全储备。当从某个子账户签发的支票需要现金时,所需要的资金立即从主账户划拨过来,从而使更多的资金可以用作他用。

企业若能有效控制现金支出,同样可带来大量的现金结余。控制现金支出的目标是在不损害企业信誉条件下,尽可能推迟现金的支出。

 任务分析

步骤一:计算四个方案的现金持有成本。

根据成本模型原理,可得:

A 方案现金持有成本＝3 000＋20 000＋12 000＝35 000(元)

B 方案现金持有成本＝6 000＋20 000＋6 750＝32 750(元)

C 方案现金持有成本＝9 000＋20 000＋2 500＝31 500(元)

D 方案现金持有成本＝1 2 000＋20 000＋0＝32 000(元)

步骤二:选择总成本最低的方案。

根据以上四个方案计算结果,可知 C 方案现金持有成本最低,因此对企业来说该方案最佳。

在实践中,采用成本模式确定最佳现金持有量,是通过对不同现金持有量的总成本进行测试并在总成本的对比中完成的。

总结提升

本子模块的知识点包括持有现金的动机、现金管理模式,技能点是能够确定目标现金余额。现金是变现能力最强的资产,代表着企业直接的支付能力和应变能力,可以用来满足生产经营的各种需要,同时现金是一种无法产生盈余的资产,但是为了满足日常营运的需要,企业必须在任何时刻都持有适量的现金。企业必须有一套管理现金的方法,正确掌握在一段时间内必须持有的现金数额。

子模块三　应收账款管理

任务导入

BH 公司 2024 年销售额为 3 000 万元(全部为赊销),变动成本率为 50%,固定成本总额为 100 万元,应收账款平均收现期为 30 天,坏账损失占销售额的 0.2%。BH 公司为扩大市场份额,计划于次年放宽信用期限并开始提供现金折扣。经测算,采用新信用政策后销售额将增至 3 600 万元(全部为赊销),应收账款平均收现期延长到 36 天,客户享受到的现金折扣占销售额的 0.5%,坏账损失占销售额的 0.3%,变动成本率与固定成本总额保持不变。1 年按 360 天计算,不考虑企业所得税等其他因素,并假设进行等风险投资的必要收益率为 10%。

思考: 计算新信用政策增加的损益,并据此判断改变信用政策是否合理。

必备知识

一、应收账款的功能

1. 增加销售

在激烈的市场竞争中,企业通过提供赊销可有效地促进销售。因为企业提供赊销不仅向顾客提供了商品,也在一定时间内向顾客提供了购买该商品的资金,顾客将从赊销中得到好处。赊销会带来企业销售收入和利润的增加,特别是在企业销售新产品、开拓新市场时,赊销更具有重要的意义。

2. 减少存货

企业持有一定产成品存货会相应地占用资金,形成仓储费用、管理费用等,从而产生成本;而赊销则可避免这些成本的产生。所以,无论是季节性生产企业还是非季节性生产企业,当产成品存货较多时,一般会采用优惠的信用条件进行赊销,将存货转化为应收账款,减少产成品存货,存货资金占用成本、仓储与管理费用等会相应减少,从而提高企业收益。

二、应收账款的成本

应收账款可以看作企业的一种投资，虽然这种投资可以提高企业的竞争能力、扩大销售，但也会因此产生成本，主要包括机会成本、管理成本和坏账成本。

1. 机会成本

机会成本，是指企业的资金由于投放于应收账款而失去了可能投资于其他项目所获得的收益。

2. 管理成本

管理成本，是指企业对应收账款进行管理所耗费的各种费用，如调查客户信用情况的费用等。

3. 坏账成本

坏账成本，是指由于客户破产、解散、财务状况恶化、拖欠时间较长等原因，导致企业的应收账款不能收回而发生的损失。

三、信用政策

微视频：7.4
应收账款的
信用政策

有许多因素会影响企业的信用政策。在许多行业，信用条件和政策已经成为标准化的惯例，因此，某一家企业很难采取与竞争对手不同的信用条件。企业还必须考虑提供商业信用对现有贷款契约的影响。应收账款的变化可能会影响流动比率，进而导致违反贷款契约中有关流动比率的约定。

应收账款的信用政策又称为应收账款的管理政策，它是企业财务政策的一个重要组成部分，主要包括了信用标准、信用条件和收账政策三部分内容。

（一）信用标准

信用标准，是指信用申请者获得企业提供信用所必须达到的最低信用水平，通常以预期的坏账损失率作为判别标准。如果企业执行的信用标准过于严格，可能会降低对符合可接受信用风险标准客户的赊销额，因此会限制企业的销售机会；如果企业执行的信用标准过于宽松，可能会对不符合可接受信用风险标准的客户提供赊销，因此会增加随后还款的风险并增加坏账费用。制定信用标准时必须取得所需信息并进行定性、定量分析，考虑不同信用标准对收益成本的影响。

1. 信用标准的定性分析——"5C"信用评价系统

信用的定性分析是对申请人"质"的分析。常用的信用定性分析法是"5C"信用评价系统，即评估申请人信用品质的五个方面：品质、能力、资本、抵押和条件。

（1）品质（character），是指个人申请人或企业申请人的诚实和正直表现。品质反映了个人或企业在过去的还款中所体现的还款意图和愿望。

（2）能力（capacity），是指申请人的偿债能力。企业应着重了解申请人流动资产数量、质量以及流动比率的高低，必要时还可实地考察申请人的日常运营状况。

（3）资本（capital），是指如果申请人当前的现金流不足以还债，申请人在短期和长期内可供使用的财务资源。

（4）抵押（collateral），是指当申请人不能满足还款条款时，可以用作债务担保的资产或其他担保物。

（5）条件（condition），是指影响申请人还款能力和意愿的各种外在因素。

　　2. 信用的定量分析

　　进行商业信用的定量分析可以从考察信用申请人的财务报表开始。通常使用比率分析法评价顾客的财务状况。常用的指标有：流动性和营运资本比率（如流动比率、速动比率以及现金对负债总额比率）、债务管理和支付比率（利息保障倍数、长期债务对资本比率、带息债务对资产总额比率，以及负债总额对资产总额比率）和盈利能力指标（销售回报率、总资产回报率和净资产收益率）。将这些指标和信用评级机构及其他协会发布的行业标准进行比较，可以了解申请人的信用状况。

（二）信用条件

　　信用条件是销货企业要求赊购客户支付货款的条件，由信用期限、折扣期限和现金折扣三个要素组成，折扣期限和现金折扣构成折扣条件。

　　1. 信用期限

　　信用期限是企业允许顾客从购货到付款之间的时间，或者说是企业给予顾客的最长付款时间，一般简称为信用期。

　　信用期的确定，主要是分析改变现行信用期对收入和成本的影响。延长信用期，会使销售额增加，产生有利影响；与此同时，应收账款、收账费用和坏账损失增加，会产生不利影响。当前者大于后者时，可以延长信用期，否则不宜延长。如果缩短信用期，情况则与此相反。

【学中做 7-4】

　　BH 公司目前采用 30 天按发票金额（即无现金折扣）付款的信用政策，拟将信用期间放宽至 60 天，仍按发票金额付款。假设等风险投资的最低收益率为 15%，其他有关数据如表 7-2 所示。

表 7-2　信用期决策数据一览表

金额单位：万元

项目	信用期间（30 天）	信用期间（60 天）
全年销售量（件）	100 000	120 000
全年销售额（单价 5 万元）	500 000	600 000
变动成本（每件 4 万元）	400 000	480 000
固定成本	50 000	52 000
可能发生的收账费用	3 000	4 000
可能发生的坏账损失	5 000	9 000

【解析】

　　在分析时，先计算放宽信用期带来的盈利增加，然后计算增加应收账款投资产生的成本费用增加，最后计算放宽信用期增加的税前损益，并做出判断。

　　步骤一：计算增加的盈利。

　　增加的盈利＝增加的边际贡献－增加的固定成本

$$＝（120\,000－100\,000）×（5－4）－（52\,000－50\,000）＝18\,000（万元）$$

步骤二：计算增加的成本费用。

(1) 计算增加的应收账款机会成本。

变动成本率＝4÷5×100％＝80％

改变信用期间增加的机会成本＝60 天信用期应计利息－30 天信用期应计利息

$$＝600\ 000÷360×60×80％×15％－500\ 000÷360$$
$$×30×80％×15％$$
$$＝7\ 000（万元）$$

(2) 计算增加的收账费用和坏账损失。

增加的收账费用＝4 000－3 000＝1 000（万元）

增加的坏账损失＝9 000－5 000＝4 000（万元）

(3) 计算增加的税前损益。

放宽信用期增加的税前损益＝盈利增加－成本费用增加

$$＝18\ 000－7\ 000－1\ 000－4\ 000$$
$$＝6\ 000（万元）$$

放宽信用期增加的税前损益大于 0，故应放宽信用期，即采用 60 天信用期。

上述信用期分析的方法比较简便，可以满足一般制定信用政策的需要。如有必要，也可以进行更细致的分析，如进一步考虑销售增加引起存货增加而占用的资金。

2. 折扣条件

折扣条件包括折扣期限和现金折扣两个方面。

折扣期限是为顾客规定的可享受现金折扣的付款时间。现金折扣是在顾客提前付款时给予的优惠。如果企业给顾客提供现金折扣，那么顾客在折扣期付款时少付的金额所产生的"成本"将影响企业收益。当顾客利用了企业提供的现金折扣，而现金折扣又没有促使销售额增长时，企业的净收益则会下降。当然上述收入方面的损失可能会全部或部分地由应收账款持有成本的下降所补偿。

向顾客提供现金折扣的主要目的在于吸引顾客为享受优惠而提前付款，缩短企业的平均收款期。另外，现金折扣也能招揽一些视折扣为减价出售的顾客前来购货，借此扩大销售量。

现金折扣的表示常用如"5/10，3/20，N/30"这样的符号。这三个符号的含义为：5/10 表示 10 天内付款，可享受 5％的价格优惠，即只需支付原价的 95％，如原价为 10 000 元，只支付 9 500 元；3/20 表示 20 天内付款，可享受 3％的价格优惠，即只需支付原价的 97％，若原价为 10 000 元，则只需支付 9 700 元；N/30 表示付款的最后期限为 30 天，此时付款无优惠。

企业采用什么程度的现金折扣，要与信用期限结合起来考虑。例如，要求顾客最迟不超过 30 天付款，若希望顾客 20 天、10 天付款，能给予多大折扣？或者给予 5％、3％的折扣，能吸引顾客在多少天内付款？不论是信用期限还是现金折扣，都可能给企业带来收益，但也会增加成本。当企业给予顾客某种现金折扣时，应当考虑折扣所能带来的收益与成本孰高孰低，权衡利弊。

因为现金折扣是与信用期限结合使用的，所以确定折扣程度的方法与程序实际上与前述确定信用期间的方法与程序一致,只不过要把所提供的延期付款时间和折扣综合起来,计算各方案的延期与折扣能取得多大的收益增量,再计算各方案带来的成本变化,最终确定最佳方案。

【学中做7-5】

承[学中做7-4]的资料,假设该企业在放宽信用期的同时,为了吸引顾客尽早付款,提出了"0.8/30,N/60"的现金折扣条件,估计会有一半的顾客(按60天信用期所能实现的销售量计算)将享受现金折扣优惠。试计算增加的盈利、应计利息、收账费用和坏账损失、现金折扣成本、税前损益。

【解析】

(1)计算增加的盈利。

增加的盈利=(120 000−100 000)×(5−4)−(52 000−50 000)=18 000(万元)

(2)计算增加的应计利息。

30天信用期应计利息=500 000÷360×30×80%×15%=5 000(万元)

提供现金折扣的平均收现期=30×50%+60×50%=45(天)

提供现金折扣的应计利息=600 000÷360×45×80%×15%=9 000(万元)

增加的应计利息=9 000−5 000=4 000(万元)

(3)计算增加的收账费用和坏账损失。

增加的收账费用=4 000−3 000=1 000(万元)

增加的坏账费用=9 000−5 000=4 000(万元)

(4)计算增加的现金折扣成本。

增加的现金折扣成本=新的销售水平×享受现金折扣的顾客比例×新的现金折扣率−
　　　　　　旧的销售水平×享受现金折扣的顾客比例×旧的现金折扣率
　　　　　　=600 000×50%×0.8%−500 000×0×0=2 400(万元)

(5)计算增加的税前损益。

增加的税前损益=盈利增加−成本费用增加
　　　　　　=18 000−(4 000+1 000+4 000+2 400)=6 600(万元)

由于增加的税前损益大于0,因此应当放宽信用期并提供现金折扣。

(三)收账政策

收账政策,是指信用条件被违反时,企业采取的收账策略。企业如果采取较积极的收账政策,可能会减少应收账款投资,减少坏账损失,但要增加收账成本;如果采用较消极的收账政策,则可能会增加应收账款投资,增加坏账损失,但会减少收账费用。企业需要做出适当的权衡。一般来说,可以参照评价信用标准、信用条件的方法来评价收账政策。

四、应收账款的监控

实施信用政策时,企业应当监督和控制每一笔应收账款和应收账款总额。例如,可以运用应收账款周转天数衡量企业需多长时间收回应收账款,可以通过账龄分析表追踪每一笔应收账款,可以采用ABC分析法来确定重点监控的对象等。

(一)应收账款周转天数

应收账款周转天数或平均收账期是衡量应收账款管理状况的一个重要指标。应收账款周转天数的计算方法为:将期末在外的应收账款除以该期间的平均日赊销额。应收账款周转天数提供了一个简单的指标,将企业当前的应收账款周转天数与规定的信用期限、历史趋势以及行业正常水平进行比较可以反映企业整体的收款效率。

【学中做 7-6】

假设 BH 公司 2024 年一季度在外的应收账款平均余额为 285 000 元,信用条件为在 60 天按全额付清货款,过去三个月的赊销情况为:1 月份 90 000 元;2 月份 105 000 元;3 月份 115 000 元。试计算该公司应收账款周转天数和平均逾期天数。

【解析】

(1) 计算出平均日赊销额。

$$平均日销售额 = \frac{90\ 000 + 105\ 000 + 115\ 000}{90} = 3\ 444.44(元)$$

(2) 计算出应收账款周转天数。

$$应收账款周转天数 = \frac{应收账款平均余额}{平均日销售额} = \frac{285\ 000}{3\ 444.44} = 82.74(天)$$

(3) 计算平均逾期天数

平均逾期天数 = 应收账款周转天数 - 平均信用期天数 = 82.74 - 60 = 22.74(天)

(二) 账龄分析表

账龄分析表将应收账款划分为未到信用期的应收账款和以 30 天为间隔的逾期应收账款,这是衡量应收账款管理状况的一种方法。企业既可以按照应收账款总额进行账龄分析,也可以按不同顾客进行账龄分析。账龄分析法可以确定逾期应收账款,随着逾期时间的增加,应收账款收回的可能性变小。

【学中做 7-7】

BH 公司应收账款金额及对应的账龄如表 7-3 所示,假定信用期限为 30 天,则逾期应收账款所占的比例为多少?

表 7-3　账龄分析表

账龄(天)	应收账款金额(元)	占应收账款总额的百分比
0~30	1 750 000	70%
31~60	375 000	15%
61~90	250 000	10%
91 及以上	125 000	5%
合计	2 500 000	100%

【解析】

根据应收账款的分类可知,超过 30 天的应收账款为逾期应收账款,所以由表 7-3 中的账龄分析表反映出账龄大于 30 天的应收账款占 30%,故逾期应收账款所占的比例为 30%。

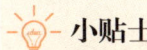 **小贴士**

账龄分析表比计算应收账款周转天数更能揭示应收账款变化趋势,因为账龄分析表给出了应收账款分布的情况,而不仅仅是一个平均数。应收账款周转天数有可能与信用期限相一致,但是有一些账款可能拖欠很严重。因此,应收账款周转天数不能精确地表现出账款拖欠情况。当各个月之间的销售额变化很大时,账龄分析表和应收账款周转天数都可能发出类似的错误信号。

(三)应收账款账户余额的模式

应收账款账户余额的模式反映一定期间(如一个月)的赊销额,在发生赊销的当月月末及随后的各月仍未偿还的百分比。可以利用账龄分析表建立应收账款余额的模式,这是重要的现金流预测工具。企业收款的历史决定了其正常的应收账款余额的模式。企业管理部门可通过将当前的模式和过去的模式进行对比来评价应收账款余额模式的任何变化。企业还可以运用应收账款账户余额的模式来计划应收账款金额水平,衡量应收账款的收账效率以及预测未来的现金流。

【学中做 7-8】

BH 公司 2024 年 1 月份销售额为 250 000 元,其中当月收款占销售额的 5%,2 月份收款占销售额的 40%,3 月份收款占销售额的 35%,则 1 月份的销售在 3 月末仍未收回的应收账款为多少?

【解析】

步骤一:根据任务内容可建立对应的应收账款账户余额的模式,如表 7-4 所示。

步骤二:根据表 7-4 可知 1 月份的销售在 3 月末应收账款 50 000 元。

另外,计算未收回应收账款的另一个方法是将销售三个月后未收回销售额的百分比(20%)乘以销售额 250 000 元,即 50 000 元(0.2×250 000)。

表 7-4 各月份销售及收款情况计算表 单位:元

销售及收款情况	计算过程	销售额及回收额
1月份销售:	—	250 000
1月份收款(销售额的 5%)	0.05×250 000	12 500
2月份收款(销售额的 40%)	0.40×250 000	100 000
3月份收款(销售额的 35%)	0.35×250 000	87 500
收款合计:	—	200 000
1月份的销售仍未收回的应收账款	250 000−200 000	50 000

(四)ABC 分析法

ABC 分析法是现代经济管理中广泛应用的一种"抓重点、照顾一般"的管理方法,又称重点管理法。ABC 分析法是将企业的所有欠款客户按其金额的多少进行分类排队,然后分别采用不同的收账策略的一种方法。ABC 分析法是一方面能加快应收账款收回,另

动画:7.1
存货管理的
ABC 分析法

一方面能将收账费用与预期收益联系起来。

【学中做 7-9】

BH 公司应收账款逾期金额为 260 万元,为了及时收回逾期货款,采用 ABC 分析法来加强应收账款回收的监控。具体数据如表 7-5 所示。

表 7-5　欠款客户 ABC 分析法(共 50 家客户)

顾客	逾期金额(万元)	逾期时间	逾期金额所占比重	类别
A	85	4 个月	32.69%	A
B	46	6 个月	17.69%	
C	34	3 个月	13.08%	
小计	165	—	63.46%	
D	24	2 个月	9.23%	B
E	19	3 个月	7.31%	
F	15.5	2 个月	5.96%	
G	11.5	55 天	4.42%	
H	10	40 天	3.85%	
小计	80		30.77%	
I	6	30 天	2.31%	C
J	4	28 天	1.54%	
…	…	…	—	
小计	15	—	5.77%	
合计	260	—	100%	—

【解析】

步骤一:先按所有客户应收账款逾期金额的多少分类排序,并计算出逾期金额所占比重。从表 7-5 中可以看出,应收账款逾期金额在 25 万元以上的有 3 家,占客户总数的 6%,逾期总额为 165 万元,占应收账款逾期金额总额的 63.46%,我们将其划入 A 类,这类客户作为催款的重点对象。应收账款逾期金额在 10 万~25 万元的客户有 5 家,占客户总数的 10%,其逾期金额占应收账款逾期金额总数的 30.77%,我们将其划入 B 类。欠款在 10 万元以下的客户有 42 家,占客户总数的 84%,但其逾期金额仅占应收账款逾期金额总额的 5.77%,我们将其划入 C 类。

步骤二:对这三类不同的客户,应采取不同的收款策略。例如,对 A 类客户,可以发出措辞较为严厉的信件催收,或派专人催收,或委托收款代理机构处理,甚至可通过法律解决;对 B 类客户则可以多发几封信函催收,或打电话催收;对 C 类客户只需要发出通知其付款的信函。

五、应收账款的日常管理

应收账款的管理难度比较大,在确定合理的信用政策之后,还要做好应收账款的日常管理工作,包括对客户的信用调查和分析评价、应收账款的催收工作等。

微视频:7.5
应收账款的
日常管理

(一) 调查客户信用

信用调查,是指收集和整理反映客户信用状况的有关资料的工作。信用调查是企业应收账款日常管理的基础,是正确评价客户信用的前提条件。企业对顾客进行信用调查主要通过直接调查和间接调查两种方法。

1. 直接调查

直接调查,是指调查人员通过与被调查单位进行直接接触,通过当面采访、询问、观看等方式获取信用资料的一种方法。直接调查可以保证收集资料的准确性和及时性,但也有一定的局限,往往获得的是感性资料,同时若不能得到被调查单位的合作,则会使调查工作难以开展。

2. 间接调查

间接调查,是指以被调查单位以及其他单位保存的有关原始记录和核算资料为基础,通过加工整理获得被调查单位信用资料的一种方法。这些资料主要来自以下四个方面:

(1) 财务报表。财务报表可以基本呈现一个企业的财务状况和信用状况。

(2) 信用评估机构。专门的信用评估部门的评估方法先进,评估调查细致,评估程序合理,所以可信度较高。

(3) 银行。银行是信用资料的一个重要来源,许多银行都设有信用部,为其顾客服务,并负责对其顾客信用状况进行记录、评估。但银行的资料一般仅愿意在内部及同行进行交流,而不愿向其他单位提供。

(4) 其他途径。如财税部门、市场监督管理部门、消费者协会等机构都可能提供相关的信用状况资料。

(二) 评估客户信用

收集好信用资料以后,就需要对这些资料进行分析、评价。企业一般采用"5C"系统来评价,并对客户信用进行等级划分。在信用等级方面,目前主要有两种:一种是三类九等,即将企业的信用状况分为 AAA、AA、A、BBB、BB、B、CCC、CC、C 九等,其中 AAA 为信用最优等级,C 为信用最低等级。另一种是三级制,即分为 AAA、AA、A 三个信用等级。

(三) 收账的日常管理

应收账款发生后,企业应采取各种措施,尽量争取按期收回款项,否则会因拖欠时间过长而发生坏账,使企业蒙受损失。因此,企业必须在对收账的收益与成本进行比较分析的基础上,制定切实可行的收账政策。通常企业可以采取寄发账单、电话催收、派人上门催收、法律诉讼等方式进行催收应收账款。制定有效、得当的收账政策很大程度上靠有关人员的经验;从财务管理的角度讲,也有一些数量化的方法可以参照。根据应收账款总成本最小化的原则,可以通过比较各收账方案成本的大小对其加以选择。

(四) 应收账款的保理

应收账款保理是企业将赊销形成的未到期应收账款在满足一定条件的情况下,转让给保理商,以获得银行的流动资金支持,加快资金的周转。保理可以分为有追索权保理

(非买断型)和无追索权保理(买断型)、明保理和暗保理、折扣保理和到期保理。此处重点介绍有追索权保理和无追索权保理。

有追索权保理,是指供应商将债权转让给保理商,供应商向保理商融通资金后,如果购货商拒绝付款或无力付款,保理商有权向供应商要求偿还预付的现金,如购货商破产或无力支付,只要有关款项到期未能收回,保理商都有权向供应商进行追索,因而保理商具有全部"追索权",这种保理方式在我国采用较多。

无追索权保理,是指保理商将销售合同完全买断,并承担全部的收款风险。

 **任务分析**

步骤一:计算 BH 公司采用新信用政策增加的应收账款机会成本。

采用新信用政策而增加的应收账款机会成本=3 600/360×36×50％×10％-3 000/360×30×50％×10％=5.5(万元)

步骤二:计算 BH 公司采用新信用政策而增加的坏账损失和现金折扣成本。

采用新信用政策而增加的坏账损失=3 600×0.3％-3 000×0.2％=4.8(万元)

采用新信用政策而增加的现金折扣成本=3 600×0.5％=18(万元)

步骤三:计算 BH 公司采用新信用政策而增加的边际贡献。

采用新信用政策而增加的边际贡献=(3 600-3 000)×(1-50％)=300(万元)

步骤四:计算 BH 公司采用新信用政策增加的损益。

新信用政策增加的损益=300-5.5-4.8-18=271.7(万元)

因为新信用政策增加的损益大于 0,所以改变信用政策合理。

 **总结提升**

本子模块的知识点包括应收账款的功能、信用政策、应收账款的日常管理;技能点是能够进行信用政策决策和现金折扣决策。企业可以通过提供商业信用,采取赊销、分期付款等方式扩大销售,增强竞争力,获得利润。应收账款作为企业为扩大销售和盈利的一项投资,也会发生一定的成本,所以企业需要在应收账款所增加的盈利和所增加的成本之间做出权衡。应收账款管理就是分析赊销的条件,使赊销带来的盈利增加大于应收账款投资产生的成本费用增加,最终使企业利润增加,企业价值上升。

子模块四　存 货 管 理

 **任务导入**

BH 公司的一家子公司注册资本 6.28 亿元,目前资产总额逾 80 亿元,员工 1 055 余人,下设 8 家子公司、4 家参股公司。该子公司属于化学原料及化学制品制造业,主要业

务是日化产品的生产与销售、化工原材料的生产与销售。

2024 年 9 月 27 日,该子公司主动发布公告称公司储存在客户 A 公司的 1.19 亿元存货和存放在 B 公司的 4.53 亿元存货丢失。一石激起千层浪,"3.6 万名股东彻夜难眠,知名企业近 6 亿元存货不翼而飞""公司的洗衣粉难不成是和獐子岛的扇贝私奔了"等言论在网络上席卷而来。这 5.72 亿元存货到底去哪儿了? 三方当事人各执一词,真相扑朔迷离。

思考:该子公司存货管理内部控制存在哪些问题? 请为该子公司存货内部控制优化提供改进建议。

 **必备知识**

一、存货管理的目标

存货,是指企业在生产经营过程中为销售或者耗用而储备的物资,包括原材料、燃料、低值易耗品、在产品、半成品、产成品、协作件、商品等。存货管理的目标,就是在保证生产或销售需要的前提下,最大限度地降低存货成本。具体包括以下几个方面。

(一)保证生产正常进行

生产过程中需要的原材料和在产品,是生产的物质保证。一定量的存货储备,可以有效避免生产中断、停工待料的发生,保证生产的正常进行。

(二)提高销售机动性

一定数量的存货储备能够增加企业适应市场变化的能力,防止在市场需求量激增时,因产品储备不足失去销售良机。同时,由于顾客为节约采购成本和其他费用,一般倾向于成批采购;企业为了达到运输上的最优批量也会组织成批发运,所以保持一定量的存货有利于市场销售。

(三)维持均衡生产,降低产品的生产成本

针对季节性产品或需求波动大的产品,若根据需求组织生产,可能导致生产能力有时得不到充分利用,有时又超负荷,使得生产成本上升。一定量的原材料和产成品储备可以有效缓解这一问题,实现均衡生产,降低生产成本。

(四)降低存货取得成本

企业大批量集中进货,可以减少订货次数,更容易享受价格折扣,降低购置成本和订货成本,从而使总的进货成本降低。

(五)防止意外事件发生

企业在采购、运输、生产和销售过程中,都可能发生意料之外的事故,保持必要的存货保险储备,可以避免或减少意外事件带来的损失。

二、存货的成本

(一)取得成本

存货取得成本,是指为取得某种存货而支出的成本,通常用 TC_a 来表示。其又分为订货成本和购置成本。

1. 订货成本

订货成本,是指取得订单的成本,如办公费、差旅费、邮资、电话费、运输费等支出。订货成本中有一部分与订货次数无关,如常设采购机构的基本开支等,称为订货的固定成本,用 F_1 表示;另一部分与订货次数有关,如差旅费、邮资等,称为订货的变动成本。每次订货的变动成本用 K 表示;订货次数等于存货年需要量 D 与每次进货量 Q 的商。订货成本的计算公式为:

$$订货成本 = F_1 + \frac{D}{Q} \cdot K$$

2. 购置成本

购置成本,是指为购买存货本身所支出的成本,即存货本身的价值,通常用数量与单价的乘积来确定。年需要量用 D 表示,单价用 U 表示,则购置成本为 $D \cdot U$。

订货成本加上购置成本,就等于存货的取得成本。其公式可表达为:

$$取得成本 = 订货成本 + 购置成本$$
$$= 订货固定成本 + 订货变动成本 + 购置成本$$

即

$$TC_a = F_1 + \frac{D}{Q} \cdot K + D \cdot U$$

(二)储存成本

储存成本,是指为保持存货而发生的成本,包括存货占用资金所应计的利息、仓库费用、保险费用、存货破损和变质损失等,通常用 TC_C 来表示。

储存成本也分为固定成本和变动成本。固定储存成本与存货数量的多少无关,如仓库折旧、仓库职工的固定工资等,常用 F_2 表示。变动储存成本与存货的数量有关,如存货资金的应计利息、存货的破损和变质损失、存货的保险费用等,单位储存变动成本用 K_c 来表示。用公式表达的储存成本为:

$$储存成本 = 储存固定成本 + 储存变动成本$$

即:

$$TC_C = F_2 + K_c \cdot \frac{Q}{2}$$

(三)缺货成本

缺货成本,是指由于存货供应中断而造成的损失,包括材料供应中断造成的停工损失、产成品库存缺货造成的拖欠发货损失和丧失销售机会的损失及造成的商誉损失等;如果生产企业以紧急采购代用材料解决库存材料中断之急,那么缺货成本表现为紧急额外购入成本。缺货成本用 TC_S 表示。

如果以 TC 来表示储备存货的总成本,其计算公式为:

$$TC = TC_a + TC_c + TC_s = F1 + \frac{D}{Q} \cdot K + D \cdot U + F_2 + K_c \cdot \frac{Q}{2} + TC_s$$

企业存货的最优化,就是使企业存货总成本(TC)值最小。

三、最优存货量的确定

存货的决策涉及四项内容:决定进货项目、选择供应单位、决定进货时间和决定进货批量。按照存货管理的目的,需要通过合理的进货批量和进货时间,使存货的总成本最低,这个批量通常被称为经济订货量或经济批量。有了经济订货量,可以很容易地找出最适宜的进货时间。

微视频:7.6 存货管理的 经济订货量 基本模型

（一）经济订货量基本模型

经济订货量的基本模型需要设立的假设条件包括:

（1）企业能够及时补充存货,即需要订货时便可立即取得存货。

（2）能集中到货,而不是陆续入库。

（3）不允许缺货,即无缺货成本,TC_S 为零,这是因为良好的存货管理本来就不应该出现短缺成本。

（4）需求量稳定,并且能预测,即 D 为已知常量。

（5）存货单价不变(不考虑现金折扣),即 U 为已知常量。

（6）企业现金充足,不会因现金短缺而影响进货。

（7）所需存货市场供应充足,不会因买不到需要的存货而影响其他。

设立了上述假设后,存货总成本的公式可以简化为:

$$TC = F_1 + \frac{D}{Q} \cdot K + D \cdot U + F_2 + K_c \cdot \frac{Q}{2}$$

当 F_1、K、D、U、F_2、K_c 为常数时,TC 的大小取决于 Q。为了求出 TC 的极小值,对其进行求导演算,可得出经济订货量基本模型:

$$Q^* = \sqrt{\frac{2KD}{k_c}}$$

式中:Q^* 表示经济订货量;K 表示每次订货的变动成本;D 表示存货年需要量;k_c 表示单位变动储存成本。

另外,还可以得出下列结论:

$$每年最佳订货次数(N^*) = \frac{存货年需求总量}{经济订货量} = \frac{D}{Q^*}$$

$$最佳订货周期(t^*) = \frac{360}{每年最佳订货次数} = \frac{360}{N^*}$$

【学中做 7-10】

BH 公司每年耗用某种材料 3 600 千克,该材料单位成本 10 元,单位存储成本为 2 元,一次订货成本 25 元。试求出该公司的经济订货量、每年最佳订货次数、与批量有关的存货总成本、最佳订货周期、经济订货量占用资金。

【解析】

（1）计算经济订货量为:

$$Q^* = \sqrt{\frac{2DK}{K_c}} = \sqrt{\frac{2 \times 3\,600 \times 25}{2}} = 300(千克)$$

（2）计算每年最佳订货次数为:

$$N^* = \frac{D}{Q^*} = \frac{3\,600}{300} = 12(次)$$

（3）计算与批量有关的存货总成本为：

$$TC_{(Q^*)} = \sqrt{2KDK_C} = \sqrt{2 \times 25 \times 3\,600 \times 2} = 600(元)$$

（4）计算最佳订货周期为：

$$t^* = \frac{360}{N^*} = \frac{360}{12} = 30(天)$$

（5）计算经济订货量占用资金为：

$$I^* = \frac{Q^*}{2} \cdot U = \frac{300}{2} \times 10 = 1\,500(元)$$

小贴士

经济订货量与相关成本之间的关系可用图 7-5 来表示，在该图中，储存变动成本与一次订货规模成正比例，而订货变动成本与一次订货规模成反比例。由此决定相关总成本线的变化。因此，在订货变动成本与储存变动成本相等时，$TC(Q)$ 有最小值，Q^* 点即为可使存货总成本最低的经济订货量。

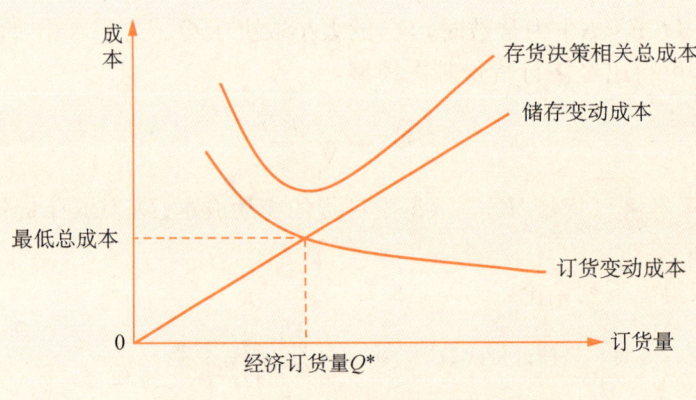

图 7-5　经济订货量与相关成本关系图

 **知识拓展**

经济订货量基本模型的扩展

经济订货量模型是建立在一定的假设条件基础上的，而现实生活中能同时满足上述假设条件的情况相当罕见。为了使基本模型更接近于实际情况，具有较高的实用价值，需要适当放宽假设条件，同时改进基本模型。

1. 订货提前期与再订货点

经济订货量基本模型中假定"需要存货时可以立即取得"是不符合实际情况的。现实中企业从订货到收到货物往往需要若干天，为了避免停工待料情况的发生，企业不能等到存货全部用完再去订货，而需要在没有用完时提前订货。因此企业需要计算自订货至收到货物所需的天数,此天数称为订货提前期(交货时间),用 L 来表示。在提前订货的情况下,企业再次发出订货单时,尚有存货的库存量,称为再订货点,用 R 表示。它的数量等于订货提前期(L)和每日平均需用量(d)的乘积,即 $R=L\times d$,L 是订货提前期(交货时间),d 是每日平均需要量。

【学中做 7-11】

承[学中做 7-10]的资料,假设 BH 公司订货日至到货期的时间为 10 天,每日存货需要量 10 千克,则再订货点 R 为多少?

【解析】

根据公式计算得出再订货点 R 为:$R=L\times d=10\times10=100$(千克),即库存量为 100 千克时再次发出订货单,等到下批订货到达时(再次发出订单 10 天后),原有库存刚好用完。此时,有关存货的每次订货批量、订货次数、订货间隔时间等并无变化,与瞬时补充相同。订货提前期的情形,如图 7-6 所示。这就是说,订货提前期对经济订货量并无影响,

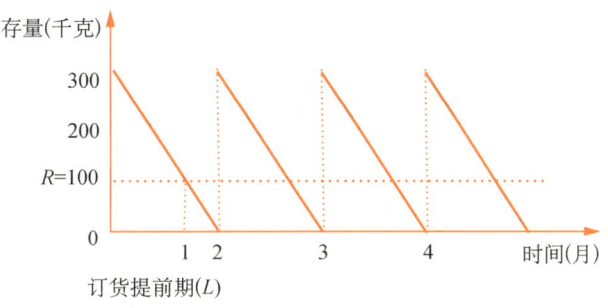

图 7-6 订货提前期示意图

可仍以原来瞬时补充情况下的 300 千克为订货批量,只不过在达到再订货点(库存 100 千克)时再发出订货单。

2. 存货陆续供应和使用

在建立基本模型时,假设存货一次全部入库,故存货增加时存量变化为一条垂直的直线。事实上,各批货物可能陆续入库,使存量陆续增加。尤其是产成品入库和在产品转移,几乎总是陆续供应和陆续耗用的。在这种情况下,需要对基本模型做一些修改。

【学中做 7-12】

某零件年需要量(D)为 3 600 件,每日送货量(P)为 30 件,每日耗用量(d)为 10 件,单价(U)为 10 元,一次订货成本即生产准备成本(K)为 25 元,单位储存变动成本(K_c)为 2 元。陆续供货时存货数量的变动,如图 7-7 所示。

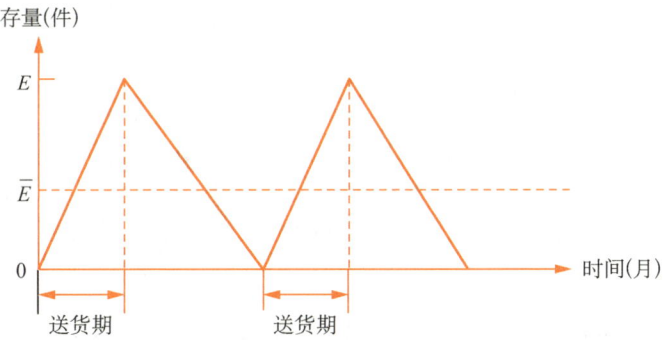

图 7-7 陆续供货时存货数量变动示意图

【解析】

步骤一:设每批订货数为 Q,由于每日送货量为 P,该批货全部送达所需日数即送货期为:

$$送货期 = \frac{Q}{P}$$

步骤二:因零件每日耗用量为 d,送货期内的全部耗用量为:

$$送货期耗用量 = \frac{Q}{p} \cdot d$$

步骤三:由于零件边送边用,所以每批送完时,送货期内的最高库存量为:

$$送货期内最高库存量 = Q - \frac{Q}{p} \cdot d$$

步骤四:送货期内的平均库存量为:

$$送货期内平均库存量 = \frac{1}{2} \cdot \left(Q - \frac{Q}{p} \cdot d\right)$$

步骤五:图 7-7 中的 E 表示最高库存量,$\overline{E}$ 表示平均库存量。假设存货年需用量为 D,每次订货费用为 K,单位储存变动成本为 K_c,则与批量相关的总成本为:

$$TC(Q) = \frac{D}{Q} \cdot K + \frac{1}{2} \cdot \left(Q - \frac{Q}{P} \cdot d\right) \cdot K_c$$

步骤六:在订货变动成本与储存变动成本相等时,$TC(Q)$ 有最小值,故存货陆续供应和使用的经济订货量公式为:

$$\frac{D}{Q} \cdot K = \frac{1}{2} \cdot \left(Q - \frac{Q}{P} \cdot d\right) \cdot K_c$$

$$Q^* = \sqrt{\frac{2KD}{K_c}} \times \sqrt{\frac{P}{P-d}}$$

经济订货批次为:

$$N^* = \frac{D}{Q^*}$$

最低相关总成本为:

$$TC(Q^*) = \sqrt{2KDK_c \times (1 - d/p)}$$

步骤七:将任务中的数据代入,则:

$$Q^* = \sqrt{\frac{2 \times 25 \times 3\ 600}{2}} \times \sqrt{\frac{30}{30-10}} = 367(件)$$

$$TC(Q^*) = \sqrt{2 \times 25 \times 3\ 600 \times 2 \times \left(1 - \frac{10}{30}\right)} = 490(元)$$

(二) 保险储备

以上讨论假定存货的供需稳定且确定,即每日需求量不变,交货时间也固定不变。实际上,每日需求量可能变化,交货时间也可能变化。按照某一订货批量(如经济订货量)和再订货点发出订单后,如果需求增大或送货延迟,就会发生缺货或供货中断。为了防止由于发生缺货或供货中段造成的损失,需要多储备一些存货以备应急之用,称为保险储备(安全存量)。这些存货在正常情况下不动用,只有当存货过量使用或送货延迟时才动用。保险储备,如图 7-8 所示。

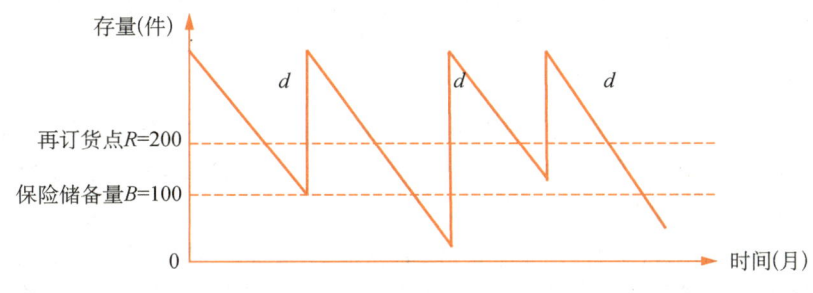

图 7-8 存货保险储备示意图

年需要量(D)为 3 600 件,已计算出经济订货量为 300 件,每年订货 12 次。又知全年平均日需求量(d)为 10 件,平均每次交货时间(L)为 10 天。为防止需求变化引起缺货损失,设保险储备量(B)为 100 件,再订货点 R 由此而相应提高。

$$R = 交货时间 \times 平均日需求 + 保险储备$$
$$= L \times d + B$$
$$= 10 \times 10 + 100 = 200(件)$$

在第一个订货周期内,$d=10$,不需要动用保险储备;在第二个订货周期内,$d>10$,需求量大于供货量,需要动用保险储备;在第三个订货周期内,$d<10$,不仅不需动用保险储备,正常储备亦未用完,下次存货即已送到。

> **小贴士**
>
> 建立保险储备,固然可以使企业避免缺货或供应中断造成的损失,但存货平均储备量加大却会使储备成本升高。研究保险储备的目的,就是要找出合理的保险储备量,使缺货或供应中断损失和存货的储备成本之和最小。方法上可先计算出各不同保险储备量的总成本,然后再对总成本进行比较,选定其中最低的。

四、存货的控制系统

存货管理不仅需要各种模型帮助确定适当的存货水平,还需要建立相应的存货控制系统。传统的存货控制系统有定量控制系统和定时控制系统两种。定量控制系统是指当存货下降到一定水平时即发出订货单,订货数量是固定的和事先决定的。定时控制系统是每隔一固定时期,无论现有存货水平多少,即发出订货申请。这两种系统都较简单和易于理解,但不够精确。现在许多大型企业都已采用计算机存货控制系统,利用计算机对存货数量的变化进行追踪。当存货下降到订货点时,计算机自动发出订单,保证存货量维持在适当水平。在大型企业中、存货种类数以万计,计算机系统能够同时对众多库存变化做出迅速有效的反应,及时调整存货水平,避免出现缺货或浪费现象。以下将对两个典型的存货控制系统进行介绍。

（一）ABC 控制系统

ABC 控制系统就是把企业种类繁多的存货,依据其重要程度、价值大小或者资金占用等标准分为三大类:A 类高价值存货,品种数量占全部存货的 10%~15%,但价值占全部存货的 50%~70%;B 类中等价值存货,品种数量占全部存货的 20%~25%,价值占全部存货的 15%~20%;C 类低价值存货,品种数量多,占全部存货的 60%~70%,价值占全部存货的 10%~35%。

针对不同类别的存货分别采用不同的管理方法,A 类存货应作为管理的重点,实行重点控制、严格管理;而 B 类和 C 类存货的重视程度则可依次降低,采取一般管理。

（二）适时制库存控制系统

适时制库存控制系统又称零库存管理、看板管理系统。它最早由丰田公司提出并将其应用于实践,是指制造企业事先和供应商及客户协调好,只有当制造企业在生产过程中需要原料或零件时,供应商才会将原料或零件送来;每当产品生产出来就被客户拉走。显然,适时制库存控制系统需要的是稳定而标准的生产程序以及诚信的供应商,否则,任何一环出现差错都将导致整个生产线的停止。目前,已有越来越多的企业利用适时制库存控制系统减少甚至消除对存货的需求,即实行零库存管理,如沃尔玛、海尔等。适时制库存控制系统经过进一步的发展,被应用于企业整个生产管理的过程中——集开发、生产、库存和分销于一体,大大提高了企业运营管理效率。

 任务分析

1. BH 的子公司存货管理内部控制的问题

（1）有缺陷的存货管理模式。一般情况下,存货的采购与保管应该是由相互独立的部门或人员分别负责,然而,通过对公司存货管理模式的分析发现,在 2024 年 4 月以前,公司的外部仓库货物的管理一直由商务拓展部业务人员负责,没有第三方人员参与其中,未形成有效的监督机制,存在相关人员利用职务之便进行舞弊的风险。

（2）具有特殊化学属性的存货难以盘点。大多化学材料有严格的储存规定,密封、防火、防潮、需专门储罐,这使正常存货盘点的取样和计数变得困难。甚至对于许多存放危险化学材料的仓库,盘点人员无法进入其中进行实地盘点。

（3）公司与外部仓库相距甚远。由于公司的贸易业务涉及全国各地,为了降低运输成本,公司的存货大多存放在外部仓库,在 2023 年底公司的外部仓库存放存货占总存货比重就已高达 84.06%。在本次丢失存货的外部仓库中,A 公司仓库距离 BH 公司 1 689 千米,B 公司仓库距离 BH 公司 1 571 千米。

2. BH 的子公司存货内部控制优化的改进建议

（1）分离不相容职位、进行明晰的职责划分。存货伴随着公司整个生产经营活动过程进行流转,存货的流转过程包括采购、入库、仓储、盘点和发出等,每个流转环节都有专门的人员负责,内部控制规范规定企业应保证不相容职位相互分离,各岗位间权责明晰,因此这些人员的职责应该相互独立。

（2）根据化学存货属性选择不同的仓库。对于化学类企业来说,要正确认知其化学

材料的特有属性,了解其存储方式,将存货按照盘点的难易程度进行划分,把那些存储要求不高且盘点容易的存货交由了解程度不深、合作时间相对较短的仓库储存;相应地,把存储条件严格、盘点较困难的存货交由已深入了解且合作时间长的仓库储存。

(3)派遣本公司员工到外部仓库进行监督。要加强对外部仓库存储存货的控制,企业可以选择派遣自己员工到外部仓库参与相应存货的管理,以及时向企业反馈存货的真实情况,其成本相较于企业员工来回实地盘查的成本更低。

 **总结提升**

本子模块的知识点包括存货管理的目标、存货的成本、存货控制系统;技能点是能够确定最优存货量。企业持有存货一方面是为了保证生产或销售的经营需要,另一方面是出自价格的考虑,零购物资的价格往往较高,而整批购买通常能取得价格优惠。但是,过多的存货要占用较多资金,并且会增加包括仓储费、保险费、维护费、管理人员工资在内的各项开支。存货管理水平的高低直接影响着企业的生产经营能否顺利进行,并最终影响企业的收益。因此,存货管理是财务管理的一项重要内容。

子模块五　流动负债管理

 **任务导入**

BH 公司向银行借款 800 万元,利率为 6%,银行要求保留 10% 的补偿性余额,则实际可动用的贷款为 720 万元。

思考:该项借款的实际利率为多少?

 必备知识

流动负债主要有三种主要来源:短期借款、短期融资券和商业信用,各种来源具有不同的获取速度、灵活性、成本和风险。

一、短期借款

短期借款,是指企业向银行和其他非银行金融机构借入的期限在 1 年以内(含 1 年)的借款。在短期负债筹资中,短期借款的重要性仅次于商业信用。短期借款可以随企业的需要安排,便于灵活使用,且取得比较简便,但其突出的缺点是短期内要归还,特别是在带有诸多附加条件的情况下更使风险加剧。

(一)短期借款的信用条件

按照国际惯例,短期银行借款往往附加一定的信用条件,主要有信贷额度、周转信贷协定、补偿性余额等。

1. 信贷额度

信贷额度即贷款限额,是借款企业与银行在协议中规定的借款最高限额,信贷额度的有效期限通常为 1 年。一般情况下,在信贷额度内,企业可以随时按需要支用借款。但是,银行并不承担必须贷款的义务。如果企业信誉恶化,即使在信贷限额内,企业也可能得不到借款。此时,银行不会承担法律责任。

2. 周转信贷协定

周转信贷协定是银行具有法律义务地承诺提供不超过某一最高限额的贷款协定。在协定的有效期内,只要企业借款总额未超过最高限额,银行必须满足企业任何时候提出的借款要求。企业要享用周转信贷协定,通常要对贷款限额的未使用部分付给银行一笔承诺费用。

【学中做 7-13】

BH 公司与银行商定的周转信贷额度为 5 000 万元,年度内实际使用了 2 800 万元,承诺费率为 0.5%,则 BH 公司应向银行支付的承诺费为多少?

【解析】

BH 公司应向银行支付的信贷承诺费 = (5 000 - 2 800) × 0.5% = 11(万元)

动画:7.2
补偿性余额

3. 补偿性余额

补偿性余额是银行要求借款企业在银行中保持按贷款限额或实际借用额一定比例计算的最低存款余额。对于银行来说,补偿性余额有助于降低贷款风险,补偿其可能遭受的风险;对借款企业来说,补偿性余额则提高了借款的实际利率,加重了企业的负担。

4. 借款抵押

银行向财务风险较大的企业或对其信誉度把握不准的企业发放贷款,需要有抵押品保证,以减少自己蒙受损失的风险。短期借款的抵押品通常是借款企业的应收账款、存货、股票、债券等。银行接受抵押品后,将根据抵押品的面值决定贷款金额,一般为抵押品面值的 30%~90%。这一比例的高低,取决于抵押品的变现能力和银行的风险偏好。抵押借款的成本通常高于非抵押借款,这是因为银行主要向信誉好的客户提供非抵押贷款,而将抵押贷款看成是一种风险投资,故而收取较高的利率;同时银行管理抵押贷款要比管理非抵押贷款困难,为此往往另外收取手续费。

企业向贷款人提供抵押品,会限制其财产的使用和将来的借款额度。

5. 偿还条件

贷款的偿还有到期一次偿还和在贷款期内定期(每月、季)等额偿还两种方式。一般来讲,企业不希望采用后一种偿还方式,因为这会提高借款的实际年利率;而银行不希望采用前一种偿还方式,是因为这会加重企业的财务负担,增加企业的拒付风险,同时会降低实际贷款利率。

6. 其他承诺

银行有时还会要求企业为取得贷款而做出其他承诺,如及时提供财务报表、保持适当的财务水平(如特定的流动比率)等。如果企业违背所做出的承诺,银行可要求企业立即偿还全部贷款。

(二) 短期借款的成本

短期借款的成本主要包括利息、手续费等。短期借款成本的高低主要取决于借款利率的高低和利息的支付方式。

1．借款利率

借款利率分为优惠利率、浮动优惠利率和非优惠利率三种。

（1）优惠利率。优惠利率是银行向财力雄厚、经营状况良好的企业贷款时采用的利率，为贷款利率的最低限。

（2）浮动优惠利率。浮动优惠利率是一种随其他短期利率的变动而浮动的优惠利率，即随市场条件的变化而随时调整变化的优惠利率。

（3）非优惠利率。非优惠利率是银行贷款给一般企业时收取的高于优惠利率的利率。这种利率通常在优惠利率的基础上加一定的百分比。例如，银行按高于优惠利率1％的利率向某企业贷款，若当时的最优利率为8％，则向该企业贷款收取的利率为9％。非优惠利率与优惠利率之间差距的大小，由借款企业的信誉、与银行的往来关系及当时的信贷状况所决定。

2．短期借款利息的支付方式

一般来讲，借款企业可以用以下三种方式支付银行贷款利息。

（1）收款法。收款法是在借款到期时向银行支付利息的方法。银行向工商企业发放的贷款大多采用这种方法收息。

（2）贴现法。贴现法是银行向企业发放贷款时，先从本金中扣除利息部分，而到期时借款企业则要偿还贷款全部本金的一种计息方法。采用这种方法，企业可利用的贷款额只有本金减去利息部分后的差额，因此贷款的实际年利率高于报价利率。

【学中做 7-14】

BH 公司从银行取得借款 100 000 元，期限为 1 年，年利率（即报价利率）为 8％，利息额为 8 000 元（100 000×8％）；按照贴现法付息，实际可利用的借款为 92 000 元（100 000 －8 000），则该项借款的实际利率为多少？

【解析】

该项借款的实际利率应为：

$$实际利率 = \frac{8\,000}{100\,000 - 8\,000} = 8.70\%$$

（3）加息法。加息法是银行发放分期等额偿还贷款时采用的利息收取方法。在分期等额偿还贷款的情况下，银行要将根据报价利率计算的利息加到贷款本金上，计算出贷款的本息和，要求企业在贷款期内分期偿还本息之和的金额。由于贷款分期均衡偿还，借款企业实际上只平均使用了贷款本金的半数，却支付全额利息。这样，企业所负担的实际年利率要高于报价利率大约 1 倍。

【学中做 7-15】

BH 公司借入年利率（名义）为 12％的借款 200 000 元，分 12 个月等额偿还本息。则该项借款的实际年利率为多少？

【解析】

由于借款分期均衡偿还，借款企业实际上只平均使用了借款本金的半数，却支付全额利息，所以该项借款的实际年利率应为：

$$实际年利率 = \frac{200\,000 \times 12\%}{200\,000/2} \times 100\% = 24\%$$

二、短期融资券

短期融资券是由企业依法发行的无担保短期本票。在我国,短期融资券是指企业依照《银行间债券市场非金融企业债务融资工具管理办法》的条件和程序,在银行间债券市场发行和交易并约定在一定期限内还本付息的有价证券,是企业筹措短期(1年以内)资金的直接融资方式。

(一)发行短期融资券的相关规定

(1)发行人为非金融企业,发行企业均应经过在中国境内工商注册且具备债券评级能力的评级机构的信用评级,并将评级结果向银行间债券市场公示。

(2)发行和交易的对象是银行间债券市场的机构投资者,不向社会公众发行和交易。

(3)融资券的发行由符合条件的金融机构承销,企业不得自行销售融资券,发行融资券募集的资金用于本企业的生产经营。

(4)融资券采用实名记账方式在中央国债登记结算有限责任公司(简称中央结算公司)登记托管,中央结算公司负责提供有关服务。

(5)债务融资工具发行利率、发行价格和所涉费率以市场化方式确定,任何商业机构不得以欺诈、操纵市场等行为获取不正当利益。

(二)短期融资券的种类

(1)按发行人分类,短期融资券分为金融企业的融资券和非金融企业的融资券。在我国,目前发行和交易的是非金融企业的融资券。

(2)按发行方式分类,短期融资券分为经纪人承销的融资券和直接销售的融资券。非金融企业发行融资券一般采用间接承销方式进行,金融企业发行融资券一般采用直接发行方式进行。

(三)短期融资券的筹资特点

(1)短期融资券的筹资成本较低。相对于发行企业债券筹资而言,发行短期融资券的筹资成本较低。

(2)短期融资券筹资数额比较大。相对于银行借款筹资而言,短期融资券一次性的筹资数额比较大。

(3)发行短期融资券的条件比较严格。只有具备一定的信用等级的实力强的企业,才能发行短期融资券筹资。

三、商业信用

商业信用,是指在商品交易中由于延期付款或预收货款所形成的企业间的借贷关系。商业信用产生于商品交换之中,是一种"自发性筹资"。

(一)商业信用的形式

商业信用的具体形式有应付账款、应付票据、预收账款、应计未付款等。

1. 应付账款

应付账款是企业购买货物暂未付款而欠对方的账款,是卖方允许买方在购货后一定时期内支付货款的一种形式。卖方利用这种方式促销,而对买方来说延期付款则等于向卖方借用资金购进商品,可以满足短期的资金需要。

与应收账款相对应,应付账款也有付款期、折扣等信用条件。商业信用条件通常包括以下两种:第一,有信用期,但无现金折扣。如"N/30"表示30天内按发票金额全数支付。第二,有信用期和现金折扣,如"2/10,N/30"表示10天内付款享受现金折扣2%,若买方放弃折扣,30天内必须付清款项。供应商在信用条件中规定有现金折扣,目的主要在于加速资金回收。企业在决定是否享受现金折扣时,应仔细考虑。通常,放弃现金折扣的成本是很高的。

1) 放弃现金折扣的应付账款成本

倘若买方企业购买货物后在卖方规定的折扣期内付款,便可以享受免费信用,这种情况下企业没有因为享受信用而付出代价;但如果企业放弃现金折扣,则其成本的计算公式为:

$$放弃现金折扣成本 = \frac{折扣百分比}{1-折扣百分比} \times \frac{360}{信用期-折扣期}$$

💡 小贴士

放弃现金折扣成本的计算公式表明,放弃现金折扣的成本与折扣百分比的大小、折扣期的长短同方向变化,与信用期的长短反方向变化。可见,如果买方企业放弃折扣,其代价较高。

2) 放弃现金折扣的信用决策

企业放弃应付账款现金折扣的原因,可能是企业资金暂时的缺乏,也可能是基于将应付的账款用于临时性短期投资,以获得更高的投资收益。如果企业将应付账款额用于短期投资,所获得的投资收益率高于放弃折扣的信用成本率,则应当放弃现金折扣。

【学中做7-16】

BH公司采购一批材料,供应商报价为10 000元,付款条件为:3/10,2.5/30,1.8/50,N/90。目前,该公司用于支付账款的资金需要在90天时才能周转回来,在90天内付款,只能通过银行借款解决。如果银行利率为12%,确定该公司材料采购款的付款时间和价格。

【解析】

根据放弃现金折扣的信用成本率计算公式,10天付款方案,放弃折扣的信用成本率为13.92%;30天付款方案,放弃折扣的信用成本率为15.38%;50天付款方案,放弃折扣的信用成本率为16.50%。由于各种方案放弃折扣的信用成本率均高于借款利息率,因此初步结论是要取得现金折扣,借入银行借款以偿还货款。

(1) 10天付款方案,得折扣300元,用资9 700元,借款80天,利息258.6元,净收益41.33元。

(2) 30天付款方案,得折扣250元,用资9 750元,借款60天,利息195元,净收益55元。

（3）50 天付款方案,得折扣 180 元,用资 9 820 元,借款 40 天,利息 130.93 元,净收益 49.07 元。

结论:第 30 天付款是最佳方案,其净收益最大。

2. 应付票据

应付票据是企业进行延期付款商品交易时开具的反映债权债务关系的票据。根据承兑人的不同,应付票据分为商业承兑汇票和银行承兑汇票两种,支付期最长不超过 6 个月。应付票据可以带息,也可以不带息。应付票据的利率一般比银行借款的利率低,且不用保持相应的补偿余额和支付协议费,所以应付票据的筹资成本低于银行借款成本。但是应付票据到期必须归还,如若延期便要交付罚金,因而风险较大。

3. 预收账款

预收账款,是指销货单位按照合同和协议规定,在发出货物之前向购货单位预先收取部分或全部货款的信用行为。购买单位对于紧俏商品往往乐于采用这种方式购货;销货方对于生产周期长、造价较高的商品,往往采用预收货款方式销货,以缓和本企业资金占用过多的矛盾。

4. 应计未付款

应计未付款是企业在生产经营和利润分配过程中已经计提但尚未以货币支付的款项,主要包括应付职工薪酬、应交税费、应付利润或应付股利等。以应付职工薪酬为例,企业通常以半月或月为单位支付职工薪酬,在应付职工薪酬已计但未付的这段时间,就会形成应计未付款,它相当于职工给企业的一个信用。应交税费、应付利润或应付股利也有类似的性质。

(二) 商业信用筹资的优缺点

1. 商业信用筹资的优点

（1）商业信用容易获得。商业信用的载体是商品购销行为,商业信用的提供方一般不会对企业的经营状况和风险作严格的考量,企业无须办理像银行借款那样复杂的手续便可取得商业信用,有利于应对企业生产经营之急需。

（2）企业有较大的机动权。企业能够根据需要,选择决定筹资的金额大小和期限长短,要比银行借款等其他方式灵活得多,甚至如果在期限内不能付款或交货时,一般还可以通过与客户的协商,请求延长时限。

（3）企业一般不用提供担保。通常,商业信用筹资不需要第三方担保,也不会要求筹资企业用资产进行担保。

2. 商业信用筹资的缺点

（1）商业信用筹资成本高。尽管商业信用的筹资成本是一种机会成本,但由于商业信用筹资属于临时性筹资,其筹资成本比银行信用要高。

（2）容易恶化企业的信用水平。商业信用的期限短,还款压力大,对企业现金流量管理的要求很高。如果长期和经常性地拖欠账款,会造成企业的信誉恶化。

（3）受外部环境影响较大。商业信用筹资受外部环境影响较大,稳定性较差,主要体现在以下两个方面:一是受商品市场的影响,如当求大于供时,卖方可能停止提供信用;二是受资金市场的影响,当市场资金供应紧张或有更好的投资方向时,商业信用筹资就可能遇到障碍。

四、流动负债的利弊

1. 流动负债的经营优势

流动负债的主要经营优势包括：容易获得，具有灵活性，能有效地为季节性信贷需要进行融资。另外，短期借款一般比长期借款具有更少的约束性条款。流动负债的一个主要用途是为季节性行业的流动资产进行融资。

2. 流动负债的经营劣势

流动负债的一个经营劣势是需要持续地重新谈判或滚动安排负债。贷款人由于企业财务状况的变化，或整体经济环境的变化，可能在到期日不愿滚动贷款，或重新设定信贷额度。而且，提供信贷额度的贷款人一般要求，对用于为短期营运资金缺口而筹集的贷款，必须每年支付至少 1～3 个月的全额款项，这 1～3 个月被称为结清期。许多企业的实践说明，使用短期贷款来为永久性流动资产融资是一件危险的事情。

 任务分析

BH 公司借款 800 万元，利率为 6%，而实际可动用的贷款为 720 万元，因此该企业借款的实际利率应为：

$$借款实际利率 = \frac{800 \times 6\%}{720} = \frac{6\%}{1 - 10\%} = 6.67\%$$

 **总结提升**

本子模块的知识点包括短期借款、短期融资券和商业信用的管理、流动负债的利弊；技能点是计算短期借款的实际利率、放弃现金折扣的信用决策。负债经营是现代企业应有的经营策略，通过负债经营可以弥补自有资金的不足，还可以用借贷资金来实现盈利。虽有积极作用，但也需承担筹资风险。负债经营中，流动负债的管理需要积极而稳健的管理，并保证持续的现金流。

 知识巩固

一、单项选择题

1. 各种持有现金的动机中，属于应付未来现金流入和流出随机波动的动机是（　　）。

A. 交易动机　　　　　　　　　　B. 预防动机

C. 投机动机　　　　　　　　　　D. 长期投资动机

2. 运用成本模型计算最佳现金持有量下的现金持有总成本时，下列公式中，正确的是（　　）。

A. 最佳现金持有量下的现金持有总成本＝min(管理成本＋机会成本＋转换成本)

B. 最佳现金持有量下的现金持有总成本＝min(管理成本＋机会成本＋短缺成本)

C. 最佳现金持有量下的现金持有总成本＝min(机会成本＋经营成本＋转换成本)

D. 最佳现金持有量下的现金持有总成本＝min(机会成本＋经营成本＋短缺成本)

3. 某公司存货周转期为 80 天,应收账款周转期为 45 天,应付账款周转期为 50 天,则该公司现金周转期为( )天。

A. 15   B. 30   C. 75   D. 130

4. 下列各项中,不属于现金支出管理措施的是( )。

A. 推迟支付应付款   B. 提高信用标准

C. 以汇票代替支票   D. 争取现金收支同步

5. 在依据"5C"系统原理确定信用标准时,应掌握客户"能力"方面的信息,下列各项指标中最能反映客户"能力"的是( )。

A. 盈利能力   B. 增长能力

C. 偿债能力   D. 营运能力

6. 企业目前信用条件为"N/30",赊销额为 9 000 万元,若将信用期延长为"N/60",预计赊销额将变为 18 000 万元。该企业变动成本率为 60%,资本成本率为 10%,1 年按 360 天计算。则该企业应收账款占用资金将增加( )万元。

A. 135   B. 225   C. 1 350   D. 2 250

7. 某公司 2024 年 3 月的应收账款平均余额为 476 万元,信用条件为"N/30",过去 3 个月的赊销情况为:1 月份 240 万元,2 月份 205 万元,3 月份 320 万元。每月按 30 天计算,则应收账款的平均逾期天数为( )天。

A. 26   B. 36   C. 46   D. 56

8. 某公司全年需用 X 材料 18 000 件,计划开工 360 天,假定材料日耗均衡,从订货到送达正常需要 5 天。鉴于延迟交货会产生较大损失,该公司按照延误天数 1 天建立保险储备。该材料的再订货点是( )件。

A. 100   B. 150   C. 250   D. 300

9. 某企业需要借入资金 1 000 万元,由于贷款银行要求将贷款金额的 20% 作为补偿性余额,故企业需要向银行申请的贷款数额为( )万元。

A. 1 250   B. 1 200   C. 1 000   D. 800

10. 短期融资券筹资相对于发行公司债券筹资而言的优点是( )。

A. 筹资风险小   B. 筹资成本较低

C. 筹资数额比较小   D. 发行条件比较宽松

二、多项选择题

1. 运用成本模型确定企业最佳现金持有量时,下列关于现金持有量与持有成本之间的关系表述正确的有( )。

A. 现金持有量越小,总成本越大

B. 现金持有量越大,机会成本越大

C. 现金持有量越小,短缺成本越大

D. 现金持有量越大,管理成本越大

2. 某公司根据存货模型确定的最佳现金持有量为 5 000 万元,有价证券的年利率为 8%。在最佳现金持有量下,下列表述正确的有(　　)。

A. 该公司持有现金的机会成本为 200 万元

B. 该公司与现金持有量相关的总成本为 400 万元

C. 该公司持有现金的交易成本为 200 万元

D. 该公司持有现金的管理成本为 400 万元

3. 客户的汇款从纸基方式转向电子方式的优点有(　　)。

A. 结算时间和资金可用性可以预计

B. 向任何一个账户或任何金融机构的支付具有灵活性

C. 更容易更新应收账款

D. 可以减少或消除收款浮动期

4. 下列有关现金周转期的计算公式中正确的有(　　)。

A. 现金周转期=经营周期一应付账款周转期

B. 现金周转期=存货周转期+应收账款周转期一应付账款周转期

C. 现金周转期=经营周期+应付账款周转期

D. 现金周转期=存货周转期+应收账款周转期+应付账款周转期

5. 赊销在企业生产经营中所发挥的作用有(　　)。

A. 增加现金　　　　　　　　　　B. 减少存货

C. 促进销售　　　　　　　　　　D. 减少借款

6. 在应收账款信用政策中企业采用现金折扣政策的目的在于(　　)。

A. 吸引顾客为享受优惠而提前付款　　B. 减轻企业税负

C. 缩短企业平均收款期　　　　　　D. 扩大销售量

7. 存货在企业生产经营过程中所具有的作用主要有(　　)。

A. 提高销售机动性　　　　　　　B. 保证生产正常进行

C. 降低储存成本　　　　　　　　D. 维持均衡生产

8. 在确定经济订货量时,下列表述中正确的有(　　)。

A. 随每次订货批量的变动,相关订货成本和相关储存成本呈反方向变化

B. 相关储存成本的高低与每次订货批量成正比

C. 相关订货成本的高低与每次订货批量成反比

D. 年相关储存成本与年相关订货成本相等时的采购批量,即经济订货量

9. 确定再订货点,需要考虑的因素有(　　)。

A. 保险储备量　　　　　　　　　B. 每天消耗的原材料数量

C. 预计交货时间　　　　　　　　D. 每次订货成本

10. 下列各项中,属于企业利用商业信用进行筹资的形式有(　　)。

A. 应付票据　　　　　　　　　　B. 应付账款

C. 租赁　　　　　　　　　　　　D. 预收账款

三、判断题

1. 企业之所以持有一定数量的现金,主要是出于交易动机、预防动机和投机动机。

(　　)

2. 为满足季节性库存的需求而持有现金属于出于交易动机而持有的现金。（ ）

3. 企业实行"收支两条线"管理模式可以对企业范围内的现金进行各个单位或部门的分散管理,减少现金持有成本,加速资金周转。（ ）

4. 存货管理的目标是在保证生产或销售经营需要的前提下,最大限度地降低存货成本。（ ）

5. 企业采用严格的信用标准,虽然会增加应收账款的机会成本,但能扩大商品销售额,从而给企业带来更多的收益。（ ）

6. 存货的取得成本包括存货的购置成本、订货成本和储存成本。（ ）

7. 一般来讲,当某种存货品种数量比重达到 70% 左右时,可将其划分为 A 类存货,进行重点管理和控制。（ ）

8. 补偿性余额的约束有助于降低银行贷款风险,但同时也减少了企业实际可动用借款额,提高了借款的实际利率。（ ）

9. 短期融资券通常是由企业发行的有担保短期本票。（ ）

10. 浮动优惠利率是一种随优惠利率的变化而随时调整变化的利率。（ ）

 **技能提升**

1. 甲公司是一家制造类企业,全年平均开工 250 天。为生产产品,全年需要购买 A 材料 250 000 件,该材料单位进货价格为 150 元,每次订货需支付运费、订单处理费等变动成本 500 元,材料年单位变动储存成本为 10 元。A 材料平均交货时间为 4 天。该公司 A 材料满足经济订货量基本模型各项前提条件。

问题:

(1) 利用经济订货量基本模型,计算 A 材料的经济订货量和全年订货次数。

(2) 计算按经济订货量采购 A 材料的年存货相关总成本。

(3) 计算 A 材料每日平均需用量和再订货点。

2. 乙公司是一家汽车配件制造企业,近期的销售量迅速增加。为满足生产和销售的需求,丙公司需要筹集资金 495 000 元用于增加存货,占用期限为 30 天。现有三个可满足资金需求的筹资方案:

方案 1:利用供应商提供的商业信用,选择放弃现金折扣,信用条件为"2/10,N/40"。

方案 2:向银行贷款,借款期限为 30 天,年利率为 8%。银行要求的补偿性余额为借款额的 20%。

方案 3:以贴现法向银行借款,借款期限为 30 天,年利率为 12%。

问题:

(1) 如果乙公司选择方案 1,计算其放弃现金折扣的机会成本。

(2) 如果乙公司选择方案 2,为获得 495 000 元的实际用款额,计算该公司应借款总额和该笔借款的实际年利率。

(3) 如果乙公司选择方案 3,为获得 495 000 元的实际用款额,计算该公司应借款总额和该笔借款的实际年利率。

(4) 根据以上各方案的计算结果,为乙公司选择最优筹资方案。

模块八

收益分配管理

学习指南

本模块对应的典型工作任务是"收益分配政策制定",主要学习如何制定收益分配政策,同时为后续"财务分析"模块的学习打下基础。学生通过本模块学习,需要了解收益分配管理的意义、原则;理解股利分配政策的不同类型;掌握收益分配的程序、股利分配方案的确定、股票分割与股票回购的方法。本模块的重点内容是股利政策,难点是股票分割与股票回购。

知识导图

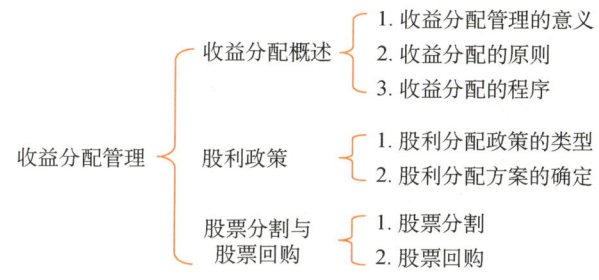

思政导引

1. 利润分配原则

让学生认识到利润分配要依法进行,且要兼顾各方的利益,妥善处理好分多少和留多少的问题;培养学生遵纪守法和可持续发展的理念。

2. 股利政策

股利政策的影响因素之一是契约性因素,引导学生培养契约精神,诚实守信。另外,股利政策在选择时要兼顾各方利益以及长短期利益,培养学生的大局观。

子模块一　收益分配概述

任务导入

2025年2月28日，BH公司财务部门在已完成当年度利润的核算后，准备编制2024年度收益分配方案。

思考：制定收益分配的原则和收益分配的程序。

必备知识

收益分配，是指企业对一定时期内的生产要素所带来的利益总额在企业内外各利益主体之间分割的过程，有广义和狭义两个层次。广义的收益分配，是指对企业收入进行分配的过程，即营业收入首先用来弥补成本费用，然后缴纳企业所得税，提取公积金，再向股东分配利润的过程。狭义的收益分配是对税后利润进行分配的过程，即税后利润在投资者和企业之间进行分配的过程。

一、收益分配管理的意义

收益分配管理作为企业财务管理的重要内容之一，对于维护企业与各相关利益主体的财务关系、提升企业价值具有重要意义，具体体现在以下三个方面。

（一）收益分配集中体现了企业所有者、经营者与职工之间的利益关系

企业所有者是企业股权资本的提供者，按照"谁出资，谁受益"的原则，其投资收益须通过企业的收益分配实现，而投资收益的多少取决于企业盈利状况及利润分配政策。如果投资者能实现预期的投资收益，则有利于提高企业的信誉程度，增强企业未来融通资金的能力。

企业的债权人在向企业投入资金的同时也承担了一定的风险。企业在收益分配过程中应体现对债权人利益的充分保护，不能损害债权人的利益。企业除了做到按期还本付息外，在进行收益分配时也要考虑对债权人未偿付本金的保障程度，否则将在一定程度上削弱企业的偿债能力，从而降低企业的财务弹性。

职工是企业价值的重要创造者，是企业收入和利润的源泉。通过薪资的支付以及各种福利的提供，有利于调动职工的工作积极性，努力为企业创造更多价值。

因此，为了正确、合理地处理好企业各方利益相关者的关切，就必须对企业收益进行合理的分配。

（二）收益分配是企业再生产的条件以及优化资本结构的重要措施

通过收益分配形成的留存收益，企业可以积累一部分自由支配的资金，企业的财力得到增强，这有利于企业根据市场需求扩大生产规模。企业在利润分配的过程中，多少利润

分配给投资者,多少利润留存下来,所引起的企业净资产的变动情况也不一样,从而影响权益与负债的比例,即资本结构。企业价值最大化的财务管理目标要求企业保持最优的资本结构,因而收益分配便成了优化资本结构、降低资本成本的一项重要措施。

(三)收益分配是国家建设资金的重要来源之一

企业在生产经营活动中,不仅为自己创造了价值,还为社会创造了一定的价值,即利润。利润代表企业新创造的财富,是企业收入的重要构成部分。除了满足企业自身的生产经营性积累外,通过收益分配,国家以税收的形式征收一部分企业收益由国家有计划地分配使用,实现国家政治职能和经济职能,为社会经济的发展创造良好条件。

二、收益分配的原则

收益分配作为一项重要的财务活动,应当遵循以下原则。

(一)依法分配

企业的收益分配必须依法进行。为了规范企业的收益分配行为,维护各利益相关者的合法权益,国家颁布了相关法规。这些法规规定了企业收益分配的基本要求、一般程序和重要比例,企业应当认真执行,不得违反。

微视频:8.1
收益分配管理的原则和顺序

(二)分配与积累并重

企业在收益分配的过程中,应坚持分配与积累并重的原则,合理确定分配与积累的比例关系,正确处理好眼前利益和长远利益。企业通过经营活动赚取的收益,既要保证企业生产经营活动的正常进行,又要不断积累企业未来扩大生产规模所需的资金。同时,还应兼顾投资者对投资收益的要求,维持企业良好的形象和信誉。

(三)兼顾各方利益

收益分配是利用价值形式对社会产品的分配,直接关系到有关各方的切身利益。因此,企业的收益分配必须要坚持全局观念,兼顾各方,合理安排,既要满足国家集中财力的需要,又要考虑企业自身发展的要求;既要维护投资者的合法权益,又要保障职工的切身利益。

(四)投资与收益对等

企业在向投资者分配收益时,应本着平等一致的原则,根据公司章程或协议规定,按照投资者投资额的比例进行分配,不允许任何一方随意多分多占,以从根本上实现收益分配中的公开、公平和公正,保护投资者的利益。

三、收益分配的程序

根据《公司法》及相关法律制度的规定,公司净利润的分配应按照以下顺序进行。

动画:8.1
利润分配的顺序

(一)弥补以前年度亏损

企业当年实现的净利润,应先按照规定弥补以前年度发生的亏损。企业年度亏损可以用下一年度的税前利润弥补,下一年度不足弥补的,可以在五年之内用税前利润继续弥补,连续五年未弥补的亏损则用税后利润弥补。其中,税后利润弥补亏损可以用当年实现的净利润,也可以用盈余公积转入。

(二)提取法定公积金

根据《公司法》的规定,企业应按照当年税后利润(弥补亏损后)的10%提取法定公积金,其主要目的是增加企业内部积累,以利于企业扩大再生产。当年法定公积金的累积额已达注册资本的50％时,可以不再提取。法定公积金提取后,根据企业的需要,可用于弥补亏损或转增资本,但企业用法定公积金转增资本后,法定公积金的余额不得低于转增前公司注册资本的25％。

（三）提取任意公积金

根据《公司法》的规定,企业在提取法定公积金后,可根据股东会或股东大会决议从税后利润中提取任意公积金。

（四）向投资分配利润或股利

根据《公司法》的规定,公司弥补亏损和提取公积金后所余税后利润,可以向股东(投资者)分配。其中,有限责任公司股东按照实缴的出资比例分取红利,全体股东约定不按照出资比例分取红利的除外;股份有限公司按照股东持有的股份比例分配,但股份有限公司章程规定不按照持股比例分配的除外。

小贴士

股权激励的主要方式

现在有很多公司使用股权激励的方式激励员工,其本质是企业对管理层或者员工进行的一种经济利益分配。股权激励主要有以下四种方式:

（1）分红权。分红权是很多成长性企业采用的股权激励方式,它还有一个更让人熟知的名字叫作"干股"。我们经常有听到别人说,老板给他多少多少干股,指的就是给他多少比例的分红权,他并不享有真正的股权或股份,只是按照协议享受利润分红,分红权是最简单也是最容易操作的一种方式。

（2）增值权。增值权,是授予员工一种权利,如果公司股价上升,可通过行权获得相应数量的股价升值收益,员工不用为行权付出现金,行权后获得现金奖励。这种方式适合盈利比较稳定的企业。

（3）实股。实股简单来说就是给员工股权股份,但是员工要卖的话是有条件限制的,一般指公司业绩条件,如果没有达到条件,就按约定的来处理,比如由公司按原价格回购注销等。

（4）期权激励。期权激励是指员有权在未来一定期限内以预先确定的价格和条件购买本公司一定数量股权,当公司股票价格高于授予期权所指定的价格时,员工可以卖出股票获利。期权在国内有非常多的实践基础,是除了分红外最多使用的工具,适用于大部分上市公司。

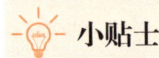 任务分析

通过所学知识可知,BH公司财务部门在分配2024年度收益时应该坚持依法分配、分配与积累并重、兼顾各方利益、投资与收益对等原则;并按照弥补以前年度亏损、提取法定公积金、提取任意公积金的程序向投资分配股利。由于公司近五年持续盈利,无待弥补

亏损,因此先提取盈余公积金,然后向投资者分配股利。

 **总结提升**

本子模块的知识点包括收益分配管理的意义、收益分配的原则;技能点是能够按照收益分配的程序完成收益分配工作。需要说明的是,一个企业是否提取任意公积金、按照什么样的比例提取,由企业根据自身发展的实际情况来决定,不同企业规定不一样;另外,企业除了可以向投资者发放现金股利,还可以发放股票股利。

 **股 利 政 策**

 **任务导入**

BH 公司 2024 年度净利润为 20 000 万元,请协助财务部门确定股利分配政策和股利支付方式,并按照股利支付程序完成 2024 年度股利分配工作。

必备知识

股利政策,是指企业管理层在符合国家有关法律、法规规定的前提下,做出的有关股利分配的方针和政策。

一、股利分配政策的类型

在实际工作中,股利政策既要保持相对稳定,又要符合公司财务目标和发展目标,通常有以下几种股利政策可供选择。

(一)剩余股利政策

1. 剩余股利政策的含义

剩余股利政策,是指公司在有良好的投资机会时,根据目标资本结构,测算出投资所需的权益资本额,先从盈余中留用,然后将剩余的盈余作为股利来分配,即净利润首先满足公司的权益资金需求,如果还有剩余,就派发股利;如果没有,则不派发股利。采用剩余股利政策时,企业应遵循如下步骤:

(1)设定目标资本结构,在此资本结构下,公司的加权平均资本成本将达最低水平;

(2)确定公司的最佳资本预算,并根据公司的目标资本结构预计资金需求中所需增加的权益资本数额;

(3)最大限度地使用留存收益来满足资金需求中所需增加的权益资本数额;

(4)留存收益在满足公司权益资本增加需求后,若还有剩余再用来发放股利。

【学中做 8-1】

BH 公司 2024 年度净利润为 20 000 万元,2025 年度投资计划所需资金为 30 000 万元,

微视频:8.2 股利分配政策

公司的目标资本结构为自有资金占 60%,借入资金占 40%。假设 BH 公司采用剩余股利政策,请确定该公司 2024 年度可向投资者分红(发放股利)的金额。

【解析】

步骤一:按照目标资本结构的要求,BH 公司投资方案所需的自有资金数额为:

自有资金 = 30 000 × 60% = 18 000(万元)

步骤二:按照剩余股利政策的要求,BH 公司 2024 年度可向投资者分红(发放股利)的数额为:

发放股利 = 20 000 - 18 000 = 2 000(万元)

2. 剩余股利政策的优缺点

1)剩余股利政策的优点

留存收益优先满足再投资所需要的权益资金,有助于降低再投资的资金成本,保持最佳的资本结构,实现企业价值的长期最大化。

2)剩余股利政策的缺点

若完全遵照执行剩余股利政策,股利发放额就会随着每年投资机会和盈利水平的波动而波动。在盈利水平不变的前提下,股利发放额与投资机会的多寡呈反方向变动;而在投资机会维持不变的情况下,股利发放额将与公司盈利呈同方向变动。

剩余股利政策不利于投资者安排收入与支出,也不利于公司树立良好的形象,一般适用于处于初创阶段的公司。

(二)固定或稳定增长股利政策

1. 固定或稳定增长股利政策的含义

固定或稳定增长股利政策,是指公司将每年派发的股利额固定在某一特定水平或是在此基础上维持某一固定比率逐年稳定增长。在这一政策下,公司应先确定股利分配额,而且该分配额一般不随资金需求的波动而波动。只有当公司对未来利润增长确有把握时,才会宣布实施固定或稳定增长的股利政策。

2. 固定或稳定增长股利政策的优缺点

1)固定或稳定增长股利政策的优点

(1)稳定的股利向市场传递着公司经营状况稳定、管理层对未来充满信心的信号,有利于树立公司的良好形象,增强投资者对公司的信心,稳定股票的价格。

(2)稳定的股利有助于投资者安排股利收入和支出,有利于吸引那些打算进行长期投资并对股利有很高依赖性的股东。

2)固定或稳定增长股利政策的缺点

固定或稳定增长股利政策的缺点主要在于股利的支付与公司盈余相脱节。当企业盈余较低时仍需支付固定的股利额,这会导致侵蚀公司留存收益,造成资金紧缺,给财务运作带来很大压力。此外,在无利可分的情况下,若依然实施固定或稳定增长的股利政策,是违反《公司法》的行为。

因此,公司如果采用固定或稳定增长股利政策,应对未来的盈利和支付能力能做出准确的判断。同时,公司确定的固定股利额不宜太高,以免陷入无力支付的被动局面。固定或稳定增长的股利政策通常适用于经营比较稳定或正处于成长期的企业,但很难被长期采用。

（三）固定股利支付率政策

1. 固定股利支付率政策的含义

固定股利支付率政策是指公司将每年净利润的某一固定比例作为股利分派给股东。这一比例通常称为股利支付率，股利支付率一经确定，一般不得随意变更。固定股利支付率越高，公司留存的净利润越少。在这一股利政策下，只要公司的税后利润一经计算确定，所派发的股利也就相应确定了。由于企业的盈利能力在年度间是经常变动的，因此采用此政策，每年的股利也随着企业收益的变动而变动。

2. 固定股利支付率政策的优缺点

1）固定股利支付率政策的优点

（1）采用固定股利支付率政策，股利与公司盈余紧密地配合，体现了"多盈多分、少盈少分、无盈不分"的股利分配原则。

（2）由于公司的获利能力在年度间是经常变动的，保持股利与利润间的一定比例关系，体现了投资风险与收益的匹配性。

2）固定股利支付率政策的缺点

（1）由于股利经常波动容易使外界产生公司经营不稳定的印象，很容易给投资者带来经营状况不稳定、投资风险较大的不良印象，成为影响股价的不利因素。

（2）公司实现的盈利越多，支付的股利越多，如果公司的现金流量状况并不好，容易使公司面临较大的财务压力。

（3）公司每年按固定比例从净利润中支付股利，缺乏财务弹性。

（4）确定合理的固定股利支付率难度很大。

因此，一成不变地奉行固定股利支付率政策的公司在实务中并不多见，固定股利支付率政策只是较适用于那些处于稳定发展且财务状况也较稳定的公司。

【学中做 8-2】

BH 公司 2024 年度净利润为 20 000 万元，假设 BH 公司采用固定股利支付率政策进行股利分配，确定的股利支付率为 40%，请确定该公司 2024 年度可向投资者分红（发放股利）的金额。

【解析】

BH 公司本年度要支付的股利＝20 000×40%＝8 000（万元）。

（四）低正常股利加额外股利政策

1. 低正常股利加额外股利政策的含义

低正常股利加额外股利政策，是指公司事先设定一个较低的正常股利额，每年除了按正常股利额向股东发放股利外，还在公司盈余较多、资金较为充裕的年份根据企业实际情况向股东额外发放较多的股利，但额外支付的股利并不固定。

2. 低正常股利加额外股利政策的优缺点

1）低正常股利加额外股利政策的优点

（1）赋予公司较大的灵活性，使公司在股利发放上留有余地，并具有较大的财务弹性。公司可根据每年的具体情况，选择不同的股利发放水平，以稳定和提高股价，进而实现公司价值的最大化。

（2）当企业盈利较少或投资需要的资金较多时，可维持原定的较低但正常的股利，使那些依靠股利度日的股东每年至少可以得到虽然较低但比较稳定的股利收入，从而吸引住这部分股东。当企业盈余有较大幅度增加时，在原定的较低但正常的股利基础上，向股东增发额外的股利，可以增强股东对企业未来发展的信心，进而稳定股价。

2）低正常股利加额外股利政策的缺点

（1）公司的盈利波动使得额外股利不断变化，给投资者造成公司收益不稳定的感觉。

（2）当公司在较长时期持续盈利，并持续发放额外股利时可能会被误以为"正常股利"，一旦公司不派发额外股利，传递出的信号可能使股东认为公司财务恶化，进而引起公司股价下跌。

相对来说，对那些盈利随着经济周期而波动较大的公司或者盈利与现金流量很不稳定时，低正常股利加额外股利政策也许是一种不错的选择。

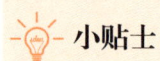 **小贴士**

公司在制定股利分配政策时应考虑的因素

公司基于短期经营和长期发展的考虑，在确定利润分配政策时，需要关注以下因素：

（1）现金流量。由于会计规范的要求和核算方法的选择，公司盈余与现金流量并非完全同步，净收入的增加不一定意味着可供分配的现金流量的增加。公司在进行利润分配时，要保证正常的经营活动对现金的需求，以维持资金的正常周转，使生产经营得以有序进行。

（2）资产的流动性。企业现金股利的支付会减少其现金持有量，降低资产的流动性，而保持一定的资产流动性是企业正常运转的必备条件。

（3）盈余的稳定性。企业的利润分配政策在很大程度上会受盈余稳定性的影响。一般来讲，公司的盈余越稳定，其股利支付水平也就越高。对于盈余不稳定的公司，可以采用低股利政策。

（4）投资机会。如果公司的投资机会多，对资金的需求量大，那么它就很可能会考虑采用低股利支付水平的分配政策；相反，如果公司的投资机会少，对资金的需求量小，那么它就很可能倾向于采用较高的股利支付水平的分配政策。此外，如果公司将留存收益用于再投资所得报酬低于股东个人单独将股利收入投资于其他投资机会所得的报酬时，公司就不应多留留存收益，而应多发放股利，这样有利于股东价值的最大化。

（5）筹资因素。如果公司具有较强的筹资能力，随时能筹集到所需资金，那么它会具有较强的股利支付能力。另外，留存收益是企业内部筹资的一种重要方式，它同发行新股或举债相比，不需花费筹资费用，同时增加了公司权益资本的比重，降低了财务风险，便于以低成本取得债务资本。

（6）其他因素。由于股利的信号传递作用，公司不宜经常改变其利润分配政策，应保持一定的连续性和稳定性。此外，利润分配政策还会受其他因素的影响，如不同发展阶段、不同行业的公司股利支付比例和股利支付程序有差异，这就要求公司在进行政策选择时要考虑发展阶段以及所处行业状况。

二、股利分配方案的确定

(一) 股利支付形式

公司股利支付一般有以下几种形式。

1. 现金股利

现金股利是以现金支付的股利。由于投资者一般都希望得到现金股利,而且企业发放股利的多少,直接影响企业股票的市场价格,因此现金股利是企业最常用的,也是最主要的股利发放方式。公司选择发放现金股利除了要有足够的留存收益外,还要有足够的现金,而现金充足与否往往会成为公司发放现金股利的主要制约因素。

2. 财产股利

财产股利是以现金以外的其他资产支付的股利,主要是以公司所拥有的其他公司的有价证券,如债券、股票等,作为股利支付给股东。

3. 负债股利

负债股利是通过建立负债方式支付的股利,通常以公司开立的银行票据支付给股东,有时也以发放公司债券的方式支付股利。这种股利发放方式只是公司的一种权宜之策,多数是因为公司已经宣布发放股利,但又面临现金不足、处于难以支付的窘境时,为顾及公司信誉而采取的权宜之计。

财产股利和负债股利实际上都是现金股利的替代方式,目前这两种股利形式在我国公司实务中很少使用,但并非法律所禁止。

4. 股票股利

股票股利是公司以增发股票的方式支付的股利,我国实务中通常也称其为"红股"。发放股票股利对公司来说并没有现金流出企业,不会导致公司的财产减少,也不会改变公司股东权益总额,只是将公司的未分配利润转化为股本和资本公积。

微视频:8.3
股利支付形式

【学中做 8-3】

BH 公司 2024 年度资产负债表上的股东权益账户情况,如表 8-1 所示。

表 8-1　股东权益账户一览表　　　　　　　　　单位:万元

股本(面值为 1 元,发行在外普通股为 40 000 万股)	40 000
资本公积	60 000
盈余公积	40 000
未分配利润	60 000
股东权益合计	200 000

假设 BH 公司发放 10% 的股票股利,即现有股东每持有 10 股即可获赠 1 股普通股,当日该公司股票市场价为 5 元/股。

【解析】

股票股利发放当日,BH 公司需从"未分配利润"项目划转出的资金为:

资金＝40 000×10％×5＝20 000(万元)

本次共向股东发放股票 4 000 万股,由于股票面值(1 元)不变,"股本"项目应增加 4 000 万元,其余的 16 000 万元(20 000－4 000)应作为股票溢价转至"资本公积"项目,而公司的股东权益总额并未发生改变,仍是 200 000 万元,股票股利发放后 BH 公司资产负债表上的股东权益部分,如表 8-2 所示。

表 8-2　股东权益账户一览表　　　　　　　　　　　　　　　　单位:万元

股本(面值 1 元,发行在外普通股 44 000 万股)	44 000
资本公积	76 000
盈余公积	40 000
未分配利润	40 000
股东权益合计	200 000

假设一位股东派发股票股利之前持有公司的普通股为 40 万股,持股比例为 0.1%。

派发股利之后,他所拥有的股票数量和股份比例为:44 万股[40×(1＋10%)],持股比例仍然为 0.1%。

可见,发放股票股利,不会对公司股东权益总额产生影响,但会引起资金在各股东权益项目间的再分配。而且股票股利派发前后每一位股东的持股比例也不会发生变化。需要说明的是,本例中股票股利以市价计算价格的做法,是很多西方国家所通行的,但在我国,股票股利价格则是按照股票面值来计算的。

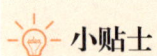 小贴士

发放股票股利的优点

发放股票股利虽不直接增加股东的财富,也不增加公司的价值,但对股东和公司都有特殊意义。

对股东来讲,股票股利的优点主要有:

(1)理论上,派发股票股利后,每股市价会呈反比例下降,但实务中这并非必然结果。因为市场和投资者普遍认为,发放股票股利往往预示着公司会有较大的发展和成长,这样的信息传递会稳定股价或使股价下降比例减小甚至不降反升,股东便可以获得股票价值相对上升的好处。

(2)由于股利收入和资本利得税率的差异,如果股东把股票股利出售,还会给他带来资本利得纳税上的好处。

对公司来讲,股票股利的优点主要有:

(1)发放股票股利不需要向股东支付现金,在再投资机会较多的情况下,公司就可以为再投资提供成本较低的资金,从而有利于公司的发展。

(2)发放股票股利可以降低公司股票的市场价格,既有利于促进股票的交易和流通,又有利于吸引更多的投资者成为公司股东,进而使股权更为分散,有效地防止公司被恶意控制。

（3）股票股利的发放可以传递公司未来发展前景良好的信息，从而增强投资者的信心，在一定程度上稳定股票价格。

（二）股利支付程序

微视频：8.4
股利支付程
序

公司股利的发放，一般由董事会提出分配预案，然后提交股东大会决议。股东大会决议通过后，一般按照下列日程进行：

（1）股利宣告日，即股东大会决议通过并由董事会将股利支付情况予以公告的日期。公告中将宣布每股应支付的股利、股权登记日、除息日和股利支付日。

（2）股权登记日，即有权领取本期股利的股东资格登记截止日期。凡是在此指定日期取得公司股票，成为公司在册股东的投资者都可以享受公司本期分派的股利。在这一天之后取得股票的股东则无权领取本次分派的股利。

（3）除息日，即领取股利的权利与股票分离的日期。除息日是股权登记的下一个交易日。在除息日之前购买股票的股东才能领取本次股利，而在除息日当天或是以后购买股票的股东，则不能领取本次股利。由于失去了"收息"的权利，除息日的股票价格会下跌。

（4）股利发放日，即公司按照公布的分红方案向股权登记日在册的股东实际支付股利的日期。

【学中做8-4】

BH公司于2025年4月1日公布了2024年度的分红方案，公告如下：2025年3月31日在青岛召开股东大会，通过了董事会3月25日做出的关于每股分派0.4元的2024年股息分配方案。股权登记日为4月25日，除息日为4月26日，股东可在5月10日至25日之间通过深圳证券交易所交易方式领取股息。

BH公司的股利支付程序，如图8-1所示。

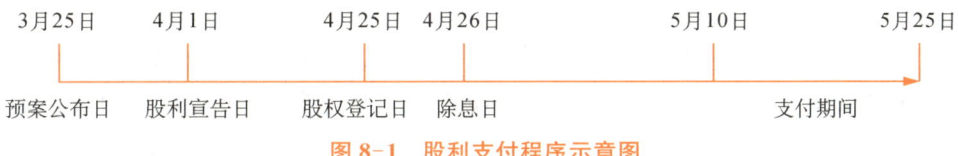

图8-1 股利支付程序示意图

 ## 任务分析

BH公司财务部门认真分析了各种股利分配政策的优缺点，认为目前家电市场已经发展成熟，公司目前经营稳定，财务状况也比较稳定，权衡各种股利分配政策利弊后确定采用固定或稳定增长股利政策。鉴于公司目前现金比较充裕，股东的现金偏好，公司仍然采用现金股利的支付方式。股利分配方案经公司管理层审批后及时向社会公布，并按照股利支付程序做好股利分配工作。

总结提升

本子模块的知识点包括剩余股利政策、固定或稳定增长股利政策、固定股利支付率政策、低正常股利加额外股利政策的优缺点;技能点是能够根据公司实际情况确定采用的股利分配政策,选择恰当的股利支付方式,按照股利支付程序做好股利分配工作。

子模块三 股票分割与股票回购

任务导入

基于对公司未来发展前景的信心和对公司价值的高度认可,并综合考虑公司经营情况、主营业务发展前景、公司财务状况以及未来的盈利能力等因素,BH 公司决定拟以自有资金回购公司股份 1 000 万~2 000 万股,回购股价不超过 20 元/股,6 个月期限。回购的股份主要用于实施股权激励计划及员工持股计划。

思考:本次股票回购对 BH 公司产生的影响。

必备知识

微视频:8.5
股票分割与
股票回购

一、股票分割

(一)股票分割的概念

股票分割,又称拆股,即将一股股票拆分成多股股票的行为。例如,将原来的 1 股股票拆成 2 股。股票分割时,发行在外的股数增加,使得每股面额降低,每股盈余下降,但公司价值不变,股东权益总额、股东权益各项目金额及其相互间的比例也不会改变。

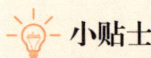

小贴士

股票分割和股票股利的区别和联系

股票分割和股票股利的区别:

(1)股票股利面值不变,股东权益内部结构变化,属于股利支付方式,在公司股价上涨幅度不大时,往往通过发放股票股利将股价维持在理想的范围之内。

(2)股票分割面值变小,股东权益内部结构不变,不属于股利支付方式,在公司股价暴涨且预期难以下降时,才采用股票分割的办法降低股价。

股票分割和股票股利的联系:

股票分割和股票股利都是普通股股数增加,每股收益和每股市价下降,资本结构不变(资产总额、负债总额、股东权益总额不变),往往给人们传递一种"公司正处于发展中"的信息,从纯粹经济的角度看,两者没有区别。

【学中做 8-5】

BH 公司 2024 年度资产负债表上的股东权益账户情况见表 8-1。BH 公司 2025 年 1 月 15 日宣布按照 1∶2 的比例进行股票分割。

【解析】

股票分割后,该公司资产负债表上的股东权益账户情况,如表 8-3 所示。

表 8-3 股东权益账户变动情况表　　　　　　　　　　　　　　单位:万元

股本(面值 0.5 元,发行在外普通股 80 000 万股)	40 000
资本公积	60 000
盈余公积	40 000
未分配利润	60 000
股东权益合计	200 000

(二)股票分割的意义

(1)股票分割会使每股市价降低,可以使更多的资金实力有限的潜在股东变成持股股东,有利于促进股票流通性并使公司的股东数量增加,使公司股票在市场上的交易更活跃。

(2)股票分割可以向股票市场和投资者传递公司业绩好、利润高、发展前景良好的信息,有利于增强投资者对公司的信心。

(3)在股价太高的情况下,公司往往不敢贸然发行股票,因为过高的股价会使许多资金量小的投资者望而却步,增大了企业发行新股失败的风险。股票分割后,股价降低,可以吸引众多的投资者进行投资,降低新股发行失败的风险。

(4)有意进行资本重组的公司,通过降低股价,提高股票交易的流动性,有利于吸引被并购方。

二、股票回购

(一)股票回购的概念

股票回购,是指上市公司出资将其发行在外的普通股以一定价格购买回来予以注销或作为库存股的一种资本运作方式。我国《公司法》规定,公司有下列情形之一的,可以收购本公司股份:

(1)减少公司注册资本。

(2)与持有本公司股份的其他公司合并。

(3)将股份用于员工持股计划或者股权激励。

(4)股东因对股东会做出的公司合并、分立决议持异议,要求公司收购其股份。

(5)将股份用于转换上市公司发行的可转换为股票的公司债券。

（6）上市公司为维护公司价值及股东权益所必需。

（二）股票回购的动机

公司回购自己的股票，可能出于以下几个方面的原因：

（1）替代现金股利。股票回购与支付现金股利相类似，都是公司支付现金来使股东获利。现金股利政策会对公司产生未来的派现压力，而股票回购不会。当公司有富余资金时，通过购回股东所持股票将现金分配给股东，这样，股东就可以根据自己的需要选择继续持有股票或出售以获得现金。

（2）改善公司的资本结构。公司进行股票回购后，其权益资本在资本结构中的比例降低，债务资本的比例相应地提高。特别是当公司通过借债筹资后再进行股票回购，一方面债务增加，另一方面权益资本减少，会使资本结构得到较大幅度的调整。因此，如果管理人员认为公司的资本结构失衡需要调整时，可通过回购股票的方式实现资本结构的优化。

（3）基于控制权的考虑。控股股东为了保证其控制权不被改变，往往采取直接或间接的方式回购股票，从而巩固既有的控制权。另外，通过股票回购来减少流通股的数量，可起到有效防止潜在并购者恶意收购的作用。

（4）提高每股收益和传递公司信息。为了自身形象、上市需求和投资人渴望高回报等原因，采取股票回购方式减少实际支付股利的股份数，从而提高每股收益指标。此外，由于信息不对称和预期差异，证券市场上的公司股票价格可能被低估，而过低的股价将会对公司产生负面影响。通过股票回购可以向市场和投资者传递公司真实的投资价值，稳定或提高公司股价。

（三）股票回购的意义

1.股票回购对股东的意义

（1）多获取资本利得。股票回购的决策往往是在企业管理当局认为企业股票价格过低的情况下做出的，回购企业部分股票会导致股价的上涨，从而使股东多获取资本利得收益。

（2）推迟纳税或避税。股票回购后股东得到的是资本利得，一般需缴纳资本利得所得税，而发放现金股利后股东则需缴纳一般所得税。在前者税率低于后者的情况下，股票回购将使股东获得纳税上的好处。

2.股票回购对企业的意义

（1）改善企业资本结构，提高负债比例，发挥财务杠杆的作用。

（2）将过剩的现金流量以股票回购的方式分配给股东。

（3）可避免企业被收购。

（4）可将库存股用来满足可转换债券持有人转换企业普通股的需要，也可以用来兼并其他企业。

（5）企业如果需要额外的现金，可将库存股票出售。

（6）如果企业意欲处置其拍卖资产所得的现金，回购股票是其良好的选择。

（四）股票回购的影响

股票回购对公司的影响主要表现在以下几个方面：

（1）公司回购本公司股份，将进一步提升公司调整股权结构和管理风险的能力，提高公司整体质量和投资价值。

（2）如果回购的股票用于实施持股计划和股权激励，可形成资本所有者和劳动者的利益共同体，有助于提高投资者回报能力；如果回购的股票用于可转债转换公司股票，有助于拓展公司融资渠道，改善公司资本结构。

（3）当公司股价严重低于股票内在价值时，适时进行股份回购，可减少股份供应量，有助于稳定股价，增强投资者信心。

（4）在公司没有合适的投资项目又持有大量现金的情况下，大量回购公司股票，能更好地发挥货币资金的作用，降低公司资本成本。但当公司资金紧张时进行股票回购，容易造成资金紧张，降低资产流动性，影响公司的后续发展。

（5）上市公司通过履行信息披露义务和公开的集中交易方式进行股份回购有利于防止操纵市场、内部交易等利益输送行为。

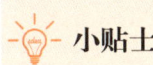 **小贴士**

股票回购的方式

股票回购方式主要有包括公开市场回购、要约回购和协议回购三种。

（1）公开市场回购，是指公司在公开交易市场上以当前市价回购股票。

（2）要约回购，是指公司在特定期间向股东发出以高出当前市价的某一价格回购既定数量股票的要约，并根据要约内容进行回购。

（3）协议回购，是指公司以协议价格直接向一个或几个主要股东回购股票。

 **思政小课堂**

完善分配制度　促进共同富裕

习近平总书记在党的二十大报告中提出一个重要论断，"分配制度是促进共同富裕的基础性制度"，并就完善分配制度做出重要部署，为在全面建设社会主义现代化国家的新征程上实现共同富裕指明了方向，提供了遵循。

共同富裕是中国特色社会主义的本质要求，是中国式现代化的重要特征。党的十八大以来，以习近平同志为核心的党中央把握发展阶段新变化，把逐步实现全体人民共同富裕摆在更加重要的位置上，推动区域协调发展，采取有力措施保障和改善民生，打赢脱贫攻坚战，全面建成小康社会，为促进共同富裕创造了良好条件。现在，已经到了扎实推动共同富裕的历史阶段。在我国社会主义制度下要实现共同富裕的目标，需要发挥分配制度的激励作用，最广泛地调动各方面的积极性，有效配置生产要素，促进高质量发展，通过全国人民共同奋斗把"蛋糕"做大做好。同时，通过合理的制度安排正确处理增长和分配关系，把"蛋糕"切好分好，防止两极分化，使全体人民共享改革发展的成果。

党的二十大报告指出："坚持按劳分配为主体、多种分配方式并存，构建初次分配、再分配、第三次分配协调配套的制度体系。"这一重要部署，对于正确处理效率与公平的关系，在发展的基础上不断增进人民福祉，逐步缩小收入差距，扎扎实实朝共同富裕的目标迈进具有非常重要的意义。按劳分配为主体、多种分配方式并存的分配制度,是社会主义基本经济制度的重要组成部分,既体现了社会主义制度优越性,又同我国社会主义初级阶段社会生产力发展水平相适应。初次分配制度、再分配制度、第三次分配制度,在促进共同富裕中具有不同的功能和作用,要相互协调配套。

要发挥好初次分配的基础性作用,努力提高居民收入在国民收入分配中的比重,提高劳动报酬在初次分配中的比重。坚持多劳多得,鼓励勤劳致富,促进机会公平,增加低收入者收入,扩大中等收入群体。完善按要素分配政策制度,探索多种渠道增加中低收入群众要素收入,多渠道增加城乡居民财产性收入。要加大税收、社会保障、转移支付等的调节力度。完善个人所得税制度,规范收入分配秩序,规范财富积累机制,保护合法收入,调节过高收入,取缔非法收入。要建立健全第三次分配机制,引导、支持有意愿有能力的企业、社会组织和个人积极参与公益慈善事业。

(资料来源:求是网 评论员文章,2022-11-18)

 ## 任务分析

股票回购作为资本市场一项重要的金融工具,对企业而言同样是一项有效的财务管理手段。股票回购在西方发达国家出现较早,并得到广泛的应用。相比而言,其在我国起步较晚,而最初国内对于回购的应用仅仅是为了解决国有股权的过度集中的问题,由于对回购限制条件的认知模糊,当时在资本市场的前期发展中并没有受到过多的重视。而后随着资本市场环境的不断变化,股票回购逐渐受到上市公司的重视。近年来,越来越多的上市公司选择股票回购来巩固公司的发展根基,尤其是2018年证监会、财政部、国资委发布《关于支持上市公司回购股份的意见》,充分提振了上市公司回购的信心。

由于上市公司大多会动用大额现金来支付股票回购,因此在制定上市公司股份回购计划时,也应该重点考虑资金的来源,确保有足够的资金进行回购,如果上市公司用自有资金进行支付,还要防止短期内流动资金的短缺现象发生。

 ## 总结提升

本子模块的知识点包括股票分割的意义、股票回购的动机、股票回购的意义和股票回购的影响等;技能点是能够分析股票回购、股票分割对公司和投资者的影响。

 ## 知识巩固

一、单项选择题

1. 下列各项中,正确反映公司净利润分配顺序的是(   )。

A. 提取法定公积金、提取任意公积金、弥补以前年度亏损、向投资者分配股利

B. 向投资者分配股利、弥补以前年度亏损、提取法定公积金、提取任意公积金

C. 弥补以前年度亏损、向投资者分配股利、提取法定公积金、提取任意公积金

D. 弥补以前年度亏损、提取法定公积金、提取任意公积金、向投资者分配股利

2. 下列关于提取任意公积金的表述中,不正确的是(　　)。

A. 应从税后利润中提取　　　　　　　B. 应经股东会决议

C. 满足公司经营管理的需要　　　　　D. 达到注册资本的50%时不再计提

3. 某公司目标资本结构要求权益资本占55%,2024年的净利润为2 500万元,预计2025年投资所需资金为3 000万元。按照剩余股利政策,在2024年可发放的现金股利为(　　)万元。

A. 850　　　　　　B. 1 150　　　　　　C. 1 375　　　　　　D. 1 125

4. 下列各项中,属于固定股利支付率政策的优点是(　　)。

A. 股利与公司盈余紧密配合　　　　　B. 有利于树立公司的良好形象

C. 股利分配有较大灵活性　　　　　　D. 有利于稳定公司的股价

5. 下列股利政策中,具有较大财务弹性,且可使股东得到相对稳定股利收入的是(　　)。

A. 剩余股利政策　　　　　　　　　　B. 固定或稳定增长股利政策

C. 固定股利支付率政策　　　　　　　D. 低正常股利加额外股利政策

6. 某公司成立于2023年1月1日,2023年度实现的净利润为2 000万元,分配现金股利1 100万元,2024年实现的净利润为2 500万元,若公司采用固定股利支付率政策,则2024年分配的现金股利为(　　)万元。

A. 1 100　　　　　　B. 1 250　　　　　　C. 1 375　　　　　　D. 1 400

7. 如果某公司以所持有的其他公司的有价证券作为股利发放给本公司股东,则该股利支付方式属于(　　)。

A. 负债股利　　　B. 现金股利　　　C. 财产股利　　　　D. 股票股利

8. 下列各项股利支付形式中,不会改变企业资本结构的是(　　)。

A. 股票股利　　　B. 财产股利　　　C. 负债股利　　　　D. 现金股利

9. 要获得收取股利的权利,投资者购买股票的最迟日期是(　　)。

A. 股利宣告日　　B. 股利发放日　　C. 除息日　　　　　D. 股权登记日

10. 下列关于股票分割的表述中正确的是(　　)。

A. 股票分割会引起股票面值的变化

B. 股票分割不会增加发行在外的股票总数

C. 股票分割会引起所有者权益总额的变化

D. 股票分割会引起所有者权益内部结构的变化

二、多项选择题

1. 企业收益分配管理应当遵循的原则包括(　　)。

A. 依法分配　　　　　　　　　　　　B. 分配与积累并重

C. 兼顾各方利益　　　　　　　　　　D. 投资与收益对等

2. 下列各项中,属于剩余股利政策优点的有(　　)。

A. 保持目标资本结构　　　　　　　　B. 降低再投资资本成本

C. 使股利与企业盈余紧密结合　　　　D. 实现企业价值的长期最大化

3. 下列各项中,属于固定或稳定增长股利政策优点的有(　　)。

A. 稳定的股利有利于稳定股价

B. 稳定的股利有利于树立公司的良好形象

C. 稳定的股利使股利与公司盈余密切挂钩

D. 稳定的股利有利于优化公司资本结构

4. 发放股票股利对上市公司产生的影响有(　　)。

A. 公司股票数量增加　　　　　　　　B. 公司资产总额增加

C. 公司股东权益总额增加　　　　　　D. 公司股本增加

5. 对公司而言,发放股票股利的优点有(　　)。

A. 减轻公司现金支付压力

B. 使股权更为集中

C. 可以向市场传递公司未来发展前景良好的信息

D. 有利于股票交易和流通

6. 假设某股份公司按照 1 : 2 的比例进行股票分割,下列说法正确的有(　　)。

A. 股本总额增加一倍　　　　　　　　B. 每股净资产保持不变

C. 股东权益总额保持不变　　　　　　D. 股东权益内部结构保持不变

7. 下列关于股票分割和发放股票股利的表述中,正确的有(　　)。

A. 股票分割与发放股票股利均不会导致公司现金流出

B. 股票分割与发放股票股利均会增加公司流通在外的股票数量

C. 股票分割与发放股票股利均会改变公司股东权益的内部结构

D. 股票分割与发放股票股利均会对公司股东权益总额产生影响

8. 下列各项中,属于公司回购股票动机的有(　　)。

A. 改变公司的资本结构　　　　　　　B. 替代现金股利

C. 巩固控股股东的控制权　　　　　　D. 传递公司股价被高估的信息

9. 下列各项股利政策中,股利水平与当期盈利直接关联的有(　　)。

A. 剩余股利政策　　　　　　　　　　B. 固定或稳定增长股利政策

C. 固定股利支付率政策　　　　　　　D. 低正常股利加额外股利政策

10. 股票分割的主要作用包括(　　)。

A. 降低每股市价

B. 促进股票的流通和交易

C. 向市场和投资者传递公司发展前景良好的信号

D. 巩固现有股东既定控制权

三、判断题

1. 公司弥补亏损和提取公积金后所余税后利润,可以向股东(投资者)分配,分配股利时应当按照持股比例分配,遵循同股同利的原则。　　　　　　　　　　　　　(　　)

2. 在公司具有良好的投资机会时,剩余股利政策要求公司尽量使用留存收益来满足目标资本结构所需的权益资本数额。　　　　　　　　　　　　　　　　　　　(　　)

3. 当公司处于经营稳定或成长期,对未来的盈利和支付能力可做出准确判断并具有足够把握时,可以考虑采用稳定增长的股利政策,增强投资者信心。　　　　　　(　　)

4. 在固定股利支付率政策下,各年的股利随着收益的波动而波动,容易给投资者带来公司经营状况不稳定印象。　　　　　　　　　　　　　　　　　　　　　　(　　)

5. 与固定股利政策相比,低正常股利加额外股利政策赋予公司股利发放的灵活性。
（　　）

6. 股票分割会使公司股票总数增加,但公司股本总额不变。 （　　）

7. 执行剩余股利政策,股利发放额不受盈利水平影响,但是会受投资机会的影响。
（　　）

8. 采用固定股利支付率政策分配利润时,股利不受经营状况的影响,有利于公司股票价格的稳定。 （　　）

9. 股票分割会使股票的每股市价下降,可以提高股票的流通性。 （　　）

10. 股票回购是指上市公司出资将其发行在外的普通股以一定价格购买回来予以注销或作为库存股的一种资本运作方式。股票回购容易造成资金紧缺、资产流动性变差,影响公司后续发展。 （　　）

 技能提升

LT 公司 2024 年年末的资产总额为 60 000 万元,权益资本占资产总额的 60%,当年净利润为 7 200 万元,LT 公司认为其股票价格过高,不利于股票流通,于 2025 年初按照 1∶2 的比例进行股票分割,股票分割前 LT 公司发行在外的普通股股数为 2 000 万股。根据 2025 年的投资计划,LT 公司需要追加 9 000 万元,基于公司目标资本结构,要求追加的投资中权益资本占 60%。

问题:

(1) 股票分割后,股东权益有何变化,每股净资产是多少?

(2) 如果 LT 公司针对 2024 年度净利润采取固定股利支付率政策分配股利,股利支付率为 40%,计算应支付的股利总额。

(3) 如果 LT 公司针对 2024 年度净利润采取剩余股利政策分配股利。计算下列指标:①2025 年追加投资所需要的权益资本额;②可供发放的股利总额。

模块九

财务分析

学习指南

本模块对应的典型工作任务是"财务分析",本模块是在其他模块对应任务实施的基础上,在会计期末对企业财务情况做出的系统分析,同时为前面各模块对应任务下一个循环的有效实施提供了指导。学生通过本模块学习,需要了解企业财务分析的意义和内容;理解财务分析的局限性;熟悉基本的财务指标计算和上市公司的财务指标计算;掌握财务分析的具体方法及财务评价。本模块的重点是财务分析的方法和财务分析指标的计算,难点是根据计算结果进行财务分析与财务决策。

知识导图

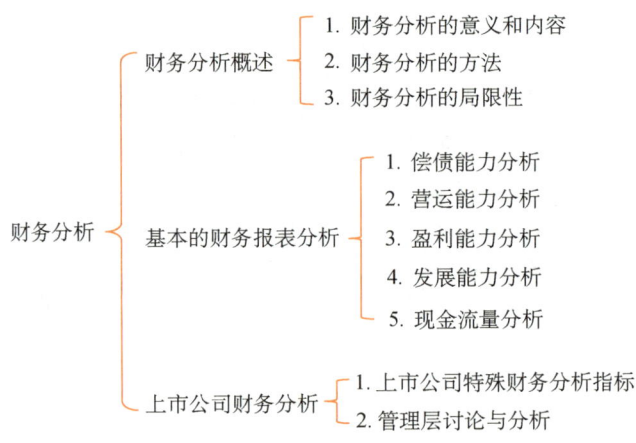

思政导引

1. 财务指标计算和分析

告诉学生判断一个企业财务状况的优劣要坚持全面分析的观点,不能片面依赖于某一类财务指标;同时坚决反对财务不实、造假或舞弊等行为,升华到会计职业道德的培养。

2. 财务分析原则

培养实事求是、严谨务实的科学精神和职业态度。

子模块一　财务分析概述

任务导入

BH 公司 2024 年度实现净利润 19.41 亿元。能否据此判断 BH 公司有较强的投资潜力？答案是不确定的。因为仅有这样一个会计数据只能说明 BH 公司在特定会计期间的盈利水平，对报表使用者来说还无法做出最有效的经济决策。但是，如果我们将 BH 公司资产负债表和利润表上的会计数据综合起来进行分析，就会有更多隐含在财务报表中的重要信息清晰地显示出来。

思考： 财务分析的内容是什么？常用的财务分析方法有哪些？

必备知识

财务分析是根据企业财务报表等信息资料，采用专门方法，系统分析和评价企业财务状况、经营成果以及未来发展趋势的过程。

财务分析以企业财务报告及其他相关资料为主要依据，对企业的财务状况和经营成果进行评价和剖析，反映企业在运营过程中的利弊得失和发展趋势，从而为改进企业财务管理工作和优化经济决策提供重要财务信息。

一、财务分析的意义和内容

(一) 财务分析的意义

财务信息使用者包括投资者、债权人、经营管理者、政府等，财务分析对不同的信息使用者具有不同的意义。具体来说，财务分析的意义主要体现在以下四个方面：

(1) 了解企业的发展趋势。所有者作为投资者，关心其资本的保值和增值情况，因此较为重视企业获利能力指标，主要分析企业盈利能力。

(2) 判断企业的财务实力。债权人因不能参与企业剩余收益分享，其关注的是债权的安全性，因此更重视企业偿债能力指标，主要进行企业偿债能力分析。

(3) 挖掘企业潜力。经营决策者必须对企业经营理财的各个方面，包括运营能力、偿债能力、获利能力及发展能力的全部信息予以详尽的了解和掌握，因此需要进行各方面综合分析，挖掘企业潜力并关注企业财务风险和经营风险。

(4) 揭示财务活动存在的问题。政府兼具多重身份，既是宏观经济管理者，又是国有企业的所有者和重要的市场参与者，因此政府对企业财务分析的关注点因其身份不同而异。

(二) 财务分析的内容

不同主体出于不同的利益考虑，对财务分析信息有着各自不同的要求。财务报表分

析主要包括以下内容:

(1)偿债能力分析,主要分析评价企业1年以内及1年以上的长短期债务的偿还能力及财务风险,为公司经营者、股东和债权人提供偿债能力的信息。

(2)营运能力分析,可以了解公司的资本保值增值情况,分析公司的资产利用率、管理水平和资金周转情况等,为评价公司的经营管理水平提供依据。

(3)盈利能力分析,主要分析公司获取利润的能力及利润分配情况。盈利能力强可以提高公司偿还债务的能力,提升公司的信誉。对公司盈利能力进行分析不仅要关心利润的绝对数,还要分析反映利润的相对指标。

(4)发展能力分析,可以判断公司的发展潜力,预测公司的经营前景,为公司经营者和股东进行经营决策和投资决策提供重要依据。

二、财务分析的方法

(一)比较分析法

比较分析法往往采用相同时间不同企业的横向对比或者同一企业不同时间的纵向比较。这种分析方法简单实用,有利于报表使用者迅速发现问题和差距。采用比较分析法时,应当注意以下问题:①对比的指标计算口径必须保持一致;②应剔除偶发性项目的影响;③对某项有显著变动的指标作重点分析。

(二)比率分析法

比率分析法是通过计算各种比率指标来确定财务活动变动程度的方法。通过不同年度、不同企业财务比率的对比,可以观察和分析存在差异的大小和原因。采用比率分析法时,应当注意以下问题:①对比项目的相关性;②对比口径的一致性;③衡量标准的科学性。

(三)因素分析法

因素分析法是通过某项财务指标与各影响因素之间的依存关系,进行数量分析的一种方法。因素分析往往建立在一定的假设条件下,设定某项因素变化,其他因素不变,观察该项因素变化对分析对象的影响。采用因素分析法时,必须注意以下问题:①因素分解的关联性;②因素替代的顺序性;③顺序替代的连环性;④计算结果的假定性。

三、财务分析的局限性

企业财务报表分析的过程和结论都存在一定的局限性,财务信息的使用者应该认识到这种局限性的影响。

(一)资料来源的局限性

财务报表分析的资料主要来源于企业的财务报表,但财务报表本身可能存在问题,如报表数据的时效性问题、真实性问题、可靠性问题、可比性问题、完整性问题等,从而导致财务分析的结论不准确。

(二)财务分析方法的局限性

不同的财务分析方法都有自己的前提和适应范围,并且,无论何种分析法均是对过去经济事项的反映。随着环境的变化,这些比较标准也会发生变化,分析者往往忽略经营环境的变化,因而会影响分析的结论。

(三) 财务分析指标的局限性

财务分析指标也可能存在问题,如财务指标体系不严密、财务指标所反映的情况具有相对性、财务指标的评价标准不统一、财务指标的计算口径不一致等,这也会降低财务报表分析的正确性。

 **任务分析**

BH 公司要进行财务分析需要从偿债能力、营运能力、盈利能力、发展能力等方面展开。进行财务报表分析时要选用恰当的分析方法,这样才能发现问题,找出原因,可以通过比较分析法、比率分析法和因素分析法等综合进行财务分析。

 **总结提升**

本子模块的知识点包括财务分析的主体、内容和方法。财务分析的主体包括:投资人、债权人、经营决策者、政府等。财务分析的内容包括:偿债能力分析、营运能力分析、盈利能力分析、发展能力分析等内容;常用的分析方法有比较分析法和比率分析法。

子模块二 基本的财务报表分析

 **任务导入**

在数字技术高速发展的背景下,各行各业实现了对海量、杂乱数据的处理和高效利用,从而创造更多价值。对于企业而言,借助大数据及其关键技术形成财务大数据,可以赋能企业财务管理网络化、数据化和智能化。BH 公司 2024 年净利润为 19.41 亿元,期初净资产为 72.37 亿元,期末净资产为 76.58 亿元,净资产收益率的行业平均值为 0.129 1。

思考:对照行业平均净资产收益率,利用 Python 编写程序计算分析 BH 公司 2024 年的净资产收益率。

 **必备知识**

基本的财务报表分析方法主要是财务比率分析法,旨在通过财务报表数据的相对关系来揭示企业经营管理的各方面问题。基本的财务报表分析内容包括偿债能力分析、营运能力分析、盈利能力分析、发展能力分析和现金流量分析五个方面。接下来用 BH 公司子公司 LT 公司数据为例进行计算分析。LT 公司 2024 年的资产负债表和利润表,如表 9-1、表 9-2 所示。

表 9-1 资产负债表(简表)

编制单位:LT公司   2024 年 12 月 31 日   单位:万元

资产	年末余额	上年年末余额	负债和所有者权益	年末余额	上年年末余额
流动资产:			流动负债:		
货币资金	44	25	短期借款	60	45
交易性金融资产	6	12	交易性金融负债	28	10
应收票据	14	11	应付票据	5	4
应收账款	398	199	应付账款	100	109
预付款项	22	4	预收款项	10	4
其他应收款	12	22	应付职工薪酬	2	1
存货	119	326	应交税费	5	4
其他流动资产	85	11	其他应付款	37	38
流动资产合计	700	610	其他流动负债	53	5
非流动资产:			流动负债合计	300	220
债权投资	0	0	非流动负债:		
其他权益工具投资	0	45	长期借款	450	245
长期应收款	0	0	应付债券	240	260
长期股权投资	30	0	长期应付款	50	60
固定资产	1 238	967	其他非流动负债	0	15
在建工程	18	35	非流动负债合计	740	580
无形资产	6	8	负债合计	1 040	800
开发支出	0	0	所有者权益:		
长期待摊费用	5	15	股本	100	100
递延所得税资产	0	0	资本公积	10	10
其他非流动资产	3	0	盈余公积	60	40
非流动资产合计	1 300	1 070	未分配利润	790	730
			所有者权益合计	960	880
资产总计	2 000	1 680	负债与所有者权益总计	2 000	1 680

表 9-2 利润表(简表)

编制单位:LT 公司 　　　　　　　　2024 年度 　　　　　　　　单位:万元

项　目	本年金额	上年金额
一、营业收入	3 000	2 850
减:营业成本	2 644	2 503
税金及附加	28	28
销售费用	22	20
管理费用	46	40
财务费用(利息费用)	110	96
资产减值损失	0	0
加:公允价值变动收益	0	0
投资收益	6	0
二、营业利润	156	163
加:营业外收入	45	72
减:营业外支出	1	0
三、利润总额	200	235
减:所得税费用	64	75
四、净利润	136	160

一、偿债能力分析

偿债能力,是指企业偿还本身所欠债务的能力。对偿债能力进行分析有利于债权人进行正确的借贷决策;有利于投资者进行正确的投资决策;有利于企业经营者进行正确的经营决策;有利于正确评价企业的财务状况。

债务一般按到期时间分为短期债务和长期债务,偿债能力分析也因此分为短期偿债能力分析和长期偿债能力分析。

(一)短期偿债能力分析

企业在短期(一年或一个营业周期)需要偿还的负债,主要指流动负债,因此短期偿债能力衡量的是对流动负债的清偿能力。企业的短期偿债能力取决于短期内企业产生现金的能力,即在短期内能够转化为现金的流动资产的多少。所以,短期偿债能力比率也称为变现能力比率或流动性比率,主要考察的是流动资产对流动负债的清偿能力。企业短期偿债能力的衡量指标主要有营运资金、流动比率、速动比率和现金比率。

1. 营运资金

营运资金,是指流动资产超过流动负债的部分。其计算公式如下:

$$营运资金 = 流动资产 - 流动负债$$

动画:9.1
短期偿债能
力分析

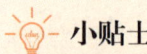 **小贴士**

企业必须保持流动资产大于流动负债，因为债务的到期与流动资产的现金生成，不可能同步同量；而且，为维持经营，企业不可能清算全部流动资产来偿还流动负债，而是必须维持最低水平的现金、存货、应收账款等；更何况，流动资产中的有些项目的消耗并不一定会增加可用来偿还流动负债的现金，如预付账款等。

【学中做 9-1】

根据表 9-1 中的数据，计算 LT 公司的营运资金。

【解析】

本年营运资金 = 700 - 300 = 400（万元）

上年营运资金 = 610 - 220 = 390（万元）

由计算结果可知，本年营运资金比上年增加 10 万元。

2. 流动比率

流动比率是流动资产与流动负债的比值，其计算公式如下：

$$流动比率 = 流动资产 \div 流动负债$$

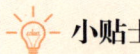 **小贴士**

流动比率表明每 1 元流动负债有多少流动资产做保障。流动比率越大，偿还流动负债的能力越强，但流动比率并不是越大越好，因为流动比率过高，意味着流动资产占用的资金过多，未能有效利用，会削弱企业的获利能力。一般认为，流动比率等于 2 较好，但具体还要根据企业自身的特点和其现金流量的可预测程度加以确定。

【学中做 9-2】

根据表 9-1 中的数据，计算 LT 公司的流动比率。

【解析】

本年流动比率 = 700 ÷ 300 = 2.33

上年流动比率 = 610 ÷ 220 = 2.77

流动比率变动额 = 2.33 - 2.77 = -0.44

由计算结果可知，流动比率出现了下降，说明 LT 公司偿还流动负债的能力降低。

3. 速动比率

速动比率是速动资产与流动负债的比率。速动资产是指可以在较短时间内变现的资产，包括货币资金、交易性金融资产和各种应收、预付款项等。速动资产之外的流动资产称为非速动资产，包括存货、一年内到期的非流动资产及其他流动资产。速动比率的计算公式如下：

$$速动比率 = 速动资产 \div 流动负债$$

> **小贴士**
>
> 一般认为,速动比率等于 1 较为合适。但与流动比率一样,也不能一概而论。

【学中做 9-3】

根据表 9-1 中的数据,计算 LT 公司的速动比率。

【解析】

本年速动比率＝(44＋6＋14＋398＋22＋12)÷300＝1.65

上年速动比率＝(25＋12＋11＋199＋4＋22)÷220＝1.24

速动比率变动额＝1.65－1.24＝0.41

由计算结果可知,速动比率提高了,说明 LT 公司的短期偿债能力增强。

4. 现金比率

速动资产中,流动性最强、可直接用于偿债的资产称为现金资产,包括货币资金、交易性金融资产等。现金比率就是现金资产与流动负债的比值,其计算公式如下:

$$现金比率 ＝(货币资金 ＋ 交易性金融资产)÷流动负债$$

> **小贴士**
>
> 现金比率剔除了应收账款对偿债能力的影响,最能反映企业直接偿付流动负债的能力。一般认为,0.2 的现金比率就可以接受。而这一比率过高,就意味着企业过多资源占用在盈利能力较低的现金资产上从而影响了企业盈利能力。

【学中做 9-4】

根据表 9-1 中的数据,计算 LT 公司的现金比率。

【解析】

本年现金比率＝(44＋6)÷300＝0.167

上年现金比率＝(25＋12)÷220＝0.168

现金比率变动额＝0.167－0.168＝－0.001

由计算结果可知,现金比率出现了下降,说明 LT 公司的短期偿债能力有所减弱。

(二) 长期偿债能力分析

长期偿债能力,是指企业在较长的期间偿还债务的能力。企业在长期内,不仅需要偿还流动负债,还需要偿还非流动负债,因此,长期偿债能力衡量的是对企业所有负债的清偿能力。企业对所有负债的清偿能力取决于其总资产水平,因此长期偿债能力比率考察的是企业资产、负债和所有者权益之间的关系。其财务指标主要有:资产负债率、产权比率、权益乘数和利息保障倍数。

动画:9.2
企业长期偿
债能力

1. 资产负债率

资产负债率是企业负债总额与资产总额之比。其计算公式如下:

$$资产负债率 ＝(负债总额÷资产总额)×100\%$$

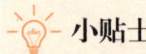

小贴士

资产负债率反映的是在企业全部资金中有多大比例是通过借债筹集的,因此,这一比率能反映资产对负债的保障程度。这个比率越高,说明企业的长期偿债能力越差;反之,说明偿债能力越好。但是过低往往意味着没有较好地利用财务杠杆。所以,在评价企业的资产负债率时,应充分考虑内外各种因素,做出合理判断。

【学中做9-5】

根据表9-1中的数据,计算LT公司的资产负债率。

【解析】

本年资产负债率＝(1 040÷2 000)×100％＝52％

上年资产负债率＝(800÷1 680)×100％＝48％

资产负债率变动额＝52％－48％＝4％

由计算可知,资产负债率本年比上年提升4％,说明LT公司的长期偿债能力下降。

2. 产权比率和权益乘数

产权比率指负债是净资产(所有者权益)的多少倍,表明每1元所有者权益借入的债务额;权益乘数指资产是净资产(所有者权益)的多少倍,表明每1元所有者权益拥有的资产额。其公式分别为:

$$产权比率 = 负债总额 ÷ 所有者权益$$
$$权益乘数 = 总资产 ÷ 所有者权益 = 1 ÷ (1 - 资产负债率)$$

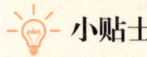

小贴士

在企业存在负债的情况下,权益乘数大于1。企业负债比例越高,权益乘数越大。产权比率和权益乘数是资产负债率的另外两种表现形式,是常用的反映财务杠杆水平的指标。

【学中做9-6】

根据表9-1中的数据,计算LT公司的产权比率和权益乘数。

【解析】

本年产权比率＝(1 040÷960)×100％＝108％

上年产权比率＝(800÷880)×100％＝91％

产权比率变动额＝108％－91％＝17％

本年权益乘数＝2 000÷960＝2.083 3

上年权益乘数＝1 680÷880＝1.909 1

权益乘数变动额＝2.083 3－1.909 1＝0.174 2

上述公式中所用到的涉及资产负债表中的存量指标都采用了期末数值,但期末数是时点数,代表性较差;若资产、负债和权益等指标采用平均数值,其计算结果略有不同。

本年产权比率＝(1 040＋800)÷(960＋880)＝1

本年权益乘数＝（2 000＋1 680）÷（960＋880）＝2

3. 利息保障倍数

利息保障倍数，是指企业息税前利润与应付利息之比，又称已获利息倍数，用以衡量偿付借款利息的能力。其计算公式如下：

$$利息保障倍数 ＝ 息税前利润 ÷ 利息费用$$
$$＝（净利润＋利息费用＋所得税费用）÷利息费用$$

> **小贴士**
>
> 利息保障倍数反映了企业所实现的利润支付利息费用的能力，这一指标越大，说明支付利息的能力越强；反之，则说明支付利息的能力越弱。

【学中做 9-7】

根据表 9-2 中的数据，计算 LT 公司的利息保障倍数。

【解析】

本年利息保障倍数＝（136＋110＋64）÷110＝2.82
上年利息保障倍数＝（160＋96＋75）÷96＝3.45
由计算可知，LT 公司的利息保障倍数减少，利息支付能力有所下降。

（三）影响偿债能力的其他因素

1. 可动用的银行贷款指标或授信额度

当企业存在可动用的银行贷款指标或授信额度时，这些数据不在财务报表内反映，但由于可以随时增加企业的支付能力，因此可以提高企业的偿债能力。

2. 资产质量

在财务报表内反映的资产金额为资产的账面价值，但由于财务会计的局限性，资产的账面价值与实际价值可能存在差异，如资产可能被高估或低估，一些资产无法计入到财务报表等。此外，资产的变现能力也会影响偿债能力。如果企业存在很快变现的长期资产，会增强企业的短期偿债能力。

3. 或有事项和承诺事项

如果企业存在债务担保或未决诉讼等或有事项，会增加企业的潜在偿债压力。同样各种承诺支付事项，也会加大企业偿债义务。

4. 经营租赁

当企业存在经营租赁时，意味着企业要在租赁期内分期支付租赁费用，也即有固定的、经常性的支付义务。但是经营租赁的负债未反映在资产负债表中，因此经营租赁作为一种表外融资方式，会影响企业的偿债能力，特别是经营租赁长期存在、金额较大的情况。因此，如果企业存在经营租赁时，应考虑租赁费用对偿债能力的影响。

二、营运能力分析

营运能力主要指资产运用、循环的效率高低。一般而言，资金周转速度越快，说明企业的资金管理水平越高,资金利用效率越高,企业可以以较少的投入获得较多的收益。因此,营运能力指标是通过投入与产出(主要指收入)之间的关系反映的。企业营运能力分析主要包括:流动资产营运能力分析、固定资产营运能力分析和总资产营运能力分析三个方面。

(一)流动资产营运能力分析

反映流动资产营运能力的指标主要有应收账款周转率、存货周转率和流动资产周转率。

1. 应收账款周转率

应收账款周转率(次数)是揭示应收账款周转速度的指标。由于应收账款是商业信用的产物,其周转速度可以反映出商业信用运行的现状及其问题,也能够显示债权资产占用规模的合理性。计算公式如下:

$$应收账款周转率(次数) = 营业收入 \div 应收账款平均余额$$

其中:

$$应收账款平均余额 = (期初应收账款 + 期末应收账款) \div 2$$

应收账款周转速度还可以通过应收账款周转天数表达,计算公式如下:

$$应收账款周转天数 = 计算期天数(360) \div 应收账款周转率(次数)$$

> **小贴士**
>
> 由于应收账款周转率(次数)反映的是周转期内(通常为 1 年内)应收账款的周转次数,因此,周转次数越多,营运效率越高;反之,营运效率越低。应收账款周转天数越少,营运效率越高;反之,营运效率越低。

【学中做 9-8】

根据表 9-1 和表 9-2 中的数据,计算 LT 公司的本年应收账款周转次数和周转天数。

【解析】

本年应收账款周转率(次数)=3 000÷[(398+199)÷2]=10.05(次)

本年应收账款周转天数=360÷10.05=35.82(天)

2. 存货周转率

存货周转率(次数)是指一定时期内企业营业成本与存货平均资金占用额的比率,是衡量和评价企业购入存货、投入生产、销售收回等各环节管理效率的综合性指标。其计算公式如下:

$$存货周转次数 = 营业成本 \div 存货平均余额$$

其中:

$$存货平均余额 = (期初存货余额 + 期末存货余额) \div 2$$

存货周转速度还可以通过存货周转天数表达,计算公式如下:

$$存货周转天数 = 计算期天数(360) ÷ 存货周转次数$$

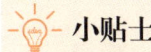 **小贴士**

存货周转次数,表明 1 年中存货周转的次数;存货周转天数表明存货周转一次需要的时间,也就是存货转换成现金平均需要的时间。

【学中做 9-9】

根据表 9-1 和表 9-2 中的数据,计算 LT 公司的本年存货周转次数和天数。

【解析】

本年存货周转次数 = 2 644 ÷ [(119 + 326) ÷ 2] = 11.88(次)

本年存货周转天数 = 360 ÷ 11.88 = 30.3(天)

3. 流动资产周转率

流动资产周转率是反映企业流动资产周转速度的指标。流动资产周转率(次数)是一定时期营业收入净额与企业流动资产平均占用额之间的比率,其计算公式为:

$$流动资产周转次数 = 营业收入 ÷ 流动资产平均余额$$
$$其中:流动资产平均余额 = (期初流动资产余额 + 期末流动资产余额) ÷ 2$$

流动资产周转速度还可以通过流动资产周转天数表达,计算公式如下:

$$流动资产周转天数 = 计算期天数(360) ÷ 流动资产周转次数$$

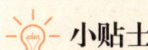 **小贴士**

在一定时期内,流动资产周转次数越多,表明以相同的流动资产完成的周转额越多,流动资产利用效果越好。流动资产周转天数越少,表明流动资产在经历生产销售各阶段所占用的时间越短,可相对节约流动资产,增强企业盈利能力。

【学中做 9-10】

根据表 9-1 和表 9-2 中的数据,计算 LT 公司的本年流动资产周转次数及周转天数。

【解析】

本年流动资产周转次数 = 3 000 ÷ [(700 + 610) ÷ 2] = 4.58(次)

本年流动资产周转天数 = 360 ÷ 4.58 = 78.60(天)

(二)固定资产营运能力分析

反映固定资产营运能力的指标为固定资产周转率(次数)。固定资产周转率(次数)是指企业年营业收入与固定资产平均额的比率,它是反映企业固定资产周转情况,从而衡量固定资产利用效率的一项指标。其计算公式为:

$$固定资产周转次数 = 营业收入 ÷ 固定资产平均余额$$
$$其中:固定资产平均余额 = (期初固定资产余额 + 期末固定资产余额) ÷ 2$$

固定资产周转速度还可以通过固定资产周转天数表达,计算公式如下:

$$固定资产周转天数 = 计算期天数(360) \div 固定资产周转次数$$

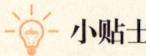 **小贴士**

固定资产周转率(次数)反映固定资产的管理效率,固定资产周转率高,说明企业固定资产投资得当,结构合理,利用效率高。

【学中做 9-11】

根据表 9-1 和表 9-2 中的数据,计算 LT 公司的本年固定资产周转次数和周转天数。

【解析】

$$本年固定资产周转次数 = 3\,000 \div [(1\,238 + 967) \div 2] = 2.72(次)$$
$$本年固定资产周转天数 = 360 \div 2.72 = 132.35(天)$$

(三)总资产营运能力分析

反映总资产营运能力的指标是总资产周转率(次数)。总资产周转率(次数)是企业营业收入与企业资产平均总额的比率。其计算公式为:

$$总资产周转次数 = 营业收入 \div 平均资产总额$$
$$其中:平均资产总额 = (期初资产总额 + 期末资产总额) \div 2$$

总资产周转速度还可以通过总资产周转天数表达,计算公式如下:

$$总资产周转天数 = 计算期天数(360) \div 总资产周转次数$$

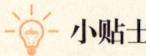 **小贴士**

总资产周转率(次数)越高,说明企业整体资产的运营效率越高;总资产周转天数表明总资产周转需要的时间,也就是总资产转换成现金平均需要的时间。

【学中做 9-12】

根据表 9-1 和表 9-2 中的数据,计算 LT 公司的本年总资产周转次数和天数。

【解析】

本年总资产周转次数 $= 3\,000 \div [(2\,000 + 1\,680) \div 2] = 1.63(次)$

本年总资产周转天数 $= 360 \div 1.63 = 220.86(天)$

三、盈利能力分析

盈利能力就是企业赚取利润的能力,是企业资产增值的能力,通常体现为企业收益数额的大小与水平的高低。盈利能力分析的财务指标主要有营业毛利率、营业净利率、总资产净利率、净资产收益率等。

(一)营业毛利率

营业毛利率是营业毛利与营业收入之比,其计算公式如下:

$$营业毛利率 = 营业毛利 \div 营业收入 \times 100\%$$
$$其中:营业毛利 = 营业收入 - 营业成本$$

💡 **小贴士**

营业毛利率反映产品每 1 元营业收入所包含的毛利润是多少,即营业收入扣除营业成本后还有多少剩余可用于弥补各期费用和形成利润。营业毛利率越高,表明产品的盈利能力越强。

【学中做 9-13】

根据表 9-2 中的数据,计算 LT 公司的营业毛利率。

【解析】

本年营业毛利率＝[(3 000－2 644)÷3 000]×100%＝11.87%

上年营业毛利率＝[(2 850－2 503)÷2 850]×100%＝12.18%

营业毛利率变动额＝11.87%－12.18%＝－0.31%

由计算结果可知,营业毛利率本年比上年下降 0.31%,说明 LT 公司营业获利能力稍有削弱。

(二) 营业净利率

营业净利率是指净利润与营业收入之比,其计算公式如下:

$$营业净利率 = (净利润 ÷ 营业收入) × 100\%$$

💡 **小贴士**

营业净利率反映产品每 1 元营业收入所包含的净利润是多少。营业净利率越高,表明产品的盈利能力越强。

【学中做 9-14】

根据表 9-2 中的数据,计算 LT 公司的营业净利率。

【解析】

本年营业净利率＝(136÷3 000)×100%＝4.533%

上年营业净利率＝(160÷2 850)×100%＝5.614%

营业净利率变动额＝4.533%－5.614%＝－1.081%

由计算结果可知,营业净利率有所下降,说明 LT 公司营业获利能力变弱,应当引起公司的重视。

(三) 总资产净利率

总资产净利率是指净利润与平均总资产的比率,它反映了每 1 元总资产创造的净利润。其计算公式如下:

$$总资产净利率 = (净利润 ÷ 平均总资产) × 100\%$$

【学中做 9-15】

根据表 9-1 和表 9-2 中的数据,计算 LT 公司总资产净利率。

【解析】

若总资产采用期末值,计算总资产净利率:

本年总资产净利率＝(136÷2 000)×100％＝6.8％

上年总资产净利率＝(160÷1 680)×100％＝9.52％

总资产净利率变动额＝6.8％－9.52％＝－2.72％

从计算结果可知,总资产净利率出现下降,说明 LT 公司资产获利能力变弱,公司应该引起重视。

若总资产采用平均值,计算本年总资产净利率为:

本年总资产净利率＝136÷[(1 680＋2 000)÷2]×100％＝7.39％

(四)净资产收益率

净资产收益率又称权益净利率或权益报酬率,是净利润与平均所有者权益的比值,表示每 1 元权益资本赚取的净利润,反映权益资本经营的盈利能力。其计算公式如下:

$$净资产收益率 = (净利润÷平均所有者权益)×100％$$
$$其中:平均所有者权益 = (期初所有者权益＋期末所有者权益)÷2$$

净资产收益率的分母是股东的投入,分子是股东的所得。对于股权投资者来说,具有非常好的综合性,概括了企业的全部经营业绩和财务业绩。

【学中做 9-16】

根据表 9-1 和表 9-2 中的数据,计算 LT 公司的净资产收益率。

【解析】

本年净资产收益率＝136÷[(880＋960)÷2]×100％＝14.78％

四、发展能力分析

衡量企业发展能力的指标主要有:营业收入增长率、总资产增长率、营业利润增长率、资本保值增值率和所有者权益增长率等。

(一)营业收入增长率

营业收入增长率反映的是相对化的营业收入增长情况,是衡量企业经营状况和市场占有能力、预测企业经营业务拓展趋势的重要指标。其计算公式为:

$$营业收入增长率 = 本年营业收入增长额÷上年营业收入×100％$$
$$其中:本年营业收入增长额 = 本年营业收入－上年营业收入$$

> **小贴士**
>
> 营业收入增长率大于零,表明企业本年营业收入有所增长。该指标值越高,表明企业营业收入的增长速度越快,企业市场前景越好。

【学中做 9-17】

根据表 9-2 中的数据,计算 LT 公司的营业收入增长率。

【解析】

本年营业收入增长率=(3 000−2 850)÷2 850×100%=5.26%

(二) 总资产增长率

总资产增长率是企业本年资产增长额同年初资产总额的比率,反映企业本期资产规模的增长情况。其计算公式如下:

$$总资产增长率 = 本年资产增长额 ÷ 年初资产总额 × 100\%$$
$$其中:本年资产增长额 = 年末资产总额 − 年初资产总额$$

> 💡 **小贴士**
>
> 总资产增长率越高,表明企业一定时期内资产经营规模扩张的速度越快。

【学中做 9-18】

根据表 9-1 中的数据,计算 LT 公司的总资产增长率。

【解析】

本年总资产增长率=(2 000−1 680)÷1 680×100%=19.05%

(三) 营业利润增长率

营业利润增长率是企业本年营业利润增长额与上年营业利润总额的比率。其计算公式如下:

$$营业利润增长率 = 本年营业利润增长额 ÷ 上年营业利润总额 × 100\%$$
$$其中:本年营业利润增长额 = 本年营业利润 − 上年营业利润$$

【学中做 9-19】

根据表 9-2 中的数据,计算 LT 公司的营业利润增长率。

【解析】

本年营业利润增长率=(156−163)÷163×100%=−4.29%

(四) 资本保值增值率

资本保值增值率是扣除客观增减因素后所有者权益的期末总额与期初总额的比率,主要反映企业资本的运营效益与安全状况。其计算公式如下:

$$资本保值增值率 = 期末所有者权益 ÷ 期初所有者权益 × 100\%$$

> 💡 **小贴士**
>
> 资本保值增值率越高,表明企业的资本保全状况越好,所有者权益增长越快,债权人的债务越有保障,企业发展后劲越强。

【学中做 9-20】

根据表 9-1 中的数据,计算 LT 公司的资本保值增值率。

【解析】

本年资本保值增值率＝960÷880×100％＝109％

(五) 所有者权益增长率

所有者权益增长率是企业本年所有者权益增长额与年初所有者权益的比率,反映企业当年资本的积累能力。其计算公式如下:

$$所有者权益增长率 = 本年所有者权益增长额 ÷ 年初所有者权益×100％$$
$$其中:本年所有者权益增长额 = 年末所有者权益 - 年初所有者权益$$

> **小贴士**
>
> 所有者权益增长率越高,表明企业的资本积累越多,应对风险、持续发展的能力越强。

【学中做 9-21】

根据表 9-1 中的数据,计算 LT 公司的所有者权益增长率。

【解析】

本年度所有者权益增长率＝(960－880)÷880×100％＝9.09％

五、现金流量分析

现金流量分析一般包括现金流量的结构分析、流动性分析、获取现金能力分析、财务弹性分析及收益质量分析。

(一) 获取现金能力的分析

获取现金的能力可通过经营活动现金流量净额与投入资源之比来反映。投入资源可以是营业收入、资产总额、营运资金、净资产或普通股股数等。

1. 营业现金比率

营业现金比率,是指企业经营活动现金流量净额与企业营业收入的比值。其计算公式如下:

$$营业现金比率 = 经营活动现金流量净额 ÷ 营业收入$$

营业现金比率反映每 1 元营业收入得到的经营活动现金流量净额,其数值越大越好。

2. 每股营业现金净流量

每股营业现金净流量是通过企业经营活动现金流量净额与普通股股数之比来反映的。其计算公式如下:

$$每股营业现金净流量 = 经营活动现金流量净额 ÷ 普通股股数$$

每股营业现金净流量指标反映企业最大的分派股利能力,超过此限度,可能就要借款分红。

3. 全部资产现金回收率

全部资产现金回收率是通过企业经营活动现金流量净额与企业平均总资产之比来反

应的,它说明企业全部资产产生现金的能力。其计算公式如下:

$$全部资产现金回收率 = 经营活动现金流量净额 \div 平均总资产 \times 100\%$$

可以与同行业平均全部资产现金回收率比较,如果大于同行业平均值,说明公司资产产生现金的能力较强。

(二) 收益质量分析

收益质量是指会计收益与公司业绩之间的相关性。如果会计收益能如实反映公司业绩,则其收益质量高;反之,则收益质量不高。收益质量分析,主要包括净收益营运指数分析与现金营运指数分析。

1. 净收益营运指数

净收益营运指数,是指经营净收益与净利润之比,其计算公式如下:

$$净收益营运指数 = 经营净收益 \div 净利润$$
$$其中:经营净收益 = 净利润 - 非经营净收益$$

净收益营运指数越小,非经营收益所占比重越大,收益质量越差,因为非经营收益不反映公司的核心能力及正常的收益能力,可持续性较低。

2. 现金营运指数

现金营运指数反映企业经营活动现金流量净额与企业经营所得现金的比值,其计算公式如下:

$$现金营运指数 = 经营活动现金流量净额 \div 经营所得现金$$
$$其中:经营所得现金 = 经营净收益 + 非付现费用$$

现金营运指数大于 1,说明收益质量较好。

 ## 任务分析

利用 Python 编写以下程序:

(1) 定义字典变量 cSoftDict,存储 BH 公司 2024 年的净利润、期初净资产和期末净资产的值:

```
cSoftDict={"profit":1941371527.89,"beginAsset":7236723990.03,"endAsset":7658307846.92}
```

(2) 根据净资产收益率的计算公式计算 BH 公司 2024 年的净资产收益率:

```
cSoftROE=cSoftDict["profit"]/((cSoftDict["beginAsset"]+cSoftDict["endAsset"])/2)
```

(3) 使用多分支语句进行 BH 公司净资产收益率和行业平均值比较

```
roeAvg=0.129 1
if(cSoftROE > roeAvg):
    print("2024 年 BH 公司的净资产收益率高于行业平均值。")
elif(cSoftROE==roeAvg):
    print("2024 年 BH 公司的净资产收益率等于行业平均值。")
else:
    print("2024 年 BH 公司的净资产收益率低于行业平均值。")
```

通过计算,得出 BH 公司 2024 年度净资产收益率为 0.260 7,高于行业平均值 0.129 1,所以最终的输出结果为:2024 年 BH 公司的净资产收益率高于行业平均值;说明 BH 公司在同行业企业中资产的盈利能力具有一定的优势。

 **总结提升**

本子模块的知识点包括偿债能力指标计算、营运能力指标计算、盈利能力指标计算、发展能力指标计算,以及现金流量指标计算;技能点是能够根据计算结果合理地分析企业的偿债能力、营运能力、盈利能力和发展能力。

子模块三 上市公司财务分析

 **任务导入**

上市公司是股份有限公司中的一个类别,当它满足一定条件时可以公开发行股票,达到相当规模,经依法核准其股票进入证券集中交易市场进行交易。因此上市公司财务分析跟一般企业财务分析相比,还有一些特殊的财务分析指标。

思考:如何进行上市公司财务分析?

 **必备知识**

一、上市公司特殊财务分析指标

(一)每股收益

每股收益是综合反映企业盈利能力的重要指标,可以用来判断和评价管理层的经营业绩。每股收益包括基本每股收益和稀释每股收益两类。

1. 基本每股收益

基本每股收益的计算公式如下:

$$基本每股收益 = 归属于公司普通股股东的净利润 \div 发行在外的普通股加权平均数$$

其中:

$$
\begin{aligned}
发行在外的普通股加权平均数 = {} & 期初发行在外普通股股数 + 当期新发普通股股数 \\
& \times 已发行时间 \div 报告期时间 - 当期回购普通股股数 \\
& \times 已回购时间 \div 报告期时间
\end{aligned}
$$

在分析每股收益指标时,应注意企业利用回购的方式减少发行在外的普通股股数,使每股收益简单增加。另外,如果企业将盈利用于派发股票股利或配售股票,就会使企业流通在外的股票数量增加,这样将会大量稀释每股收益。在分析上市公司公布的信息时,投资者应注意区分公布的每股收益是按原始股股数还是按完全稀释后的股份计算。

2. 稀释每股收益

企业存在稀释性潜在普通股的,应当计算稀释每股收益。稀释性潜在普通股指假设当期转换为普通股会减少每股收益的潜在普通股。潜在普通股主要包括:可转换公司债券、认股权证和股份期权等。

(1)可转换公司债券。对于可转换公司债券,计算稀释每股收益时,分子的调整项目为可转换公司债券当期已确认为费用的利息等的税后影响额;分母的调整项目为假定可转换公司债券当期期初或发行日转换为普通股股数的加权平均数。

(2)认股权证和股份期权。认股权证、股份期权等的行权价格低于当期普通股平均市场价格时,应当考虑其稀释性。计算稀释每股收益时,作为分子的净利润金额一般不变;分母的调整项目为增加的普通股股数,同时还应考虑时间权数。其计算公式如下:

$$\begin{matrix}\text{认股权证或股份期权行权}\\\text{增加的普通股股数}\end{matrix} = \begin{matrix}\text{行权认购}\\\text{的股数}\end{matrix} \times \left(1 - \frac{\text{行权价格}}{\text{普通股平均市价}}\right)$$

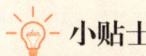 **小贴士**

每股收益越高,表明投资价值越大;否则反之。但是每股收益多并不意味着每股股利多,此外每股收益不能反映股票的风险水平。

(二)市盈率

市盈率是指普通股每股市价与每股收益的比率,它反映普通股股东愿意为每1元净利润支付的价格。其计算公式如下:

市盈率 = 每股市价 ÷ 每股收益
其中:每股收益 = 普通股股东净利润 ÷ 流通在外普通股加权平均股数

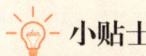 **小贴士**

市盈率是股票市场上反映股票投资价值的重要指标,该比率的高低反映了市场上投资者对股票投资收益和投资风险的预期。一方面,市盈率越高,意味着投资者对股票的收益预期越看好,投资价值越大;反之,投资者对该股票评价越低。另一方面,市盈率越高,也说明获得一定的预期利润投资者需要支付更高的价格,因此投资于该股票的风险也越大;市盈率越低,说明投资于该股票的风险越小。

【学中做 9-22】

假设 BH 公司无优先股,2024 年度归属于普通股股东的净利润为 136 万元,2024 年 12 月 31 日普通股每股市价 36 元,2024 年流通在外普通股加权平均股数 100 万股。计算 BH 公司本年每股收益和市盈率。

【解析】

根据 BH 公司财务报表数据:

$$本年每股收益 = 136 \div 100 = 1.36(元/股)$$
$$本年市盈率 = 36 \div 1.36 = 26.47$$

（三）每股股利

每股股利是企业股利总额与普通股股数的比值。其计算公式为如下：

$$每股股利 = 现金股利总额 \div 期末发行在外的普通股股数$$

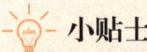 **小贴士**

　　每股股利反映的是普通股股东每持有上市公司一股普通股获取的股利大小,是投资者股票投资收益的重要来源之一。

【学中做 9-23】

　　假设 BH 公司无优先股,2024 年发放普通股股利 35 万元,2024 年流通在外普通股加权平均股数 100 万股。计算 BH 公司每股股利。

【解析】

根据 BH 公司财务报表数据:每股股利＝35÷100＝0.35(元/股)

（四）每股净资产

每股净资产又称每股账面价值,是指企业期末普通股净资产与期末发行在外的普通股股数之间的比率。其计算公式如下：

$$每股净资产 = 期末普通股净资产 \div 期末发行在外的普通股股数$$
$$其中:期末普通股净资产 = 期末所有者权益 - 期末优先股股东权益$$

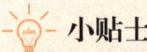 **小贴士**

　　某一企业股票的每股净资产越高,则企业发展潜力与其股票的投资价值越大,投资者所承担的投资风险越小。但是也不能一概而论,在市场投机气氛较浓的情况下,每股净资产指标往往不太受重视。

（五）市净率

市净率是指普通股每股市价与每股净资产的比率,它反映普通股股东愿意为每 1 元净资产支付的价格,说明市场对公司资产质量的评价。其计算公式如下：

$$市净率 = 每股市价 \div 每股净资产$$
$$其中:每股净资产 = 普通股所有者权益 \div 流通在外普通股股数$$

【学中做 9-24】

　　假设 BH 公司无优先股,2024 年 12 月 31 日股东权益为 960 万元,普通股每股市价 36 元,流通在外普通股股数 100 万股。计算本年每股净资产和市净率。

【解析】

根据 BH 公司的财务报表数据:

本年每股净资产＝960÷100＝9.6(元/股)

本年市净率＝36÷9.6＝3.75

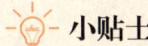 **小贴士**

　　在计算市净率和每股净资产时,应注意所使用的资产负债表日流通在外普通股股数,而不是当期流通在外普通股加权平均股数,因为每股净资产的分子为时点数,分母与其口径一致,因此应选取同一时点数。

二、管理层讨论与分析

　　管理层讨论与分析是上市公司定期报告的重要组成部分。要求上市公司编制并披露管理层讨论与分析的目的在于,使公众投资者能够有机会了解管理层自身对企业财务状况与经营成果的分析评价,以及企业未来一定时期内的计划。这些信息在财务报表及附注中并没有得到充分揭示,对投资者的投资决策却非常重要。

　　上市公司"管理层讨论与分析"主要包括两部分:报告期间经营业绩变动的解释与企业未来发展的前瞻性信息。

(一)报告期间经营业绩变动的解释

　　(1)分析企业主营业务及其经营状况。

　　(2)概述企业报告期内总体经营情况,列示企业主营业务收入、主营业务利润、净利润的同比变动情况,说明引起变动的主要影响因素。

　　(3)说明报告期企业资产构成、销售费用、管理费用、财务费用、所得税等财务数据同比发生重大变动的情况及主要影响因素。

　　(4)结合企业现金流量表相关数据,说明企业经营活动、投资活动和筹资活动产生的现金流量的构成情况,若相关数据发生重大变动,应当分析其主要影响因素。

　　(5)企业可以根据实际情况对企业设备利用情况、订单的获取情况、产品的销售或积压情况、主要技术人员变动情况等与企业经营相关的重要信息进行讨论和分析。

　　(6)企业主要控股及参股企业的经营情况及业绩分析。

(二)企业未来发展的前瞻性信息

　　(1)企业应当结合经营回顾的情况,分析所处行业的发展趋势及企业面临的市场竞争格局。产生重大影响的,应给予管理层基本判断的说明。

　　(2)企业应当向投资者提示管理层所关注的企业未来的发展机遇和挑战,披露企业发展战略,以及拟开展的新业务、拟开发的新产品、拟投资的新项目等。若企业存在多种业务的,还应当说明各项业务的发展规划。同时,企业应当披露新年度的经营计划,包括(但不限于)收入、成本费用计划和新年度的经营目标(如销售额的提升、市场份额的扩大、成本升降、研发计划等),以及为达到上述经营目标拟采取的策略和行动。企业可以编制并披露新年度的盈利预测,该盈利预测必须经过具有证券期货相关业务资格的会计师事务所审核并发表意见。

　　(3)企业应当披露为实现未来发展战略所需的资金需求及使用计划,以及资金来源情况,说明企业维持当前业务、完成在建投资项目的资金需求、未来重大的资本支出计划等,包括未来已知的资本支出承诺、合同安排、时间安排等。同时,对企业资金来源的安排、资金成本及使用情况进行说明。企业应当区分债务融资、表外融资、股权融资、衍生产品融资等项目对企业未来资金来源进行披露。

任务分析

上市公司财务分析除了可以通过对一般企业偿债能力、营运能力、盈利能力、发展能力的指标分析外,还应该对下列重要指标进行分析,包括每股收益、每股股利、市盈率、每股净资产、市净率等。

总结提升

本子模块的知识点是上市公司财务分析指标计算,技能点是根据相关指标计算结果、对上市公司财务状况、经营成果进行财务分析。

知识巩固

一、单项选择题

1. 某企业库存现金 2 万元,银行存款 68 万元,短期投资 80 万元,预付账款 15 万元,应收账款 50 万元,存货 100 万元,流动负债 750 万元,据此计算出该企业的速动比率为(　　)。

A. 0.267　　　　　　B. 0.093　　　　　　C. 0.008　　　　　　D. 0.2

2. 下列指标中,可用于衡量企业短期偿债能力的是(　　)。

A. 已获利息倍数　　B. 或有负债比率　　C. 带息负债比率　　D. 流动比率

3. 下列财务分析主体中,必须对企业营运能力、偿债能力、盈利能力及发展能力的全部信息进行了解和掌握的是(　　)。

A. 短期投资者　　　B. 企业债权人　　　C. 企业经营者　　　D. 税务机关

4. 若流动比率大于1,则下列结论一定成立的是(　　)。

A. 速动比率大于1　　　　　　　　　B. 营运资金大于零

C. 资产负债率大于1　　　　　　　　D. 短期偿债能力有保障

5. 如果企业速动比率很小,下列结论成立的是(　　)。

A. 企业流动资产占用过多　　　　　　B. 企业短期偿债能力很强

C. 企业短期偿债风险很大　　　　　　D. 企业资产流动性很强

6. 下列分析指标中,属于企业长期偿债能力的分析指标的是(　　)。

A. 营业利润率　　　B. 资产利润率　　　C. 产权比率　　　　D. 速动比率

7. 下列财务比率反映营运能力的是(　　)。

A. 资产负债率　　　　　　　　　　　B. 流动比率

C. 存货周转率(次数)　　　　　　　　D. 资产报酬率

8. 产权比率与权益乘数的关系是(　　)。

A. 产权比率×权益乘数=1　　　　　　B. 权益乘数=1/(1−产权比率)

C. 权益乘数=1/(1+产权比率)　　　　D. 权益乘数=1+产权比率

9. 利息保障倍数不仅反映了企业获利能力,而且反映了(　　)。

A. 总偿债能力　　　　　　　　　　B. 短期偿债能力

C. 长期偿债能力　　　　　　　　　　D. 经营能力

10. 产权比率为 4/5,则权益乘数为(　　)。

A. 5/4　　　　　　B. 9/5　　　　　　C. 9/4　　　　　　D. 4/5

二、多项选择题

1. 在运用比较分析法时,应注意的问题有(　　)。

A. 因素替代的顺序性　　　　　　B. 剔除偶发性项目的影响

C. 衡量标准的科学性　　　　　　D. 运用例外原则

2. 短期偿债能力的衡量指标主要有(　　)。

A. 流动比率　　　　　　　　　　B. 存货与流动资产比率

C. 速动比率　　　　　　　　　　D. 现金比率

3. 企业财务分析的基本内容包括(　　)。

A. 偿债能力分析　　　　　　　　B. 运营能力分析

C. 发展能力分析　　　　　　　　D. 盈利能力分析

4. 当企业资产负债率低时,对其正确的评价有(　　)。

A. 说明企业财务风险大　　　　　　B. 可能没有充分发挥财务杠杆作用

C. 说明企业财务风险小　　　　　　D. 企业债务负担重

5. 下列指标中,属于发展能力分析指标的有(　　)。

A. 营业毛利率　　　　　　　　　B. 营业利润增长率

C. 总资产增长率　　　　　　　　D. 资本保值增值率

6. 市净率指标的计算直接涉及的参数有(　　)。

A. 年末普通股股数　　　　　　　B. 年末普通股权益

C. 年末普通股股本　　　　　　　D. 每股市价

7. 计算下列各项指标时,其分母需要采用平均数的有(　　)。

A. 基本每股收益　　　　　　　　B. 应收账款周转次数

C. 总资产收益率　　　　　　　　D. 每股净资产

8. 一般而言,存货周转次数增加,其所反映的信息有(　　)。

A. 盈利能力下降　　　　　　　　B. 存货周转期延长

C. 存货流动性增强　　　　　　　D. 资产管理效率提高

9. 在计算速动比率时,要把存货从流动资产中剔除的原因,包括(　　)。

A. 存货的变现速度比应收账款要慢得多

B. 可能部分存货已抵押

C. 可能存在成本与合理市价相差悬殊的存货估价问题

D. 存货属于非流动资产

10. 某公司当年的经营利润很多,却不能偿还到期债务。为查清其原因,应检查的财务比率包括(　　)。

A. 资产负债率　　　　　　　　　B. 流动比率

C. 存货周转率　　　　　　　　　D. 应收账款周转率

三、判断题

1. 银行最关心的偿债指标是资产负债率。 （ ）
2. 产权比率就是所有者权益总额与资产总额之比。 （ ）
3. 资产负债率与产权比率之和等于1。 （ ）
4. 如果企业的营业毛利率非常低,那么营业净利率也不会很理想。 （ ）
5. 资产的流动性一般是指资产的变现能力。 （ ）
6. 企业资产的流动性越强,则收益性越高。 （ ）
7. 一般来说,在销售规模一定的情况下,存货周转速度越快,存货的占用水平越低。
（ ）
8. 企业的长期偿债能力主要取决于企业资产与负债的比例关系。 （ ）
9. 权益乘数侧重于揭示总资本中有多少是依靠负债取得的,说明债权人权益的受保
障程度。 （ ）
10. 一个企业的资产负债率越低越好。 （ ）

 **技能提升**

ABC公司2024年度财务报表主要资料,如表9-3、表9-4所示。

表9-3　资产负债表

2024年12月31日 单位:万元

资　产	金　额		负债及所有者权益	金　额
	年　初	年　末		
货币资金	764	310	应付账款	516
应收账款	1 156	1 344	应付票据	336
存货	700	966	其他流动负债	468
固定资产净值	1 170	1 170	长期负债	1 026
			实收资本	1 444
资产合计	3 790	3 790	负债及所有者权益合计	3 790

表9-4　利润表

2024年度 单位:万元

项　目	金额	项　目	金额
营业收入	8 430	利息费用	498
营业成本	6 570	税前利润	382
毛利	1 860	所得税	152.8
管理费用	980	净利	229.2

问题：

（1）计算 ABC 公司有关的财务比率（按表 9-5 中列出的比率指标计算）

（2）与行业平均水平比较，说明 ABC 公司可能存在的问题。

表 9-5 财务比率表

财务比率	本公司财务比率值	行业平均水平
流动比率		2
速动比率		1
资产负债率		50%
存货周转率（次数）		6
应收账款周转率（次数）		9
销售净利率		8%
销售毛利率		20%
权益净利率		10%
已获利息倍数（倍）		4

附 录

附表 1 复利终值系数表 $(F/P,i,n)=(1+i)^n$

期数	1%	2%	3%	4%	5%	6%	7%	8%	9%	10%	11%	12%	13%	14%	15%	16%	17%	18%	19%	20%
1	1.01	1.02	1.03	1.04	1.05	1.06	1.07	1.08	1.09	1.1	1.11	1.12	1.13	1.14	1.15	1.16	1.17	1.18	1.19	1.2
2	1.0201	1.0404	1.0609	1.0816	1.1025	1.1236	1.1449	1.1664	1.1881	1.21	1.2321	1.2544	1.2769	1.2996	1.3225	1.3456	1.3689	1.3924	1.4161	1.44
3	1.0303	1.0612	1.0927	1.1249	1.1576	1.191	1.225	1.2597	1.295	1.331	1.3676	1.4049	1.4429	1.4815	1.5209	1.5609	1.6016	1.643	1.6852	1.728
4	1.0406	1.0824	1.1255	1.1699	1.2155	1.2625	1.3108	1.3605	1.4116	1.4641	1.5181	1.5735	1.6305	1.689	1.749	1.8106	1.8739	1.9388	2.0053	2.0736
5	1.051	1.1041	1.1593	1.2167	1.2763	1.3382	1.4026	1.4693	1.5386	1.6105	1.6851	1.7623	1.8424	1.9254	2.0114	2.1003	2.1924	2.287	2.3864	2.4883
6	1.0615	1.1262	1.194	1.2653	1.340	1.4185	1.5007	1.5869	1.6771	1.7716	1.8704	1.9738	2.082	2.195	2.3131	2.4364	2.5652	2.6996	2.8398	2.986
7	1.0721	1.1487	1.2299	1.3159	1.407	1.5036	1.6058	1.7138	1.828	1.9487	2.0762	2.2107	2.3526	2.5023	2.66	2.8262	3.0012	3.1855	3.3793	3.5832
8	1.0829	1.1717	1.2668	1.3686	1.4775	1.5938	1.7182	1.8509	1.9926	2.1436	2.3045	2.476	2.6584	2.8526	3.059	3.2784	3.5115	3.7589	4.0214	4.2998
9	1.0937	1.1951	1.3048	1.4233	1.5513	1.6895	1.8385	1.999	2.1719	2.3579	2.558	2.7731	3.004	3.2519	3.5179	3.803	4.1084	4.4355	4.7854	5.1598
10	1.1046	1.219	1.3439	1.4802	1.6289	1.7908	1.967	2.1589	2.3674	2.5937	2.8394	3.1058	3.3946	3.7072	4.0456	4.4114	4.8068	5.2338	5.6947	6.1917
11	1.1157	1.2434	1.3842	1.5395	1.7103	1.8983	2.1049	2.3316	2.5804	2.8531	3.1518	3.4786	3.8359	4.2262	4.6524	5.1173	5.624	6.1759	6.7767	7.4301
12	1.1268	1.2682	1.4258	1.601	1.7959	2.0122	2.2522	2.5182	2.8127	3.1384	3.4985	3.896	4.3345	4.8179	5.3503	5.936	6.5801	7.2876	8.0642	8.9161
13	1.1381	1.2936	1.4685	1.6651	1.8856	2.1329	2.4098	2.7196	3.0658	3.4523	3.8833	4.3635	4.898	5.4924	6.1528	6.8858	7.6987	8.5994	9.5964	10.6993
14	1.1495	1.3195	1.5126	1.7317	1.9799	2.2609	2.5785	2.9372	3.3417	3.7975	4.3104	4.8871	5.5348	6.2613	7.0757	7.9875	9.0075	10.1472	11.4198	12.8392
15	1.161	1.3459	1.558	1.8009	2.0789	2.3966	2.759	3.1722	3.6425	4.1772	4.7846	5.4736	6.2543	7.1379	8.1371	9.2655	10.5387	11.9737	13.5895	15.407
16	1.1726	1.3728	1.6047	1.873	2.1829	2.5404	2.9522	3.4259	3.9703	4.595	5.3109	6.1304	7.0673	8.1372	9.3576	10.748	12.3303	14.129	16.1715	18.4884
17	1.1843	1.4002	1.6528	1.9479	2.292	2.6928	3.1588	3.7	4.3276	5.0545	5.8951	6.866	7.9861	9.2765	10.7613	12.4677	14.4265	16.6722	19.2441	22.1861
18	1.1961	1.4282	1.7024	2.0258	2.4066	2.8543	3.3799	3.996	4.7171	5.5599	6.5436	7.69	9.0243	10.5752	12.375	14.4625	16.879	19.6733	22.9005	26.6233
19	1.2081	1.4568	1.7535	2.1068	2.527	3.0256	3.6165	4.3157	5.1417	6.1159	7.2633	8.6128	10.1974	12.0557	14.2318	16.7765	19.7484	23.2144	27.2516	31.948
20	1.2202	1.4859	1.8061	2.1911	2.6533	3.2071	3.8697	4.661	5.6044	6.7275	8.0623	9.6463	11.5231	13.7435	16.3665	19.4608	23.1056	27.393	32.4294	38.3376
21	1.2324	1.5157	1.8603	2.2788	2.786	3.3996	4.1406	5.0338	6.1088	7.4002	8.9492	10.8038	13.0211	15.6676	18.8215	22.5745	27.0336	32.3238	38.591	46.0051
22	1.2447	1.546	1.9161	2.3699	2.925	3.6035	4.4304	5.4365	6.6586	8.1403	9.9336	12.1003	14.7138	17.861	21.6447	26.1864	31.6293	38.1421	45.9233	55.2061
23	1.2572	1.5769	1.9736	2.4647	3.0715	3.8197	4.7405	5.8715	7.2579	8.9543	11.0263	13.5523	16.6266	20.3616	24.8915	30.3762	37.0062	45.0076	54.6487	66.2474
24	1.2697	1.6084	2.0328	2.5633	3.225	4.0489	5.0724	6.3412	7.9111	9.8497	12.2392	15.1786	18.7881	23.2122	28.6252	35.2364	43.2973	53.109	65.032	79.4968
25	1.2824	1.6406	2.0938	2.6658	3.3864	4.2919	5.427	6.8485	8.623	10.8347	13.5855	17.0001	21.2305	26.4619	32.919	40.8742	50.657	62.6686	77.3881	95.3962
26	1.2953	1.6734	2.1566	2.7725	3.5557	4.5494	5.8074	7.3964	9.3992	11.9182	15.0799	19.0401	23.9905	30.1666	37.8568	47.4141	59.2697	73.949	92.0918	114.4755
27	1.3082	1.7069	2.2213	2.8834	3.7335	4.8223	6.2139	7.9881	10.2451	13.11	16.7387	21.3249	27.1093	34.3899	43.5353	55.0004	69.3455	87.2598	109.5893	137.3706
28	1.3213	1.741	2.2879	2.9987	3.9201	5.1117	6.6488	8.6271	11.1671	14.421	18.5799	23.8839	30.6335	39.2045	50.0656	63.8004	81.1342	102.9666	130.4112	164.8447
29	1.3345	1.7758	2.3566	3.1187	4.1161	5.4184	7.1143	9.3173	12.1722	15.8631	20.6237	26.7499	34.6158	44.6931	57.5755	74.0085	94.9271	121.5005	155.1893	197.8136
30	1.3478	1.8114	2.4273	3.2434	4.3219	5.7435	7.6123	10.0627	13.2677	17.4494	22.8923	29.9599	39.1159	50.9502	66.2118	85.8499	111.0647	143.3706	184.6753	237.3763

附表 2 复利现值系数表 $(P/F,i,n)=(1+i)^{-n}$

期数	1%	2%	3%	4%	5%	6%	7%	8%	9%	10%	11%	12%	13%	14%	15%	16%	17%	18%	19%	20%
1	0.990 1	0.980 4	0.970 9	0.961 5	0.952 4	0.943 4	0.934 6	0.925 9	0.917 4	0.909 1	0.900 9	0.892 9	0.885	0.877 2	0.869 6	0.862 1	0.854 7	0.847 5	0.840 3	0.833 3
2	0.980 3	0.961 2	0.942 6	0.924 6	0.907	0.89	0.873 4	0.857 3	0.841 7	0.826 4	0.811 6	0.797 2	0.783 1	0.769 5	0.756 1	0.743 2	0.730 5	0.718 2	0.706 2	0.694 4
3	0.970 6	0.942 3	0.915 1	0.889	0.863 8	0.839 6	0.816 3	0.793 8	0.772 2	0.751 3	0.731 2	0.711 8	0.693 1	0.675	0.657 5	0.640 7	0.624 4	0.608 6	0.593 4	0.578 7
4	0.961	0.923 8	0.888 5	0.854 8	0.822 7	0.792 1	0.762 9	0.735	0.708 4	0.683	0.658 7	0.635 5	0.613 3	0.592 1	0.571 8	0.552 3	0.533 7	0.515 8	0.498 7	0.482 3
5	0.951 5	0.905 7	0.862 6	0.821 9	0.783 5	0.747 3	0.713	0.680 6	0.649 9	0.620 9	0.593 5	0.567 4	0.542 8	0.519 4	0.497 2	0.476 1	0.456 1	0.437 1	0.419	0.401 9
6	0.942	0.888	0.837 5	0.790 3	0.746 2	0.705	0.666 3	0.630 2	0.596 3	0.564 5	0.534 6	0.506 6	0.480 3	0.455 6	0.432 3	0.410 4	0.389 8	0.370 4	0.352 1	0.334 9
7	0.932 7	0.870 6	0.813 1	0.759 9	0.710 7	0.665 1	0.622 7	0.583 5	0.547	0.513 2	0.481 7	0.452 3	0.425 1	0.399 6	0.375 9	0.353 8	0.333 2	0.313 9	0.295 9	0.279 1
8	0.923 5	0.853 5	0.789 4	0.730 7	0.676 8	0.627 4	0.582	0.540 3	0.501 9	0.466 5	0.433 9	0.403 9	0.376 2	0.350 6	0.326 9	0.305	0.284 8	0.266	0.248 7	0.232 6
9	0.914 3	0.836 8	0.766 4	0.702 6	0.644 6	0.591 9	0.543 9	0.500 2	0.460 4	0.424 1	0.390 9	0.360 6	0.332 9	0.307 5	0.284 3	0.263	0.243 4	0.225 5	0.209	0.193 8
10	0.905 3	0.820 3	0.744 1	0.675 6	0.613 9	0.558 4	0.508 3	0.463 2	0.422 4	0.385 5	0.352 2	0.322	0.294 6	0.269 7	0.247 2	0.226 7	0.208	0.191	0.175 6	0.161 5
11	0.896 3	0.804 3	0.722 4	0.649 6	0.584	0.526 8	0.475 1	0.428 9	0.387 5	0.350 5	0.317 3	0.287	0.260 7	0.236 6	0.214 9	0.195 4	0.177 8	0.161 9	0.147 6	0.134 6
12	0.887 4	0.788 5	0.701 4	0.624 6	0.556 8	0.497	0.444	0.397 1	0.355 5	0.318 6	0.285 8	0.256 7	0.230 7	0.207 6	0.186 9	0.168 5	0.152	0.137 2	0.124	0.112 2
13	0.878 7	0.773	0.681	0.600 6	0.530 3	0.468 8	0.415	0.367 7	0.326 2	0.289 7	0.257 5	0.229 2	0.204 2	0.182 1	0.162 5	0.145 2	0.129 9	0.116 3	0.104 2	0.093 5
14	0.870 1	0.757 9	0.661 1	0.577 5	0.505 1	0.442 3	0.387 8	0.340 5	0.299 2	0.263 3	0.232	0.204 6	0.180 7	0.159 7	0.141 3	0.125 2	0.111	0.098 5	0.087 6	0.077 9
15	0.861 3	0.743	0.641 9	0.555 3	0.481	0.417 3	0.362 4	0.315 2	0.274 5	0.239 4	0.209	0.182 7	0.159 9	0.140 1	0.122 9	0.107 9	0.094 9	0.083 5	0.073 6	0.064 9
16	0.852 8	0.728 4	0.623 2	0.533 9	0.458 1	0.393 6	0.338 7	0.291 9	0.251 9	0.217 6	0.188 3	0.163 1	0.141 5	0.122 9	0.106 9	0.093	0.081	0.070 8	0.061 8	0.054 1
17	0.844 4	0.714 2	0.605	0.513 4	0.436 3	0.371 4	0.316 6	0.270 3	0.231 1	0.197 8	0.169 6	0.145 6	0.125 2	0.107 8	0.092 9	0.080 2	0.069 3	0.06	0.052	0.045 1
18	0.836	0.700 2	0.587 4	0.493 6	0.415 5	0.350 3	0.295 9	0.250 2	0.212	0.179 9	0.152 8	0.13	0.110 8	0.094 6	0.080 8	0.069 1	0.059 2	0.050 8	0.043 7	0.037 6
19	0.827 7	0.686 4	0.570 3	0.474 6	0.395 7	0.330 5	0.276 5	0.231 7	0.194 5	0.163 5	0.137	0.116 1	0.098 1	0.082 9	0.070 3	0.059 6	0.050 6	0.043 1	0.036 7	0.031 3
20	0.819 5	0.673	0.553 7	0.456 4	0.376 9	0.311 8	0.258 4	0.214 5	0.178 4	0.148 6	0.124	0.103 7	0.086 8	0.072 8	0.061 1	0.051 4	0.043 3	0.036 5	0.030 8	0.026 1
21	0.811 4	0.659 8	0.537 5	0.438 8	0.358 9	0.294 2	0.241 5	0.198 7	0.163 7	0.135 1	0.111 7	0.092 6	0.076 8	0.063 8	0.053	0.044 3	0.037	0.030 9	0.025 9	0.021 7
22	0.803 4	0.646 8	0.521 9	0.422	0.341 8	0.277 5	0.225 7	0.183 9	0.150 2	0.122 8	0.100 7	0.082 6	0.068	0.056	0.046 2	0.038 2	0.031 6	0.026 2	0.021 8	0.018 1
23	0.795 4	0.634 2	0.506 7	0.405 7	0.325 6	0.261 8	0.210 9	0.170 3	0.137 8	0.111 7	0.090 7	0.073 8	0.060 1	0.049 1	0.040 2	0.032 9	0.027	0.022 2	0.018 3	0.015 1
24	0.787 6	0.621 7	0.491 9	0.390 1	0.310	0.247	0.197	0.157 7	0.126 4	0.101 5	0.081 7	0.065 9	0.053 2	0.043 1	0.034 9	0.028 4	0.023 1	0.018 8	0.015 4	0.012 6
25	0.779 8	0.609 5	0.477 6	0.375 1	0.295 3	0.233	0.184 2	0.146	0.116	0.092 3	0.073 6	0.058 8	0.047 1	0.037 8	0.030 4	0.024 5	0.019 7	0.016	0.012 9	0.010 5
26	0.772	0.597 6	0.463 7	0.360 7	0.281 2	0.219 8	0.172 2	0.135 2	0.106 4	0.083 9	0.066 3	0.052 5	0.041 7	0.033 1	0.026 4	0.021 1	0.016 9	0.013 5	0.010 9	0.008 7
27	0.764 4	0.585 9	0.450 2	0.346 8	0.267 8	0.207 4	0.160 9	0.125 2	0.097 6	0.076 3	0.059 7	0.046 9	0.036 9	0.029 1	0.023	0.018 2	0.014 4	0.011 5	0.009 1	0.007 3
28	0.756 8	0.574 4	0.437 1	0.333 5	0.255 1	0.195 6	0.150 4	0.115 9	0.089 5	0.069 3	0.053 8	0.041 9	0.032 6	0.025 5	0.02	0.015 7	0.012 3	0.009 7	0.007 7	0.006 1
29	0.749 3	0.563 1	0.424 3	0.320 7	0.242 9	0.184 6	0.140 6	0.107 3	0.082 2	0.063	0.048 5	0.037 4	0.028 9	0.022 4	0.017 4	0.013 5	0.010 5	0.008 2	0.006 4	0.005 1
30	0.741 9	0.552 1	0.412	0.308 3	0.231 4	0.174 1	0.131 4	0.099 4	0.075 4	0.057 3	0.043 7	0.033 4	0.025 6	0.019 6	0.015 1	0.011 6	0.009	0.007	0.005 4	0.004 2

附表 3 年金终值系数表 $(F/A,i,n)=[(1+i)^n-1]\div i$

期数	1%	2%	3%	4%	5%	6%	7%	8%	9%	10%	11%	12%	13%	14%	15%	16%	17%	18%	19%	20%
1	1	1	1	1	1	1	1	1	1	1	1	1	1	1	1	1	1	1	1	1
2	2.01	2.02	2.03	2.04	2.05	2.06	2.07	2.08	2.09	2.1	2.11	2.12	2.13	2.14	2.15	2.16	2.17	2.18	2.19	2.2
3	3.030 1	3.060 4	3.090 9	3.121 6	3.152 5	3.183 6	3.214 9	3.246 4	3.278 1	3.31	3.342 1	3.374 4	3.406 9	3.439 6	3.472 5	3.505 6	3.538 9	3.572 4	3.606 1	3.64
4	4.060 4	4.121 6	4.183 6	4.246 5	4.310 1	4.374 6	4.439 9	4.506 1	4.573 1	4.641	4.709 7	4.779 3	4.849 8	4.921 1	4.993 4	5.066 5	5.140 5	5.215 4	5.291 3	5.368
5	5.101	5.204	5.309 1	5.416 3	5.525 6	5.637 1	5.750 7	5.866 6	5.984 7	6.105 1	6.227 8	6.352 8	6.480 3	6.610 1	6.742 4	6.877 1	7.014 4	7.154 2	7.296 6	7.441 6
6	6.152	6.308 1	6.468 4	6.633	6.801 9	6.975 3	7.153 3	7.335 9	7.523 3	7.715 6	7.912 9	8.115 2	8.322 7	8.535 5	8.753 7	8.977 5	9.206 8	9.442	9.683	9.929 9
7	7.213 5	7.434 3	7.662 5	7.898 3	8.142	8.393 8	8.654	8.922 8	9.200 4	9.487 2	9.783 3	10.089	10.404 7	10.730 5	11.066 8	11.413 9	11.772	12.141 5	12.522 7	12.915 9
8	8.285 7	8.583	8.892 3	9.214 2	9.549 1	9.897 5	10.259 8	10.636 6	11.028 5	11.435 9	11.859 4	12.299 7	12.757 3	13.232 8	13.726 8	14.240 1	14.773 3	15.327	15.902	16.499 1
9	9.368 5	9.754 6	10.159 1	10.582 8	11.026 6	11.491 3	11.978	12.487 6	13.021	13.579 5	14.164	14.775 7	15.415 7	16.085 3	16.785 8	17.518 5	18.284 7	19.085 9	19.923 4	20.798 9
10	10.462 2	10.949 7	11.463 9	12.006 1	12.577 9	13.180 8	13.816 4	14.486 6	15.192 9	15.937 4	16.722	17.548 7	18.419 7	19.337 3	20.303 7	21.321 5	22.393 1	23.521 3	24.708 9	25.958 7
11	11.566 8	12.168 7	12.807 8	13.486 4	14.206 8	14.971 6	15.783 6	16.645 5	17.560 3	18.531 2	19.561 4	20.654 6	21.814 3	23.044 5	24.349 3	25.732 9	27.199 9	28.755 1	30.403 5	32.150 4
12	12.682 5	13.412 1	14.192	15.025 8	15.917 1	16.869 9	17.888 5	18.977 1	20.140 7	21.384 3	22.713 2	24.133 1	25.650 2	27.270 7	29.001 7	30.850 2	32.823 9	34.931 1	37.180 2	39.580 5
13	13.809 3	14.680 3	15.617 8	16.626 8	17.713	18.882 1	20.140 6	21.495 3	22.953 4	24.522 7	26.211 6	28.029 1	29.984 7	32.088 7	34.351 9	36.786 2	39.404	42.218 7	45.244 5	48.496 6
14	14.947 4	15.973 9	17.086 3	18.291 9	19.598 6	21.015 1	22.550 5	24.214 9	26.019 2	27.975	30.094 9	32.392 6	34.882 7	37.581	40.504 7	43.672	47.102 7	50.818	54.840 9	59.195 9
15	16.096 9	17.293 4	18.598 9	20.023 6	21.578 6	23.276	25.129	27.152 1	29.360 9	31.772 5	34.405 4	37.279 7	40.417 5	43.842 4	47.580 4	51.659 5	56.110 1	60.965 3	66.260 7	72.035 1
16	17.257 9	18.639 3	20.156 9	21.824 5	23.657 5	25.672 5	27.888 1	30.324 3	33.003 4	35.949 7	39.189 9	42.753 3	46.671 7	50.980 4	55.717 5	60.925	66.648 8	72.939	79.850 2	87.442 1
17	18.430 4	20.012 1	21.761 6	23.697 5	25.840 4	28.212 9	30.840 2	33.750 2	36.973 7	40.544 7	44.500 8	48.883 7	53.739 1	59.117 6	65.075 1	71.673	78.979 2	87.068	96.021 8	105.930 6
18	19.614 7	21.412 3	23.414 4	25.645 4	28.132 4	30.905 7	33.999	37.450 2	41.301 3	45.599 2	50.395 9	55.749 7	61.725 1	68.394 1	75.836 4	84.140 7	93.405 6	103.740 3	115.265 9	128.116 7
19	20.810 9	22.840 6	25.116 9	27.671 2	30.539	33.76	37.379	41.446 3	46.018 5	51.159 1	56.939 5	63.439 7	70.749 4	78.969 2	88.211 8	98.603 2	110.284 6	123.413 5	138.166 4	154.74
20	22.019	24.297 4	26.870 4	29.778 1	33.066	36.785 6	40.995 5	45.762	51.160 1	57.275	64.202 8	72.052 4	80.946 8	91.024 9	102.443 6	115.379 7	130.032 9	146.628	165.418	186.688
21	23.239 2	25.783 3	28.676 5	31.969 2	35.719 3	39.992 7	44.865 2	50.422 9	56.764 5	64.002 5	72.265 1	81.698 7	92.469 9	104.768 4	118.810 1	134.840 5	153.138 5	174.021	197.847 4	225.025 6
22	24.471 6	27.299	30.536 8	34.248	38.505 2	43.392 3	49.005 7	55.456 8	62.873 3	71.402 7	81.214 3	92.502 6	105.491	120.436	137.631 6	157.415	180.172 1	206.344 8	236.438 5	271.030 7
23	25.716 3	28.845	32.452 9	36.617 9	41.430 5	46.995 8	53.436 1	60.893 3	69.531 9	79.543	91.147 9	104.602 9	120.204 8	138.297	159.276 4	183.601 4	211.801 3	244.486 8	282.361 8	326.236 9
24	26.973 5	30.421 9	34.426 5	39.082 6	44.502	50.815 6	58.176 7	66.764 8	76.789 8	88.497 3	102.174 2	118.155 2	136.831 5	158.658 6	184.167 8	213.977 6	248.807 6	289.494 5	337.010 5	392.484 2
25	28.243 2	32.030 3	36.459 3	41.645 9	47.727 1	54.864 5	63.249	73.105 9	84.700 9	98.347 1	114.413 3	133.333 9	155.619 6	181.870 8	212.793	249.214	292.104 9	342.603 5	402.042 5	471.981 1
26	29.525 6	33.670 9	38.553	44.311 7	51.113 5	59.156 4	68.676 5	79.954 4	93.324	109.181 8	127.998 8	150.333 9	176.850 1	208.332 7	245.712	290.088 3	342.762 7	405.272 1	479.430 6	567.377 3
27	30.820 9	35.344 3	40.709 6	47.084 2	54.669 1	63.705 8	74.483 8	87.350 8	102.723 1	121.099 9	143.078 6	169.374	200.840 6	238.499 3	283.568 8	337.502 4	402.032 3	479.221 1	571.522 4	681.852 8
28	32.129 1	37.051 2	42.930 9	49.967 6	58.402 6	68.528 1	80.697 7	95.338 8	112.968 2	134.209 9	159.817 3	190.698 9	227.949 9	272.889 2	327.104 1	392.502 8	471.377 8	566.480 9	681.111 6	819.223 3
29	33.450 4	38.792 2	45.218 9	52.966 3	62.322 7	73.639 8	87.346 5	103.965 9	124.135 4	148.630 9	178.397 2	214.582 8	258.583 4	312.093 7	377.169 7	456.303 2	552.512 1	669.447 5	811.523 8	984.068
30	34.784 9	40.568 1	47.575 4	56.084 9	66.438 8	79.058 2	94.460 8	113.283 2	136.307 5	164.494	199.020 9	241.332 7	293.199 2	356.786 8	434.745 1	530.311 7	647.439 1	790.948	966.712 2	1 181.881 6

附表 4　年金现值系数表 $(P/A, i, n) = [1-(1+i)^{-n}] \div i$

期数	1%	2%	3%	4%	5%	6%	7%	8%	9%	10%	11%	12%	13%	14%	15%	16%	17%	18%	19%	20%
1	0.990 1	0.980 4	0.970 9	0.961 5	0.952 4	0.943 4	0.934 6	0.925 9	0.917 4	0.909 1	0.900 9	0.892 9	0.885	0.877 2	0.869 6	0.862 1	0.854 7	0.847 5	0.840 3	0.833 3
2	1.970 4	1.941 6	1.913 5	1.886 1	1.859 4	1.833 4	1.808	1.783 3	1.759 1	1.735 5	1.712 5	1.690 1	1.668 1	1.646 7	1.625 7	1.605 2	1.585 2	1.565 6	1.546 5	1.527 8
3	2.941	2.883 9	2.828 6	2.775 1	2.723 2	2.673	2.624 3	2.577	2.531 3	2.486 9	2.443 7	2.401 8	2.361 2	2.321 6	2.283 2	2.245 9	2.209 6	2.174 3	2.139 9	2.106 5
4	3.902	3.807 7	3.717 1	3.629 9	3.546	3.465 1	3.387 2	3.312 1	3.239 7	3.169 9	3.102 4	3.037	2.974 5	2.913 7	2.855	2.798 2	2.743 2	2.690 1	2.638 6	2.588 7
5	4.853 4	4.713 5	4.579 7	4.451 8	4.329 5	4.212 4	4.100 2	3.992 7	3.889 7	3.790 8	3.695 9	3.604 8	3.517 2	3.433 1	3.352 2	3.274 3	3.199 3	3.127 2	3.057 6	2.990 6
6	5.795 5	5.601 4	5.417 2	5.242 1	5.075 7	4.917 3	4.766 5	4.622 9	4.485 9	4.355 3	4.230 5	4.111 4	3.997 5	3.888 7	3.784 5	3.684 7	3.589 2	3.497 6	3.409 8	3.325 5
7	6.728 2	6.472	6.230 3	6.002 1	5.786 4	5.582 4	5.389 3	5.206 4	5.033	4.868 4	4.712 2	4.563 8	4.422 6	4.288 3	4.160 4	4.038 6	3.922 4	3.811 5	3.705 7	3.604 6
8	7.651 7	7.325 5	7.019 7	6.732 7	6.463 2	6.209 8	5.971 3	5.746 6	5.534 8	5.334 9	5.146 1	4.967 6	4.798 8	4.638 9	4.487 3	4.343 6	4.207 2	4.077 6	3.954 4	3.837 2
9	8.566	8.162 2	7.786 1	7.435 3	7.107 8	6.801 7	6.515 2	6.246 9	5.995 2	5.759	5.537	5.328 2	5.131 7	4.946 4	4.771 6	4.606 5	4.450 6	4.303	4.163 3	4.031
10	9.471 3	8.982 6	8.530 2	8.110 9	7.721 7	7.360 1	7.023 6	6.710 1	6.417 7	6.144 6	5.889 2	5.650 2	5.426 2	5.216 1	5.018 8	4.833 2	4.658 6	4.494 1	4.338 9	4.192 5
11	10.367 6	9.786 8	9.252 6	8.760 5	8.306 4	7.886 9	7.498 7	7.139	6.805 2	6.495 1	6.206 5	5.937 7	5.686 9	5.452 7	5.233 7	5.028 6	4.836 4	4.656	4.486 5	4.327 1
12	11.255 1	10.575 3	9.954	9.385 1	8.863 3	8.383 8	7.942 7	7.536 1	7.160 7	6.813 7	6.492 4	6.194 4	5.917 6	5.660 3	5.420 6	5.197 1	4.988 4	4.793 2	4.610 5	4.439 2
13	12.133 7	11.348 4	10.635	9.985 6	9.393 6	8.852 7	8.357 7	7.903 8	7.486 9	7.103 4	6.749 9	6.423 5	6.121 8	5.842 4	5.583 1	5.342 3	5.118 3	4.909 5	4.714 7	4.532 7
14	13.003 7	12.106 2	11.296 1	10.563 1	9.898 6	9.295	8.745 5	8.244 2	7.786 2	7.366 7	6.981 9	6.628 2	6.302 5	6.002 1	5.724 5	5.467 5	5.229 3	5.008 1	4.802 3	4.610 6
15	13.865 1	12.849 3	11.937 9	11.118 4	10.379 7	9.712 2	9.107 9	8.559 5	8.060 7	7.606 1	7.190 9	6.810 9	6.462 4	6.142 2	5.847 4	5.575 5	5.324 2	5.091 6	4.875 9	4.675 5
16	14.717 9	13.577 7	12.561 1	11.652 3	10.837 8	10.105 9	9.446 6	8.851 4	8.312 6	7.823 7	7.379 2	6.974	6.603 9	6.265 1	5.954 2	5.668 5	5.405 3	5.162 4	4.937 7	4.729 6
17	15.562 3	14.291 9	13.166 1	12.165 7	11.274 1	10.477 3	9.763 2	9.121 6	8.543 6	8.021 6	7.548 8	7.119 6	6.729 1	6.372 9	6.047 2	5.748 7	5.474 6	5.222 3	4.989 7	4.774 6
18	16.398 3	14.992	13.753 5	12.659 3	11.689 6	10.827 6	10.059 1	9.371 9	8.755 6	8.201 4	7.701 6	7.249 7	6.839	6.467 4	6.128	5.817 8	5.533 9	5.273 2	5.033 3	4.812 2
19	17.226	15.678 5	14.323 8	13.133 9	12.085 3	11.158 1	10.335 6	9.603 6	8.950 1	8.364 9	7.839 3	7.365 8	6.938	6.550 4	6.198 2	5.877 5	5.584 5	5.316 2	5.07	4.843 5
20	18.045 6	16.351 4	14.877 5	13.590 3	12.462 2	11.469 9	10.594	9.818 1	9.128 5	8.513 6	7.963 3	7.469 4	7.024 7	6.623 1	6.259 3	5.928 8	5.627 8	5.352 7	5.100 9	4.869 6
21	18.857	17.011 2	15.415	14.029 2	12.821 1	11.764 1	10.835 5	10.016 8	9.292 2	8.648 7	8.075 1	7.562	7.101 6	6.687	6.312 5	5.973 1	5.664 8	5.383 7	5.126 8	4.891 3
22	19.660 4	17.658	15.936 9	14.451 1	13.163	12.041 6	11.061 2	10.200 7	9.442 4	8.771 5	8.175 7	7.644 6	7.169 5	6.742 9	6.358 7	6.011 3	5.696 9	5.409 9	5.148 6	4.909 4
23	20.455 8	18.292 2	16.443 6	14.856 8	13.488 6	12.303 4	11.272 2	10.371 1	9.580 2	8.883 2	8.266 4	7.718 4	7.229 7	6.792 1	6.398 8	6.044 2	5.723 4	5.432 1	5.166 8	4.924 5
24	21.243 4	18.913 9	16.935 5	15.247	13.798 6	12.550 4	11.469 3	10.528 8	9.706 6	8.984 7	8.348 1	7.784 3	7.282 2	6.835	6.433 8	6.072 6	5.746 5	5.450 9	5.182 2	4.937 1
25	22.023 2	19.523 5	17.413 1	15.622 1	14.093 9	12.783 4	11.653 6	10.674 8	9.822 6	9.077	8.421 7	7.843 1	7.33	6.872 9	6.464 1	6.097 1	5.766 2	5.466 9	5.195 1	4.947 6
26	22.795 2	20.121	17.876 8	15.982 8	14.375 2	13.003 2	11.825 8	10.81	9.929	9.160 9	8.488 1	7.895 7	7.371 7	6.906 1	6.490 6	6.118 2	5.783 1	5.480 4	5.206	4.956 3
27	23.559 6	20.706 9	18.327	16.329 6	14.643	13.210 5	11.986 7	10.935 2	10.026 6	9.237 2	8.547 8	7.942 6	7.408 6	6.935 2	6.513 5	6.136 4	5.797 5	5.491 9	5.215 1	4.963 6
28	24.316 4	21.281 3	18.764 1	16.663 1	14.898 1	13.406 2	12.137 1	11.051 1	10.116 1	9.306 6	8.601 6	7.984 4	7.441 2	6.960 7	6.533 5	6.152	5.809 9	5.501 6	5.222 8	4.969 7
29	25.065 8	21.844 4	19.188 5	16.983 7	15.141 1	13.590 7	12.277 7	11.158 4	10.198 3	9.369 6	8.650 1	8.021 8	7.470	6.983	6.550 9	6.165 6	5.820 4	5.509 8	5.229 2	4.974 7
30	25.807 7	22.396 5	19.600 4	17.292	15.372 5	13.764 8	12.409	11.257 8	10.273 7	9.426 9	8.693 8	8.055 2	7.495 7	7.002 7	6.566	6.177 2	5.829 4	5.516 8	5.234 7	4.978 9

参考文献

［1］财政部会计资格评价中心.财务管理[M].北京:经济科学出版社,2023.

［2］孔德兰.财务管理实务[M].北京:高等教育出版社,2020.

［3］韩慧博,汤谷良,祝继高.财务管理案例[M].4版.北京:北京大学出版社,2021.

［4］邓路.财务管理案例:中国情境下的"哈佛范式"案例[M].北京:中国人民大学出版社,2017.

［5］徐玉德.财务管理案例教程[M].北京:北京大学出版社,2020.

［6］贺志东.企业财务管理操作实务大全[M].北京:企业管理出版社,2021.

［7］刘淑莲,牛彦秀.公司理财[M].5版.大连:东北财经大学出版社,2020.

［8］王化成,刘俊彦,荆新.财务管理学[M].9版.北京:中国人民大学出版社,2021.

［9］孔令一.财务管理学[M].2版.上海:立信会计出版社,2022.

［10］宋秋萍,李飞.财务管理[M].4版.北京:高等教育出版社,2021.

［11］赵晓丽,赵咏梅,裴更生.财务管理[M].7版.大连:大连理工大学出版社,2021.

［12］李贺.财务管理[M].2版.上海:立信会计出版社,2022.

［13］马元兴,薛春燕.企业财务管理[M].4版.北京:高等教育出版社,2021.